Dieter Seibert

Ötztaler Alpen

Berge, Täler
Gletscher
Touren, Geschichte

Ötztaler

Alpen

Dieter Seibert

rosenheimer

Titelbild: Das Kirchlein von Kaltenbrunn oberhalb des Kaunertals. Im Hintergrund die beiden Dristkögel, einsame Gipfel im nördlichen Kaunergrat. Foto Walter Hellberg.

Aufnahme der Seiten 2 und 3: Blick von den Sonnberghöhen am Zirmkogel quer über das Gurglertal auf den Hauptkamm. Am Horizont von links: Heuflerkogel, Trinkerkogel, Scheiberkogel, Rotmooskogel, die drei Seelenkögel, das Eiskögele und der Hochebenkamm.

Aufnahme rechts: Die Hintere Schwärze über dem oberen Marzellferner.

Bildnachweis:
Sepp Brandl 56, 70, Umschlag-Rückseite; Johannes Führer 52; Siegfried Garnweidner 96; Walter Hellberg Titel, 32, 54/55, 59; Rainer Köfferlein 39, 95; Josef Mallaun 88, 89; Ludwig Mallaun 68/69, 77, Umschlag-Rückseite; Karl-Heinz Rochlitz 43, 46, 47; Max Ruf 99; Hans Steinbichler 25; Franz Thorbecke 5; Franz Zengerle 2/3, 6/7, 20/21, 80/81, 93, 126/127.
Alle weiteren Aufnahmen stammen von Dieter Seibert, der auch die Kartenskizzen zeichnete.

ISBN 3-475-52746-4

Dieses Buch erscheint in der Reihe »Rosenheimer Raritäten« im Rosenheimer Verlagshaus Alfred Förg GmbH & Co. KG, Rosenheim. Den Satz besorgten Dieter Seibert und die Firma Typo-Kratzl in Freising. Es wurde gedruckt und gebunden vom Haßfurter Tagblatt in Haßfurt. Die Lithografie der Abbildungen fertigte Scantrans Ltd., Singapur. Den Umschlag gestaltete Ulrich Eichberger, Innsbruck.

Inhalt

6 Ein persönliches Wort voraus
9 Vielfalt der Ötztaler Alpen
9 Landschaft und Berge
10 Die Gletscher als Baumeister
14 Gesteine bestimmen das Bild
18 Bergseen, der reizvollste Schmuck
24 Zirbe unnd Himmelsherold
28 Acht individuelle Berggebiete
28 Weißkamm
33 Hauptkamm
37 Geigenkamm
38 Kaunergrat
43 Glockturmkamm
43 Nauderer Berge
44 Planeilberge und Saldurgruppe
46 Texelgruppe
48 Hütten, Durchquerungen, Höhenwege
59 Große Berge mit Weg
69 Die Gipfel-Parade
88 Eiswände und Firngrate
91 Paradies für Skitouren und Tiefschnee
100 Franz Senn – und die alten Zeiten
107 Die Täler in Nord- und Südtirol
108 Ötztal
113 Pitztal
115 Kaunertal, Oberinntal, Nauders
117 Vinschgau und Meran
121 Die Seitentäler in Südtirol
125 Übersicht zu allen Wanderungen
128 Stichwortverzeichnis

Ein persönliches Wort voraus

Nach einem Vierteljahrhundert der Zwiesprache als Autor alpiner Bücher und Führer mit den Lesern seien mir an dieser Stelle ein paar persönliche Worte erlaubt.
Die Monographie der Ötztaler Alpen – ausschließlich ein nüchternes Sachbuch? Es wäre wirklich schade um dieses reizvolle Thema! Ein Gebirge ist wie ein Mensch mit vielen Facetten versehen. Je besser man das Naturell kennt, desto reichhaltiger, verheißungsvoller, befriedigender wird eine Begegnung. Jener wäre ein schlechter Autor, der etwa die Ötztaler Alpen und den Wilden Kaiser in der gleichen Weise behandeln würde.
Der Schreibende sollte aber auch in die Haut seiner Leser schlüpfen, ihnen Schilderungen und Aussagen servieren, mit denen sie etwas anfangen können, beim Lesen und unterwegs in der Bergwelt. Zäh halten sich die alten Zöpfe, die von irgendwelchen (meist selbsternannten) Alpinpäpsten stammen. Man darf sie nicht – aus lauter Angst vor dem Aufschrei der ewig Gestrigen – noch striegeln und pflegen; man muß sie rigoros abschneiden, sobald sie nicht mehr passen. Welcher Unsinn etwa, ein allgemeines Thema wie Geologie auf das kritische Auge des Wissenschaftlers abzustimmen! Wanderer und Bergsteiger sind das Publikum und damit auch der *alleinige* Gradmesser.
Bei dem erwähnten Hineinfühlen in die Wünsche des Benützers wird eines rasch klar: Allgemeine Themen machen dem Bergfreund dann Spaß, wenn er das Beschriebene versteht und zudem die Möglichkeit hat, es in der Natur selbst anzuschauen und zu erleben. Ich ergänze deshalb alle Texte dieser Art mit Wandervorschlägen, bei denen es die eindrucksvollsten Beispiele zu bewundern gibt. Und schon sind wir wieder bei den alten Zöpfen. Bisher gab's diese Kombination nicht, sagen die Kritiker, also ist sie verwerflich und abzulehnen. Diese Menschen machen sich nicht einmal die Mühe, eine Sache wirklich zu durchdenken!
Es gibt viele alpine Führer, schlechte, mittelmäßige und gute. Die gesamten Ötztaler Alpen werden bis zum letzten Gipfelchen in dem fast 500seitigen Alpenvereinsführer dargestellt (gut bei den bekannten Touren, nicht immer zuverlässig, je unbekannter eine Bergfahrt ist). Eine Monographie will und kann diese Bände nicht ersetzen. Sie hat eine ganz andere Aufgabe. Ich möchte ein möglichst lebendiges Bild dieser Landschaft in all ihrem Formenreichtum vom Tal bis zum höchsten Eisgipfel zeichnen, das Interesse und die Neugier wecken. Wenn der Leser spontan seinen Rucksack packen will, um sich das eine oder andere in den Ötztaler Alpen selbst anzuschauen, dann ist das gesteckte Ziel erreicht.
Auf jeden Fall wünsche ich Ihnen viel Freude in diesem weiten Gebirge mit seinen Modebergen und der absoluten Einsamkeit, mit den weiten Gletschern und den wilden Felszinnen, den Bergseen, Wasserfällen, Wildbächen, den letzten Oasen eines historischen Bergbauernlebens…

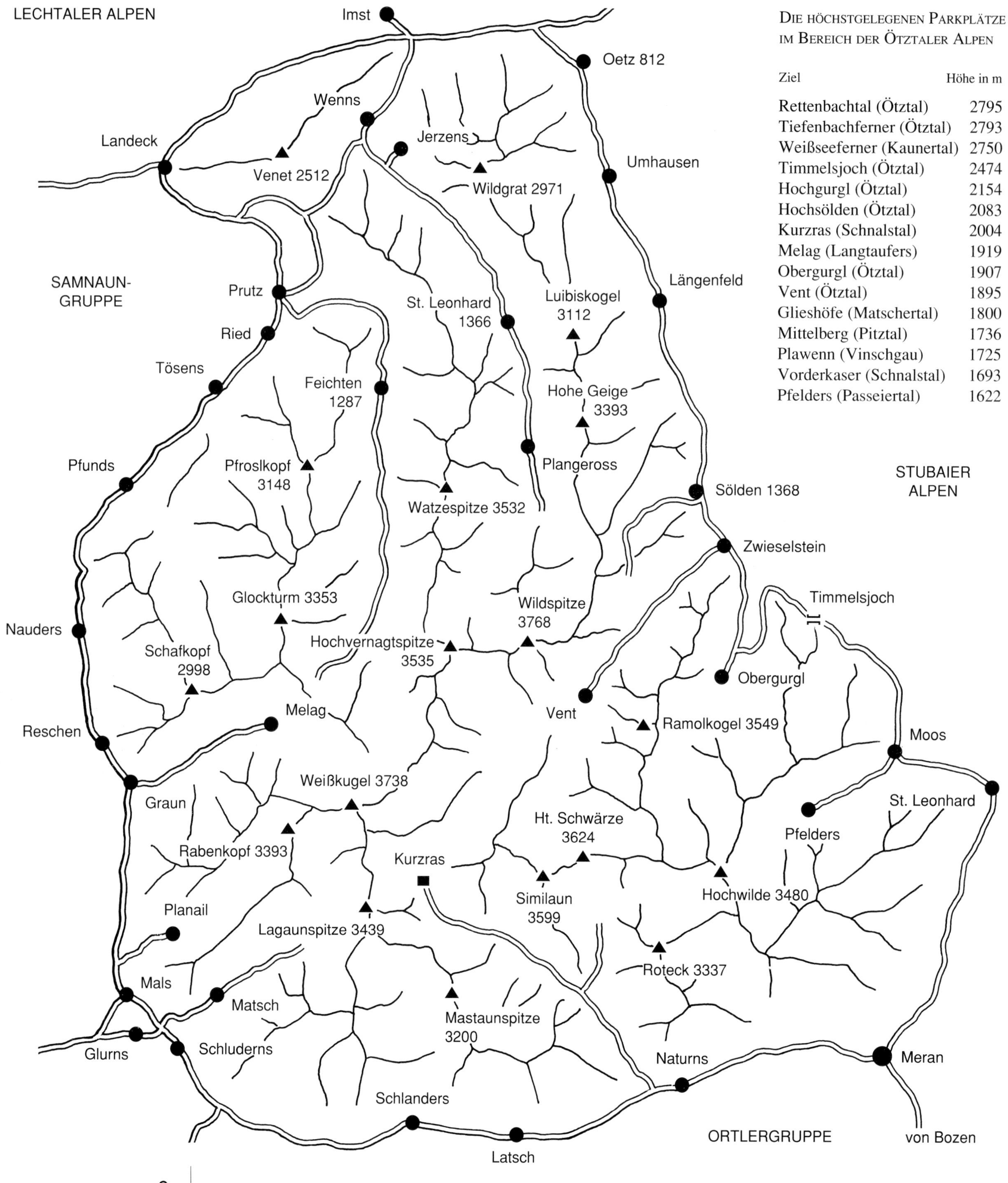

Die höchstgelegenen Parkplätze im Bereich der Ötztaler Alpen

Ziel	Höhe in m
Rettenbachtal (Ötztal)	2795
Tiefenbachferner (Ötztal)	2793
Weißseeferner (Kaunertal)	2750
Timmelsjoch (Ötztal)	2474
Hochgurgl (Ötztal)	2154
Hochsölden (Ötztal)	2083
Kurzras (Schnalstal)	2004
Melag (Langtaufers)	1919
Obergurgl (Ötztal)	1907
Vent (Ötztal)	1895
Glieshöfe (Matschertal)	1800
Mittelberg (Pitztal)	1736
Plawenn (Vinschgau)	1725
Vorderkaser (Schnalstal)	1693
Pfelders (Passeiertal)	1622

Vielfalt der Ötztaler Alpen

Als das »Gebirge der großen Gletscher und Firnberge« werden die Ötztaler Alpen häufig bezeichnet. So treffend diese Charakterisierung zum zentralen Teil des Gebietes paßt, so lückenhaft wird sie, wenn es um die ganze Berggruppe geht. Neben Schnee und Eis gibt es ja auch ausgesprochen markante Felsberge, Hochkare mit besonders schönen Bergseen, unzählige gischtende Wildbäche und Wasserfälle, eine reiche Flora, malerische Zirbenwälder und ganze Hänge voller Alpenrosen, Bauernhöfe in extremsten Lagen... Auf den folgenden Seiten möchte ich der landläufigen, recht einseitigen Vorstellung ein möglichst klares und umfassendes Bild von den Ötztaler Alpen gegenüberstellen.

Artikel in einschlägigen Zeitschriften beschäftigen sich allzuoft mit den immer gleichen Details innerhalb eines Gebirges und schaffen dadurch im Laufe der Zeit die erwähnte, recht einseitige Vorstellung beim Leser. Das führte leider auch zu der – vollkommen falschen – Ansicht, in den Ötztalern fänden nur die Alpinisten mit Seil und Pickel reizvolle Aufgaben. In Wirklichkeit gibt es hier auch für den reinen Bergwanderer viele sehr interessante Ziele von grandiosen Wasserfällen bis zu Dreitausendern mit Weg.
Es wäre allzu billig, einfach die interessantesten Ausflüge und Bergwanderungen zu behandeln und die Wege zu beschreiben. Eine Landschaft besteht aus vielen Komponenten, die alle gemeinsam das heutige Bild formten und formen. Dem Aufgeschlossenen macht es doch sicher Spaß, etwas mehr über die Ursachen, die Zusammenhänge und die Entwicklungen zu erfahren. Schließlich war nicht der Meister Zufall hier als Schöpfer tätig, nein, jene Vorgänge, die ein Gebiet formen, laufen nach ganz strengen Gesetzmäßigkeiten in der Natur ab.
So waren zum Beispiel ausschließlich die Gletscher als Baumeister am Werk, um die Bergseen in den Ötztaler Hochkaren zu schaffen. Vorgänge dieser Art lassen sich ganz gut beschreiben, und was liegt nach dem Lesen näher, als sich die passenden Beispiele bei einem spannenden und abwechslungsreichen Ausflug selbst anzuschauen! So bringen die folgenden Kapitel eine ganz logische Mischung aus Erklärungen und Wandertips. Lediglich der erste Abschnitt ist als eine Art Einleitung ganz allgemein gehalten.
Der Name »Ötztaler Alpen« hat außerdem seinen Ursprung – wie so oft – in einer Flurbezeichnung. Die Talauen beim heutigen Ort Oetz wurden als Weide genützt; im Mittelhochdeutschen war das eine »Etze«. Die Bezeichnung blieb an der ersten Ansiedlung haften, übertrug sich später auf das gesamte Tal, nach dem dann schließlich unser ausgedehntes Gebirge benannt wurde.

Schon vor 100 Jahren regten die so ungewöhnlich schroffen Gipfel im Kaunergrat die Fantasie an; der Zeit entsprechend, wurden sie übersteilt dargestellt. Die Zeichnung von Zeno Diemer zeigt (von links) Watzespitze, Verpeilspitze und Schwabenkopf.

Landschaft und Berge

Von ganz unbedeutenden Randgebieten abgesehen, zeigen die gesamten Ötztaler Alpen einen recht einheitlichen Aufbau. Alle Haupttäler wie Ötztal, Pitztal, Kaunertal, Langtaufers und Schnalstal bilden viele flache Böden, die nur hin und wieder von Schluchten unterbrochen werden und auf denen in langer Reihe die Dörfer und Weiler liegen. Ganz anders präsentieren

Die höchsten selbständigen Gipfel		
		Höhe in m
1.	Wildspitze	3768
2.	Weißkugel	3738
3.	Hinterer Brochkogel	3628
4.	Hintere Schwärze	3624
5.	Similaun	3599
6.	Vorderer Brochkogel	3562
7.	Großer Ramolkogel	3549
8.	Schalfkogel	3537
9.	Hochvernagtspitze	3535
10.	Watzespitze	3532
11.	Langtaufererspitze	3528
12.	Mutmalspitze	3522
13.	Weißseespitze	3518
14.	Fineilspitze	3514
15.	Fluchtkogel	3497
16.	Firmisanschneide	3490
17.	Hintere Hintereisspitze	3485
18.	Hochwilde	3480
19.	Äußerer Bärenbartkogel	3471
20.	Hinterer Seelenkogel	3470
21.	Karlesspitze	3462
22.	Schwemserspitze	3459
23.	Kreuzspitze	3455
24.	Bliggspitze	3453
25.	Vordere Ölgrubenspitze	3452
26.	Querkogel	3448
27.	Hinterer Brunnenkogel	3438
28.	Lagaunspitze	3438
29.	Hinterer Spiegelkogel	3424
30.	Verpeilspitze	3423
31.	Ehrichspitze	3420
32.	Kesselwandspitze	3414
33.	Weißer Kogel	3407
34.	Talleitspitze	3406
35.	Hochfirst	3403

sich deren Seitenäste: Sie sind meist tief und scharf als V-Täler eingeschnitten. Steigt man weiter in die Höhe, wartet erst das »mittlere Stockwerk« wieder mit sanfteren Formen auf. Die zahllosen, oft großräumigen Kare, die je nach Höhenlage mit Matten, mit Blockwerk oder auch mit Schneefeldern und Gletschern ausgekleidet sind, bestimmen dort das Bild.
Die letzte Etage bildet natürlich die Gipfelregion, die aus Eis, Fels oder auch Blockwerk besteht. Unsere Tabelle umfaßt alle wirklich eigenständigen Berge über 3400 m Höhe. Vielleicht fällt Ihnen die Zahl 36 dabei nicht weiter auf, deshalb folgen hier ein paar Vergleiche: In den Zillertaler Alpen gibt es 6 entsprechende Gipfel, in der – höheren – Glocknergruppe 7, in den gesamten Hohen Tauern 14. Ja, sogar die Ortlergruppe mit 25 und die Bernina mit 15 bleiben deutlich hinter dieser Zahl zurück. Man spricht also mit Recht bei den Ötztalern von der »größten Massenerhebung in den Ostalpen«.
In unserem Gebirge ist also alles ein wenig höher als in entsprechenden Regionen. So findet man Bergbauernhöfe bis zur Zweitausendmetergrenze, Bergseen noch über 3000 m Höhe und natürlich besonders viele und ausgedehnte Gletscher. Sie tragen und trugen so wesentlich zum Bild der Landschaft bei, daß wir ihnen ein eigenes kleines Kapitel widmen werden.
Zwischen dem Reschenpaß und dem Timmelsjoch führt der Alpenhauptkamm durch die Ötztaler Alpen und schafft auch in unserem Gebirge eine ganz auffallende Trennlinie. Sie bildet die Wasserscheide zwischen Schwarzem Meer (Inn/Donau) und Mittelmeer (Etsch) und ebenso die Landesgrenze zwischen Österreich und Italien oder, etwas passender ausgedrückt, zwischen Nord- und Südtirol. Der Hauptkamm ist aus der Mitte jedoch weit nach Süden vorgeschoben. Deshalb ziehen ausgesprochen lange Täler nach Norden zum Inn, während im Süden das Gelände rasch in den Vinschgau abfällt und damit für ganz extreme Klimaunterschiede sorgt. Zwischen Meran mit seiner mediterranen Vegetation und der arktischen Welt an der Hohen Wilde liegt lediglich eine Entfernung von 12 km Luftlinie, und doch beträgt der Höhenunterschied 3176 m. Ja, die Kirchbachspitze in der Texelgruppe und die Etsch trennen nur 5 km, obwohl die Höhe um satte 2550 m differiert.

Die typischen Elemente der hohen Ötztaler: Gras, Gletscherschliffe, Blockfelder und gewaltige Gletscher. Taschachferner und Wildspitze von Norden, links der Nord-, rechts der Aufstiegsgrat.

Die Gletscher als Baumeister

Auch eine bis ins letzte ausgeklügelte Fremdenverkehrswerbung könnte nicht einen Bruchteil jener Anziehungskraft ersetzen, die die zentralen Ötztaler Alpen durch ihren auffallendsten Schmuck, die Gletscher, ausüben. Und umgekehrt – ohne Eis wäre die Landschaft mit ihrem recht einheitlichen Gestein und dem vielen Blockwerk trist und einförmig.
Zum Glück sind dies reine Spekulationen. Heute bedecken die Gletscher in den Ötztalern noch etwa 150 qkm, sind also umfangreicher als in jeder anderen Gruppe der Ostalpen. Der Gepatschferner vor allem ist gewaltig mit 18 qkm Fläche, 8 km Länge und einer ganz ungewöhnlichen Breite von 4,5 km. Er füllt nicht, wie fast alle anderen Gletscher der Alpen, ein Becken, nein, er bildet eine Art sanftes Pultdach zwischen Weißsee- und Hintereisspitze, zwängt sich dann allerdings mit wilden Brüchen durch eine Enge neben den Rauhen Köpfen und formt schließlich eine geradezu schulmäßige Gletscherzunge. Zudem ist dieser Eisstrom bis zu 300 m dick.
Es wäre nun naheliegend, auf ein kaltes, unfreundliches Klima mit reichen Schneefällen zu schließen. Irrtum! Die Niederschläge etwa im Gebiet von Vent sind nur halb so ergiebig wie zum Beispiel am Alpennordrand. Ein guter Teil der Feuchtigkeit bleibt bereits an den schon ziemlich hohen Bergen von Silvretta und Lechtaler Alpen »hängen«. Noch viel stärker wirkt sich diese Abschirmung auf der Südtiroler Seite des Hauptkammes aus, wo vor allem die gewaltige Ortlergruppe eine Barriere für die Regenwolken bildet. Deshalb findet man in der Mastaungruppe nicht den kleinsten Gletscher, obwohl es der Hauptgipfel auf stattliche 3200 m bringt. Am deutlichsten werden diese Unterschiede bei einem Vergleich mit Bergen, die im sogenannten Staubereich liegen. So schließt das Eis das etwa gleich hohe Silvrettahorn auf allen Seiten ein, und der Silvrettagletscher ist gute 3 km lang; seine Zunge endet erst in 2450 m Höhe.

Doch zurück zu den zentralen Ötztalern. Warum also diese starke Vergletscherung? Die Ursache ist wohl einzig in der großen Höhe und der Ausdehnung der oberen Firnbecken zu suchen. In fast allen Fällen entspringen die Ferner in Gipfelnähe, erreichen oft die Grate. Es gibt also große Eismassen oberhalb der 3000-m-Grenze, die dann für das entsprechende Polster – im fast wörtlichen Sinne – sorgen.
In Weiß- und Hauptkamm begeistert die sehr schöne, hochalpine, manchmal fast arktische Eis- und Firnwelt. Trotz aller Wärme der letzten Jahre trifft man noch auf manchen echten Eisgrat, und es gibt zahlreiche Pässe, an denen die Gletscher der beiden Kammseiten noch in breiter Front zusammenhängen. Vom Brandenburger Haus etwa schaut man hinab auf ein durchgehendes Eisfeld, obwohl auf der einen Seite der Gepatsch-, in der anderen Richtung der Kesselwandferner abfließt. Das erinnert stark an die Westalpen.
Die Menschen sind ja stets auf der Jagd nach mehr oder weniger sinnvollen neuen Rekorden. So überklettert der eine im Winter den Hauptkamm des Wettersteins, andere wandern und kraxeln stets entlang der Grenze rund um Südtirol. In den Ötztaler Alpen könnte man folgenden Marathon ausklügeln: Ein Weg vom Karlesferner bei der Braunschweiger Hütte bis hin zum Freibrunnerferner im Westen der Weißkugel, bei dem man stets auf dem Gletschereis bleibt und nie den Fels betritt. Rein theoretisch ist dies auf der 25 km langen Strecke möglich.
Heute wird der Rückgang der Eisströme gerne als etwas Dramatisches dargestellt. Es gab wirklich Zeiten weit stärkerer Vergletscherung, etwa um die Jahre 1600, 1820 und 1850. Im 19. Jahrhundert bedeckte das Eis in den Ötztaler Alpen noch etwa 350 qkm. Der Gurgler- und der Langtalerferner bildeten damals eine Zunge. Und der Vernagtferner strömte bis ins Haupttal hinab, wo er die Rofenache mit dem Wasser von Hintereis- und Hochjochferner aufstaute, was zu den berüchtigten Überschwemmungen führte (siehe Seite 113). Seine Zunge war also um vier Kilometer länger!
Noch ein Detail zum Thema Abschmelzen. Ganz automatisch verbindet man mit diesem Begriff ein Zurückgehen der Gletscherzunge. Aber das ist eigentlich gar nicht das Wesentliche. Das Eis des Gletschers schmilzt überall dort, wo es schneefrei ist. Jeder Bergsteiger kennt die eilig rinnenden Bächlein auf der Eisoberfläche, die dann plötzlich in einem unergründlichen Loch verschwinden. Wirft man einen großen Stein in diesen Schlund, dann hört man, wie er lange Zeit in die Tiefe poltert. Auf geheimnisvollen Wegen fließt das Schmelzwasser durch den gesamten Eisstrom bis hinab auf dessen Grund, sammelt sich dort und kommt am Gletschertor als reißender Wildbach wieder ans Tageslicht. Es schmilzt also fast gleichmäßig die gesamte Oberfläche des aperen Gletschers ab, er sinkt gewissermaßen in sich zusammen, er wird also flacher und dünner.
All die auffallenden Moränenkämme in der Hochregion stammen aus der Zeit des letzten bedeutenden Gletschervorstoßes in der Mitte des vergangenen Jahrhunderts. Hier bietet der Taschachferner ein recht eindrucksvolles Beispiel. Beim Zugang zum Taschachhaus (siehe Seite 49) sollte man den Weg an jener Stelle kurz verlassen, wo er in 2350 m Höhe endgültig nach rechts zur Hütte abbiegt, um hier nach links auf die Geländekante hinauszutreten. Man steht dann auf der westseitigen Moräne des damaligen Gletschers. 100 m unterhalb sieht man die heutige Zunge des Taschachferners, und gegenüber erkennt man in den Hängen die alte Moräne des rechten Ufers. Man kann sich nun ausmalen, was ein Besucher um das Jahr 1850 zu sehen bekam: Der gesamte Raum zwischen den Moränen war seinerzeit ausgefüllt, das Eis wölbte sich zwischen den Moränenkämmen sogar als deutlicher Rücken auf.
Aber es gab nicht nur Perioden stärkerer, sondern auch wesentlich geringerer Vergletscherung – selbst in hi-

Der Vernagtferner war berühmt für seine Vorstöße. Diese historischen Zeichnungen zeigen die erstaunlichen Unterschiede zwischen den Jahren 1897 und 1899.

storischer Zeit. Im Mittelalter waren zum Beispiel Hoch- und Niederjoch völlig eisfrei. Nur so konnte eine Besiedlung etwa des Ventertals aus dem auf der Südseite liegenden Schnalstal erfolgen. Klimaschwankungen gab es zu allen Zeiten, sowohl kurz- als auch langfristige. Vor 4000 Jahren überzog der Wald das Gelände bis in 3000 m Höhe, vor gut 10000 Jahren ertranken die Ötztaler Alpen regelrecht in den Gletschern; ähnlich wie in Spitzbergen schauten nur die höchsten Kämme aus dem weißen Meer. Über dem Becken von Meran lagerte das Eis in einer 2000 m dicken Schicht, über Oetz war es immerhin noch 1700 m mächtig.

Die allbekannten Eiszeiten interessieren jedoch nicht nur die Wissenschaftler. Sie prägten stark das heutige Landschaftsbild und schufen sogar die Voraussetzungen für eine spätere Besiedlung. Ohne die einstigen Gletscher wären die flachen Böden etwa im Ötztal nicht entstanden, und damit würde weitgehend auch die Lebensgrundlage für die Menschen fehlen. Wie riesige Raspel schürften die Gletscher die vorhandenen Einschnitte aus und gestalteten sie zu Trogtälern um. Je dicker die Eisdecke, desto größer war der Druck und damit auch die Hobelarbeit »erfolgreicher«. Heute läßt sich diese Gesetzmäßigkeit überall ganz deutlich ablesen.
Nehmen wir als Beispiel den Kessel von Längenfeld. Der gewaltige Ötzgletscher hatte hier einen tiefen und breiten Boden ausgeschürft. Seine Eismassen stauten die von Osten und Westen einmündenden, kleineren Ferner zurück. Aus dem Sulztal kam ein ziemlich großer Nebengletscher, also ebenfalls noch ein mächtiger Strom. Dennoch liegt Längenfeld 1180 und Gries um 1580 m hoch. Die unterschiedlichen Gletschergrößen sorgten hier also für eine Geländestufe von 400 m Höhe. Noch viel krasser sieht man dies gegenüber beim einstigen Hauerferner! Das im Verhältnis winzige Gletscherchen konnte keinerlei Einfluß ausüben; deshalb ist hier die Steilstufe zwischen Haupt- und Nebental 800 m hoch.
Richtige Gletschertouren bleiben dem erfahrenen Bergsteiger vorbehalten. Wegen der Gefahr eines Spaltensturzes darf man nie einen verschneiten Eisstrom ohne Seil etc. betreten. Trotzdem kann auch der Bergwanderer höchst eindrucksvolle Gletschererlebnisse finden. Manchmal führt ein Weg, wie beim Kesselwandferner oder beim Rofenkarferner, so nahe an den Eisbrüchen vorbei, daß sich auch vom Ufer aus faszinierende Bilder ergeben. Außerdem kann man flache Eisströme selbst betreten, wenn sie völlig aper sind. Es folgen drei Beispiele für Ziele dieser Art.

Zum Taschachferner
Das Taschachtal mit seinen beiden großen Eisströmen verdient die meisten Sterne, wenn man die Gletscherlandschaften der Ötztaler Alpen vergleicht. Auch der reine Bergwanderer kann hier den großen Eisbrüchen ganz nahe kommen. Für den Besuch des Taschachferners eignet sich der Spätsommer am besten. Ist der Gletscher völlig schneefrei, dann kann man auch ohne Seil den Eisstrom in knapp 2600 m Höhe vom Ende des angelegten Weges aus betreten, ein wenig darauf herumspazieren und in die Spalten schauen. Ganz wichtig: Man muß sich genau merken, wo der Weg auf das Eis gemündet war; nur an dieser Stelle kommt man aus dem Labyrinth wieder ans sichere Ufer.
⇛ Zum Taschachferner: Vom Taschachhaus etwa 100 Hm ziemlich gerade empor, dann links durch die teilweise äußerst steilen »Dreckhänge« zu einer Wegverzweigung. Links weiter zum Gletscherrand. Nun eventuell noch über das von Geröll dick bepackte Eis ein Stückchen empor auf den flachen, hier geröllfreien Eisstrom. Anschließend sollte man auf dem zweiten Pfad noch das Stückchen zu einer Schulter in 2670 m Höhe emporsteigen, wo sich neue Ausblicke öffnen.

Zur Zunge des Gepatschferners
Die Zunge des größten Ötztaler Gletschers reicht noch bis 2100 m herab. Sie läßt sich deshalb ungewöhnlich rasch erreichen, ein Ausflug, der sich allemal lohnt.
⇛ Man parkt an der Brücke der Kaunertaler Gletscherstraße über die Fagge, wie der Abfluß des Gepatschferners heißt. Man wandert dann rechts (!) des reißenden Flusses flach talein und anschießend durch ein Tälchen empor; bis hier reichte vor nicht allzu langer Zeit die Gletscherzunge. Über eine Höhe mit ganz auffallenden Gletscherschliffen kommt man schließlich durch einen steilen, steinigen Hang zum Gepatschferner mit seinem Gletschertor.

Schneeflocken bilden stets Sterne oder Plättchen, die immer sechs Strahlen haben. Man mag es kaum glauben: Aus diesen filigranen Kunstwerken entstehen all die gewaltigen Gletscher.

Taschachferner
Vom Taschachhaus in 45 Min. zum Gletscher. Gut ausgebauter Steig, der aber dennoch in dem sehr abschüssigen Gelände Trittsicherheit erfordert.

Gepatschferner
Vom Parkplatz 40 Min. Erst problemloser Steig, dann Querung eines sehr steilen Hanges.

Kesselwandferner
Vom Hochjochhospiz knapp 2 Std. Ordentliche Bergwege durch teilweise steiles Gelände.

Kesselwandferner, 3000 m
Auf den letzten 200 Hm fließt der Kesselwandferner mit wilden Eiskaskaden in die Tiefe, eine besonders eindrucksvolle Demonstration eines zerrissenen Gletschers. Jeder Bergwanderer kann dieses Schauspiel in aller Ruhe genießen, denn der sogenannte Delorette-weg führt mit ganz geringem Abstand parallel zur Zunge bergauf. Dann muß man allerdings umkehren, denn der weitere Weg Richtung Brandenburger Haus führt bald danach auf den Gletscher hinaus, den man nur am Seil begehen darf.
⇛ Vom Hochjochhospiz: Kurz hinter der Hütte bald sehr steil empor auf eine Stufe. Wegverzweigung. Links abbiegen und schräg über die Hänge aufwärts bis unter die Hintere Guslarspitze. Nun im wieder sehr steilen Gelände parallel zum Gletscher bis in etwa 3000 m Höhe. Rückweg auf der gleichen Route.

Gesteine bestimmen das Bild

Vermutlich wird der Bergwanderer keine sehr unterschiedlichen Empfindungen haben, ob er über grobes Blockwerk aus Biotitgranitgneis oder aus Hornblendgesteinen turnt. Ganz anders der Kletterer! Mancher wühlte schon laut fluchend im sogenannten Fels , um endlich einen wirklich zuverlässigen Halt zu finden. Alles zerfiel ihm unter den Fingern und den Schuhsohlen zu morschem, blättrigem Schutt. Das trifft zum Beispiel für den Zuragkogel über dem Rifflsee zu. Gleich gegenüber, am Seekogel, ist der gleiche Steilfelstiger dann jedoch fasziniert von einem festen, kantigen Gestein und den bizarren Türmen mit ihren atemberaubend steilen Abstürzen. Diese Unterschiede entspringen keinem Zufall, keiner Laune der Natur, sie sind zu hundert Prozent die Folge der jeweils vorherrschenden Gesteinsart. So zerfallen die Glimmerschiefer besonders stark, während für den Tonalitgneis am Seekogel das Gegenteil gilt.
Haben Sie schon einmal begeisternde Fotos von der Mastaungruppe gesehen, die südwestlich des Schnalstals immerhin bis zu 3200 m Höhe aufragt? Diese gletscherfreien Berge zeigen viel zu behäbige und abgerundete Formen, um gute Motive abzugeben. Welch reizvolle Möglichkeiten findet man hingegen im Kaunergrat und im Geigenkamm sogar an viel niedrigeren Gipfeln, etwa dem Wildgrat, den Dristkögeln oder den Madatschtürmen! Auch hier sind und waren selbstverständlich die Gesteine als Landschaftsarchitekten in Aktion.
Heute kennt, schätzt und besucht jeder gerne die zentralen Ötztaler Alpen mit ihren Firn- und Eisbergen,

Ein Eisbruch im allerersten Morgenlicht. Rechts unten der so typische Felsschutt auf einer aperen Gletscherzunge mit großer Spalte.

Schöner kann eine Aufnahme die Landschaft der Ötztaler Hochkare mit den gewaltigen Blöcken aus Gneis und den Matten dazwischen nicht zeigen!

Madatschtürme aus dem Verpeil
Von der Verpeilhütte zum Sattel 2 1/2 Std. Ordentlicher Bergweg, im oberen Teil dann steiniges Gelände.

während die großen Nordkämme über weite Strecken recht unberührt bleiben. Doch nehmen wir einmal an, die gesamten Gletscher würden abschmelzen – plötzlich wären die Verhältnisse genau umgekehrt: Im hohen Teil des Gebirges gäbe es eine eher eintönige Gipfelflur ohne größere Wände und scharfe Grate, während die wilden Gestalten in den Seitenkämmen dann doppelt ins Auge fallen würden. Die Gneise und kristallinen Schiefer, aus denen die Ötztaler Alpen bestehen, bilden eben trotz ihrer »Verwandtschaft« recht verschiedene Gesteine und damit auch völlig unterschiedliche Landschaften.
Feldspat, Quarz und Glimmer sind die Hauptbestandteile im Ötztaler Fels, wobei dem letzteren die Rolle des »Bösen« zukommt. Die Faustregel lautet nämlich: je mehr Feldspat, desto fester, je mehr Glimmer, desto anfälliger für die Verwitterung ist das Gestein. Jeder kennt diese feinen, seidig glänzenden Plättchen, die manchmal farblos-durchsichtig, oft silbrig, manchmal sogar goldgelb schimmern. Ist der Glimmeranteil hoch, dann spricht man von Glimmerschiefern, jenem Material, das besonders stark verwittert, zu unregelmäßigen, weichen Platten und Plättchen zerfällt und natürlich Berge mit abgerundeten Formen schafft. In diesem Gestein kommen zudem Granate so häufig vor, daß es sogar den Begriff Granatglimmerschiefer gibt. Den meisten Bergsteigern wird gar nicht bewußt, daß die kleinen rötlichen oder braunen »Beulen« auf dem Gestein aus diesem bekannten Mineral bestehen. In den Ötztaler Alpen findet man jedoch auch große und schön ausgebildete Kristalle – etwa am Granatenkogel; dieser Gipfel hat demnach keinen militärischen Nachnamen, sondern einen aus der Schmuckbranche.
Bei viel Glimmer entstehen also kristalline Schiefer, nimmt sein Anteil ab, dann erhält man Schiefergneise, und bei einer Vorherrschaft des Feldspats schließlich reine Gneise. Parallel dazu wird das Gestein immer fester, widerstandsfähiger, bildet scharfgeschnittene, kantige Berge, mächtige Blöcke. All diese Schichten waren einst Ablagerungen, die allmählich von immer dickeren Gesteinspaketen überdeckt wurden. Unter einem gewaltigen Druck und einer Temperatur von 580 Grad schmolzen sie zum Teil und wandelten sich schließlich in die beschriebenen Gesteine um. Wie groß die Unterschiede sind, sieht man am Kalk. Bei den erwähnten Bedingungen formt er sich nämlich zu Marmor um. Die hellen Felsschichten in der Hochwilde-Südwand, an der Hohen Weiße, am Lodner usw. sind auf diese Weise entstanden. Dort klettert man also in reinem Marmor!
Bei den besonders markanten Felsbergen wie der Watzespitze besteht zwar das Gestein auch aus Quarz, Feldspat und Glimmer, hat aber trotzdem einen ganz anderen Ursprung: Es handelt sich um einst flüssige Gesteinsmassen aus dem Erdinneren, die später allenfalls geringfügig umgewandelt wurden. Diese Granitgneise und Hornblendgesteine sind nochmals deutlich widerstandsfähiger als die bereits erwähnten Gneisarten. Ihnen verdanken wir die schönsten und wildesten Berggestalten in den Ötztaler Alpen.
Zur Landschaft aller Hochgebirge aus Gneis und Granit gehören die Blockfelder. Anders als etwa im Hauptdolomit zerfällt hier das Gestein nicht zu feinem Schutt, sondern zu mächtigen Klötzen, die selbst die Größe eines Einfamilienhauses haben können. Manchmal sind ganze Kare mit diesem Material angefüllt, wie etwa das Steinigkarle oberhalb des Kaiserbergtals. Auch so mancher Grat setzt sich aus einem Gewirr von Trümmern zusammen. Es gibt sogar Gipfel, die aus chaotisch durcheinander gewürfelten Blöcken aufgetürmt sind. Das scheint vollkommen unlogisch zu sein! Doch auch hierfür gibt es eine Erklärung. Schon bei der Gebirgsfaltung wurde der Fels zu Trümmern zerbrochen. Verlieren später die Gesteinsmassen an den Graten ihre Stütze, weil Gletscher oder Wasser die Hänge darunter abtragen, sie gewissermaßen unterminieren, so sackt das Material allmählich in sich zusammen. Dabei zerfällt der kompakte, aber schon »vorgebrochene« Fels in seine Bestandteile. Viele Grattouren bieten dafür interessantes Anschauungsmaterial. Oft gibt es an ein und demselben Grat Passagen mit ziemlich festem Fels, Bereiche, wo dieser Fels schon zu Blöcken zerfallen ist, die aber noch in ihrer ursprünglichen Anordnung aufeinander liegen, und schließlich Stellen mit wahllos aufgehäuften Felstrümmern.
Hier folgen auch zum Thema Fels zwei Ausflüge. Es wäre jedoch wenig sinnvoll, Sie in jene Gegenden zu schicken, in denen etwa der Glimmerschiefer für langweilige Formen sorgt. Ein Ausflug soll ja interessant und spannend sein! Bei meinen Vorschlägen geht es also nur um die festen Gesteine, die besonders eindrucksvolle Felsgestalten formen. Die Touren zum Wildgrat (siehe Seite 63) und zu den Goldseen (Seite 23) passen ebenfalls zum Thema. Und noch eine Anregung: Sie können auch zum Granatenkogel oder ins Gaisbergtal aufbrechen, um – wie so mancher »Kollege« – nach dem Schmuckstein Granat zu suchen.

Zu den Madatschtürmen

Zwischen den übermächtigen Felsmassiven von Watzespitze (3532 m) und Schwabenkopf (3378 m) mit ihren bis zu 1000 m hohen Wänden wirken die Ma-

datschtürme (2831 m) wie die Puppenausgabe eines Felsberges. Erst aus der Nähe bekommt dieser Hahnenkamm aus wirklich wilden Zacken mehr »Profil und Größe«. Ein guter Wanderweg führt bis an den Ostfuß der Türme, wo sich plötzlich der Blick auf die Wände der Watzespitze öffnet. Aber nicht nur das! In wenigen Minuten erreicht man von dort aus die steile Zunge des Madatschferners, in deren Vorfeld ein Eissee mit auffallend milchigem Wasser liegt.

⇛ Von der Verpeilhütte: Vom Haus nach Süden ins Kühgrübl. Durch das teilweise mit Blöcken bedeckte, schmale Hochkar zwischen den Madatschtürmen und den hohen Schwabenkopfwänden in den abschließenden Sattel (2695 m). Drüben ein wenig abwärts zum Eissee.

Hier erkennt man ganz deutlich den Unterschied zwischen dem zu Bröseln zerfallenden Glimmerschiefer und einem viel festeren, kantigen Gneis.

Rappenkopf, 2320 m

Kleine, gegen das Tal vorspringende Köpfe auf halber Höhe bieten oft die allerbesten Aussichtslogen. Das trifft ganz besonders für den Rappenkopf steil über Piösmes im Pitztal zu. Wie ein Fußschemel liegt er zudem vor der Rofelewand (3353 m), die hier ihre wildeste Seite zeigt. In den Ötztaler Alpen sind derartig steile, bis 600 m hohe Wände, die zudem malerisch mit Eis dekoriert sind, sehr selten. Reizvoll ist außerdem der Blick auf den Geigenkamm, etwa auf die Hohe Geige (3393 m) selbst, die sich von hier als Eisberg präsentiert.

Rappenkopf von St. Leonhard
Von der Talstraße bei St. Leonhard 3 Std. Aufstieg. Erst Almstraße, dann kleiner markierter Steig in stiller Mattenlandschaft.

⇛ Aus dem Pitztal: Knapp 1 km südlich von St. Leonhard beginnt auf der anderen Flußseite eine Forst- und Almstraße. Auf ihr zur Jausenstation Arzleralm. Hinter dem Haus quer über eine steile Lawinenbahn, dann aufwärts zum Beginn der Almmatten. Auf dem rechten Weg über Böden in ein Hochkar, über dem auf der linken Seite der Rappenkopf aufragt. An ihm vorbei und »von hinten« zum höchsten Punkt. Beim Abstieg eventuell den Weg benützen, der – in der Gipfelscharte beginnenend – im Osten um den Rappenkopf führt.

Bergseen , der reizvollste Schmuck

Sicher, Bergseen gehören eher zum Unbedeutenden. Viele erscheinen nur als winziges blaues Fleckchen auf der Landkarte, so klein, daß sie oft ganz übersehen werden. Man braucht schon fast eine Lupe, um eine Fläche von ein mal zwei Millimetern zu entdecken. Unterwegs wird an der gleichen Wasserfläche kein einziger vorbeilaufen, denn ein Bergsee von 100 m Länge und 50 m Breite wirkt schon recht stattlich. Im Gegensatz zum Flachland, wo mancher Weiher und Tümpel einen recht bescheidenen oder gar kläglichen Eindruck hinterläßt, bietet nahezu jeder Bergsee in den Hochkaren der Ötztaler Alpen ein wirklich reizvolles Bild.

Dafür sorgt zuerst einmal die große absolute Höhe, liegen doch fast alle Seen weit über 2000 m hoch, ja, wie man an unserer Aufstellung sieht, gibt es nach oben kaum eine Grenze. Als nächstes fallen das kristallklare Wasser und die adrett-sauberen Ufer ohne Schmutz und Schlamm auf. Sie sind zudem oft recht abwechslungsreich gestaltet mit festen Matten auf der flachen Talseite und einem buchtenreichen Blockufer an der Berglehne. Selten fehlt auch der dekorative Hintergrund, die großen Fels- und Eisberge, die sich in der stets klaren Wasserfläche spiegeln.

Warum erschließen eigentlich die Verkehrsvereine in den Ferienorten die Bergseen nicht viel häufiger als Ausflugsziele? Auch Wege längs der schäumenden Wild- und Gletscherbäche mit all ihren kleinen Wasserfällen und Katarakten, den ausgewaschenen Gufeln und rundgeschliffenen Felsen, der reichen Flora usw. würden sicher viele begeisterte Anhänger finden. Welche Anziehungskraft das Wasser ausübt, zeigt die Tatsache, daß sich die Wanderer und Bergsteiger ganz automatisch an den Ufern von Seen und Bächen niederlassen, wenn eine Rast fällig ist.

⁕

Wieder einmal spielten die einstigen Gletscher Architekt und Baumeister, sie allein schufen nahezu alle Ötztaler Bergseen. Im Fließen der Eismassen sind die Ursachen zu suchen. Allerdings darf man sich dieses Fließen nicht wie das Strömen von Wasser vorstellen.

Vor allem kann das Eis, das ja gewissermaßen von hinten geschoben und vorne gezogen wird, auch zwischendurch ein Stückchen bergauf fließen.
Zu dieser Eigenschaft der Gletscher kommt ein zweiter Vorgang: Der gewaltige Druck, den die Eismassen ausüben, und die am Boden mitgeführten Steine wirken wie ein Riesenschmiergel. Der Ferner schabt und arbeitet am Untergrund, erzeugt zwar im Augenblick nur eine unmerkliche Veränderung, über lange Zeiträume summiert sie sich jedoch zu beträchtlichen Abtragungen. Dabei bieten natürlich harte Gesteinsschichten einen größeren Widerstand als weiche. Liegt die weiche Schicht nun in einem flachen Gelände oberhalb des härteren Gesteins, dann wird hier eventuell eine Mulde ausgehobelt. Schmilzt das Eis dann ab, so füllt sich diese Vertiefung mit Wasser, und ein See ist geboren. Auf diese Weise entstand auch der so schöne Wettersee bei der Erlanger Hütte im nördlichen Geigenkamm. Diese Erscheinung kann aber auch im ganz großen Stil auftreten. Ein besonders auffallendes Beispiel dafür ist das Haslital im Berner Oberland. Das Kirchet, das heute die berühmte Aareschlucht durchschneidet, besteht aus sehr festem Kalk, den die einstigen Gletscher nicht völlig abtragen konnten. So schürften sie dahinter das 3 km lange Becken von Innertkirchen mehr als 100 m tief aus.
Die Moränen bilden eine zweite, häufigere Möglichkeit für das Entstehen von Bergseen. Rund um die Gletscherzunge wird der mitgeschleppte Gesteinsschutt als Stirnmoräne abgelagert. Schmilzt das Eis ab, dann bleibt oft ein richtiger Wall stehen, hinter dem sich nun das Wasser stauen kann. Die Rifflseen unter dem Glockturm etwa sind auf diese Weise entstanden. Auch hier kann man das gleiche im großen Stil beobachten: Viele Alpenrand- und Voralpenseen wie der Starnberger See wurden durch die Stirnmoränen der Eiszeitgletscher aufgestaut.
Die Bergseen gehören außerdem, zumindest im Vergleich mit den »ewigen Bergen«, zu den kurzlebigen Erscheinungen. Die Bäche schleppen ja stets Schlamm, Sand und Steine mit sich, die sie dann in den Seen ablagern. Je größer die Wassermengen sind und je mehr lockeres Material zur Verfügung steht, desto schneller wird ein Becken aufgefüllt. So verschwinden die Seen vor allem in den Gletschervorfeldern. Zurück bleiben dann glatte Flächen, die auf das sorgfältigste eingeebnet sind, und durch die der Bach ruhig mit vielen Windungen und Mäandern fließt. In

Folgende Seiten: Blick vom Samoarsee auf die Mutmalspitze (links; davon fast verdeckt die Hintere Schwärze) und auf die drei Marzellspitzen.

Name	Höhe	Länge	Gebiet	Zugang von
Fluchtkogelgratsee	3290	100	WK	Brandenburger Haus, 1/2 Std., aB
Hochaltgletschersee	3152	60	SG	Glieshof, 4 1/2 Std., aB
Latschfernersee	3150	100	WK	Schöne Aussicht, 1 1/4 Std., Bw
Glockturmgratsee	3030	50	GlK	Weißseestraße 2 Std., wl
Seelenmoränensee	2950	50	HK	Obergurgl, 4 Std., wl
Hapmesgratsee	2935	80	KG	Gepatschsee, 3 1/2 Std., wl
Oberster Saldursee	2922	120	SG	Glieshof, 3 1/2 Std., wl
Samoarsee	2920	120	HK	Vent, 3 1/2 Std., Bw
Portlessee	2892	100	PB	Planail, 4 1/2 Std., aB
Oberer Rifflsee	2890	150	GlK	Weißseestraße, 1 1/2 Std, Bw
Zirmeggensee	2885	100	HK	Obergurgl, 3 3/4 Std., aB
Hairlachersee	2850	160	GeK	Köfels, 5 Std., aB
Ölgrubensee	2849	100	KG	Mittelberg, 3 1/2 Std., Bw
Unterer Rifflsee	2821	190	GlK	Weißseestraße, 1 1/4 Std, Bw
Schwarzsee	2790	400	GlK	Hochsölden, 1 1/4 Std., Bw
Hungerschartensee	2778	190	SG	Kurzras, 2 3/4 Std., Bw
Wilder See	2770	300	GeK	St. Leonhard, 4 Std. wl
Schiechkarsee	2769	180	GlK	Melag, 2 3/4 Std., wl
Mittlerer Saldursee	2751	180	SG	Glieshof, 3 Std., Bw
Kugletersee	2751	150	KG	Wiesenhof, 3 3/4 Std., Bw
Kaisertalsee	2740	150	GlK	Gepatschsee, 3 Std., Bw
Fineilsee	2704	210	HK	Kurzras, 1 Std., Bw
Geislachersee	2704	270	WK	Sölden, 30 Min, Bw
Itlsee	2670	120	HK	Obergurgl, 2 3/4 Std., Bw
Weißer See	2646	150	GeK	Längenfeld, 4 1/4 Std., wl
Schwarzsee	2601	210	GlK	Gepatschsee, 2 1/2 Std., Bw
Schwarzsee	2595	200	TG	Pfelders, 3 Std., Bw
Oberer Goldsee	2587	200	NB	Nauders, 1 1/2 Std., Bw
Hüttekarsee	2572	220	GlK	Kaunertal, 3 Std., aB
Milchsee	2540	240	TG	Dorf Tirol, 4 1/2 Std., Bw
Wettersee	2535	260	GeK	Umhausen, 4 1/2 Std., Bw
Moarlandlsee	2526	250	GeK	Piösmes, 4 Std., Bw
Kortschersee	2510	300	SG	Kurzras, 2 3/4 Std., Bw
Hauersee	2380	150	GeK	Längenfeld, 3 1/2 Std., Bw
Langsee	2377	1050	TG	Dorf Tirol, 4 Std., Bw
Rifflsee	2234	1000	KG	Mandarfen, Liftfahrt

aB = anspruchsvolle Bergtour
Bw = Bergwanderung
wl = weglos
GeK = Geigenkamm
GlK = Glockturmkamm
HK = Hauptkamm
KG = Kaunergrat
PB = Planeilberge
SG = Saldurggruppe
TG = Texelgruppe
WK = Weißkamm

Die kalbende Gletscherzunge sorgt für die Eisberge auf dem neu entstandenen Moränen-Gletscher-See.

fast allen etwas breiteren und flacheren Hochtälern der Ötztaler Alpen findet man ebene Böden jeder Größe, die die einstigen Seen markieren. Heute wachsen darauf meist üppige Matten, und das Wollgras gedeiht dort besonders gut.

Es entstehen aber auch heute noch neue Wasserflächen. Bei einem Aufstieg vom Julierpaß im Engadin über die Gianda Lagrev, die rechts und links von

Felswänden eingefaßt ist, zum gleichnamigen Gletscher wurden wir immer wieder aufgeschreckt. Einem dumpfen Krachen folgte ein völlig unnatürliches Zischen und Brausen. Bei der Liebe der Schweizer zur Landesverteidigung nahmen wir schließlich an, wir seien wieder einmal in eine militärische Übung geraten. Unser stiller Groll schlug dann jedoch in Begeisterung um, und vor lauter Warten und Schauen hätten wir bald unsere Tour zum Piz Lagrev versäumt. Des Rätsels Lösung: Die abschmelzende Zunge des Lagrevgletschers bestand aus einer leicht überhängenden Eiswand. Von ihr kalbten immer wieder riesige Tafeln und stürzten in den See zu ihren Füßen. Unsere Überraschung war doppelt groß, denn die so zuverlässige Schweizer Karte zeigte nicht die kleinste Wasserfläche, und nun standen wir vor einem 500 m breiten See. Beim Abschmelzen der Gletscher werden auch heute stets neue Bergseen geboren. So ist im Riffltal am Fuß des Glockturms noch in der Alpenvereinskarte von 1977 nur ein winziges Seelein an der Gletscherzunge eingezeichnet. Inzwischen gibt es in einem Abstand von 70 Hm zwei Moränenseen mit immerhin stattlichen Wasserflächen von jeweils 15000 qm. Einen weiteren See dieser Art berührt unsere Wanderung zu den Madatschtürmen (siehe Seite 16).

Die hohen Temperaturen wie etwa im Sommer 1992 sorgen auch zunehmend für kleine Eisseen an den Gletscherrändern – wohlbemerkt an den Rändern, nicht an der Zunge. In dem namenlosen Sattel zwischen Fluchtkogel und Ehrichspitze etwa ist in einer Höhe von 3290 m (!) eine Mulde von 100 m Breite ausgeschmolzen, in der sich das Wasser sammelt. Folgen ein paar kalte, schneereiche Sommer, so kann sich der See natürlich rasch wieder in eine Firnfläche verwandeln.

Unsere Tabelle mag beim ersten Hinsehen recht umfangreich erscheinen. Berücksichtigt man jedoch, daß es wohl mehr als dreihundert (!) Bergseen in den Ötztaler Alpen gibt und daß mancher ein sehr verlockendes Ziel darstellt, dann erscheint die Zahl 36 schon passender. »Das Besprochene selbst anschauen«, so lautet das Motto unseres Buches. Deshalb folgen hier noch fünf Wandervorschläge mit den schönsten Bergseen als Ziel. Auch der Samoarsee (2920 m) am Aufstiegsweg zur Kreuzspitze (siehe Seite 60) bietet eine ganz herrliche Aussicht.

Moalandlsee aus dem Pitztal
Aus dem Pitztal bei Piösmes 4 Std. Aufstieg. Kleine Wege in teilweise steilem Gelände, recht einsame Tour, evtl. Schneefelder.

Moalandlsee, 2526 m

In einem weltabgeschiedenen Kessel am Fuß des Hundstalkogels (3080 m, Geigenkamm) versteckt sich ein stattlicher Bergsee. Diese Urlandschaft mit Fels und Blockwerk wurde über hundert Jahre lang so gut wie nie von einem Touristen besucht. Inzwischen hat man jedoch die alten Bauern- und Jagdsteige markiert und damit eine – lange – Wanderung geschaffen, die durch stilles, unberührtes Bergland steil in die Hochregion hinaufführt.

⇛ Aus dem Pitztal: Wegbeginn an der Alpbachbrücke (1410 m) zwischen Piösmes und Stillebach. Erst im Bachtal, dann nach rechts und über die 500 m hohe Steilstufe zu einem Kreuz am Beginn der Matten. Nun mehr nach rechts auf die Luibisböden mit Jagdhütte und kleinen Lacken. Bei der Verzweigung rechts, durch ein schmales Trümmer-(Schnee-)kar auf einen Sattel und drüben hinab zum See. Rückweg nur auf der gleichen Route möglich!

Schwarzsee, 2601 m

An einem großflächigen Schwarzsee (2790 m) kommen die vielen Wanderer vorbei, die von Hochsölden

zum einfachsten Dreitausender des Gebirges, dem Schwarzkogel, pilgern. Er ist viel bekannter als »unser« Schwarzsee im Glockturmkamm hoch über dem Stausee von Gepatsch. Dieser liegt in einem weiten, sanften Kar am Fuß des Schwarzseekopfes (3127 m) mit ganz freiem Blick auf die Berge des Kaunergrates.
⇛ Die Rundtour: Auf der Mautstraße zur Dammkrone des Gepatschsees. Hier rechts und noch etwa 1,8 km zur Abzweigung eines Sträßchens. Durch Wald empor zur Nassereinalm. Von dort über die bald steilen Weidehänge aufwärts bis auf die flachen Absätze in 2500 m Höhe. Nun flach nach Westen meist über Mattenböden zum Schwarzsee, der von Blockwerk eingerahmt ist. Abstieg: Wegbeginn am Ausfluß des Sees. Rechts des Baches zwischen Blöcken in teilweise steilem Gelände hinab ins Kaiserbergtal. Knapp 2 km talaus, dann nach links wieder zur Nassereinalm (kein direkter Abstieg zum Gepatschsee!).

Die Goldseen, 2585 m
Die beiden großflächigen Seen bei Nauders sind rundum von Blockwerk eingerahmt. Im Wasser spiegeln sich die dunklen Felszacken der Plamorder- und der Bergkastlspitze. Dorthin führt eine kurze, reizvolle Wanderung mit starken Kontrasten zwischen gewaltigem Blockwerk und saftig grünen Matten.
⇛ Der Zugang: Von Nauders mit der Bergkastl-Seilbahn zur Bergstation (2190 m). Kurz empor, dann nach links quer über die Gande, ein Feld riesiger Felstrümmer, in eine Grasmulde. Am »Großen Stein« vorbei auf eine Moränenstufe. Nach rechts zu den beiden Seen. Evtl. Weiterweg zum Mataunkopf (siehe Seite 64).

Die Saldurseen, 2751 m
Dieser großartige Bergkessel versteckt sich in der einsamen Saldurgruppe. Im ersten Hochkar liegen fünf größere Seen, in denen sich die Gletscherbrüche des Saldurferners und die Saldurspitze (3433 m) spiegeln. Das Kar zieht mit weiten, teilweise begrünten Flächen erstaunlich sanft weiter bergauf, wo es zwischen den rundgeschliffenen Felsbuckeln noch manche kleine, aber malerische Lacke gibt.
⇛ Der Zugang: Von den Glieshöfen (1820 m) im Südtiroler Matschertal rechts des Baches auf einem Fuß- oder links auf einem Fahrweg zur Matscher Kuhalm (2022 m). Hier nun gerade empor – nur noch Wegspuren – immer ein Stück rechts des Baches bis in ein Kar in 2400 m Höhe. Nun flach nach links über einen Sattel, dann durch ein schmales Tälchen bis in 2800 m Höhe. Ein wenig wieder hinab zu den beiden größten Seen (2751 m). Man könnte weglos durch das Kar aufsteigen bis zur Dreitausendmetergrenze, wo man auf den querlaufenden Weg zum Bildstöckljoch trifft. Auf ihm in eine Lücke und im schuttreichen Gelände steil hinab zur neuen Oberetteshütte.

Die Spronser Seenplatte
Dieses großartige Seenplateau liegt im Südwestteil der Texelgruppe und wird aus dem Gebiet von Meran gerne bei einer Tagestour besucht. Zwischen 2117 und 2610 m Höhe verstecken sich in der von einstigen Gletschern rundgeschliffenen, sehr unregelmäßigen Kuppenlandschaft nicht weniger als zehn Wasserflächen. Dabei verdient der Langsee (2377 m) seinen Namen wirklich, sind es doch 1050 m von der Süd- zur Nordspitze. Er ist also einer der größten Bergseen in der Hochregion der Alpen! Der übliche Rundweg berührt nur fünf Wasserflächen; zu den anderen Seen sind Abstecher nötig, ja, zu Kessel- und Schwarzsee führen nicht einmal angelegte Wege.
⇛ Die Rundtour: Von Meran mit dem Auto nach Algund oder Vellau und mit dem Lift zur Leiteralm (1522 m). Steiler Aufstieg nach Norden in die Taufenscharte (2230 m). Drüben ein Stück wieder hinab, dann nach links zur Pfitscher- und zur Kaserlacke. Über Matten hinauf zum Grünsee und weiter zum nahen Langsee. Am Westufer entlang und empor in die Hochgangscharte (2441 m). Drüben im Fels (Sicherungen) steil abwärts und am Hochganghaus vorbei zurück zur Leiteralm.

⁂

»Wild«bach – ist die passende Bezeichnung für fast alle Flußläufe in der Ötztaler Hochregion. Firnfelder und Gletscher sorgen auch in der Sommerzeit für reiche Wassermengen. Am schönsten sind die Bäche dort, wo sie über reinen Felsboden strömen. Ausgewaschene Rinnen und Gufeln, Strudellöcher, die mit kristallklarem Wasser gefüllt sind, Katarakte und

Sich öffnende Blätter der Haselnuß.

Schwarzsee – Rundtour
Vom Ufer des Stausees in etwa 2 3/4 Std. Im oberen Teil kleine markierte Steige in einer von Wanderern kaum besuchten Landschaft.

Goldseen von der Bergbahn
Gut 1 Std. von der Seilbahn. Ordentliche Bergwege. Gipfelmöglichkeiten: Mataunkopf (2892 m, 1 Std.) und Bergkastlspitze (2912 m, sehr anspruchsvoller Klettersteig).

Saldurseen aus dem Matschertal
Von den Glieshöfen 3 Std. Weitgehend nur Steigspuren, deshalb bergsteigerische Erfahrung unbedingt notwendig. Eventuell weiterer wegloser Aufstieg über etwa 45 Min., dann Abstieg zur Oberetteshütte (insgesamt 3 Std.).

Spronserseen
Von der Leiteralm und bis dorthin zurück mindestens 6 Std. Bergwege, trotzdem Trittsicherheit notwendig. Gipfelmöglichkeit: Spronsel Rötelspitze (2625 m, von der Hochgangscharte 45 Min.).

Die Kriechende Nelkenwurz, auch Gletscherpetersbart genannt, liebt den noch fließenden Schutt im Kristallinen. – Die Berghauswurz kommt in den Ötztaler Alpen von 500 bis gut 3000 m Höhe vor. – Bei den Alpenrosen gibt es je eine Art im Kalk und im »Urgestein«; hier handelt es sich um die Rostrote Alpenrose.

Wasserfälle sorgen für ein malerisches Bild. Je nach Wassermenge und Gefälle gibt es all diese Spielformen in jeder Größenausführung von einem Meter bis hin zu gewaltigen, völlig unbegehbaren (und leider unerschlossenen) Klammen, wie sie der Niederbach direkt oberhalb von Vent zeigt.

Das ist ein herrliches Feld für Ausflüge; und die glühendsten Anhänger von Bachexkursionen sind die Kinder. Ein Wasserlauf in der Mattenregion eignet sich am besten dafür. Man kann zum Beispiel auf der Mautstraße durch das Kaunertal bis zum ersten Boden beim Riffltal (2200 m) emporfahren und dann dem vom Weißsee kommenden Bach folgen oder auch das Krummgampental erforschen.

Verblüffend, daß selbst die Wasserfälle in den Ötztalern nur wenig beachtet werden, obwohl es Dutzende schönster Katerakte gibt. Vor allem findet man sie an den Stufen, mit denen die Nebentäler ins Haupttal abstürzen. Eine Reihe entsprechender Ausflüge finden Sie im Kapitel über die Täler. Deshalb folgt hier nur ein Beispiel.

Wasserfall und Gletscherzunge

Bei Mittelberg verzweigt sich das Pitztal in seine beiden Quelläste. Im Südosten sieht man über dem felsigen Talschluß ein winziges Stück einer Gletscherzunge. Das ist das Ende des Mittelbergferners, das Ziel dieser Wanderung. Nach einem durch die Moränen etwas einförmigen Tal wird das Gelände ausgesprochen abwechslungsreich. Der gut angelegte Steig windet sich geschickt durch die rundgeschliffenen Felsen der 200 m hohen Steilstufe. Rechts schäumt und gischtet der stets wasserreiche Gletscherbach. Er bildet auch einen schönen Wasserfall. In 2250 m Höhe kommt man in einen etwas flacheren Bereich und steht nun vis-à-vis der steil herabhängenden Gletscherzunge.

⇛ Die Route: Vom Parkplatz bei Mittelberg über die Brücke zurück, dann stets an der Pitze entlang erst auf einem Fahr-, dann auf einem Fußweg in den Talschluß. Über eine hohe felsige Steilstufe und noch ein Stückchen weiter über Geröll bis in 2250 m Höhe. 1 1/2 Std., sehr schöner Blick auf die Felsberge des Kaunergrates. Evtl. noch Aufstieg von knapp 1 1/2 Std. zur Braunschweiger Hütte (2758 m).

Gletscherhahnenfuß, die »Höhenrekordpflanze« der Alpen.

Zirbe und Himmelsherold

Vom Gipfel des Fundusfeilers (3079 m) im Geigenkamm hat mich eine allzu laute, allzu »grantige« Gruppe von 15 Bergsteigern vertrieben. Fluchtartig bin ich nach unten – im wörtlichen Sinne – weggetaucht. Aber sollte ich auf die beschauliche Rast so ganz verzichten? So bummelte ich von der Feilerscharte wieder bergauf und kam nach zehn Minuten in eine kleine Hochmulde zwischen den Gipfelköpfen der Lehner Grieskögel (3038 m). Etwa die Hälfte des flachen Bodens war noch mit Schnee bedeckt, die andere mit Schieferschutt ausgekleidet, über den in vielen Rinnsalen das Schmelzwasser rieselte. Doch dazwischen blühte es in geradezu märchenhafter Pracht, hier oben, in 3000 m Höhe, inmitten einer scheinbar uneingeschränkten Herrschaft von Fels, Schnee und Eis! Eine geräumige Felsplatte bot sich als alpiner Liegestuhl im Blumengarten an. Noch immer waren die erregten Stimmen zu vernehmen, aber nur noch als leiser Hintergrund, und sie dienten jetzt mehr als Kontrast, um so den »blumengeschmückten Frieden« hier doppelt zu spüren.

Diesen botanischen Beitrag werde ich so klein halten, wie es die Blumen und ihre Blüten in den höchsten Regionen sind. Alle hochalpinen Blumen wirken zart und zerbrechlich, und doch leben und blühen sie unter allerhärtesten Bedingungen. Fels und Geröll bilden das Beet, die Vegetationsperiode dauert nur zwei Monate, und die Pflanzen müssen fähig sein, innerhalb von 24 Stunden Temperaturschwankungen von über 30 Grad zu verkraften. Sie überstehen lange Trockenzeiten ebenso wie eine dicke Neuschneedecke.

Dem Bergsteiger imponieren natürlich vor allem die Blumen in den »obersten Stockwerken« schon oberhalb der geschlossenen Matten. Schneetälchen nennen die Botaniker den Lebensraum, der in der kleinen Erzählung beschrieben wurde. Hier fühlt sich zum Beispiel der Alpenmannsschild wohl, jene dichten, grünen Polster, die oft eng mit zahllosen Blüten in weiß bis rosa besetzt sind. Diese Pflanze liebt ebenso die höchsten Regionen – man findet sie bis 3500 m Höhe – wie etwa der Himmelsherold. Das prächtig leuchtende Blau der Blüte, die innen noch mit einem weißen Ring geschmückt ist, mag zu diesem Namen angeregt haben; in der französischen Schweiz heißt er sogar Roi des Alpes, also Alpenkönig.

Sucht man eine Symbolpflanze für die Hochregion in den Gneisbergen, dann drängt sich der Gletscherhahnenfuß geradezu auf. Überall, wo reichlich Wasser zur Verfügung steht, gedeihen diese großen, und – im Verhältnis – erstaunlich langstieligen Blumen. Wie so oft muß man sich auch hier die Blüte aus der Nähe betrachten, um dieses kleine Kunstwerk richtig zu würdigen: Die weißen Blütenblätter sind außen meist

rötlich angelaufen, während im Zentrum um einen grünen Kern ein dottergelber Kranz von Staubblättern läuft. Dieser hochalpine Vertreter aus der großen Familie der Hahnenfußgewächse hält den Rekord in den Alpen, ist die »höchststeigende« Pflanze, wie es so schön und doch unzutreffend heißt; oder haben Sie schon einmal eine Blume gesehen, die nicht festgewurzelt an einem Platz bleibt, sondern steigt? In über 4200 m Höhe am Finsteraarhorn in den Berner Alpen hat man den Gletscherhahnenfuß noch gefunden.

Geradezu ideale Bedingungen erfüllt eine andere der ganz typischen Blütenpflanzen dieser Region. Von den Straßenrändern vor allem in Südtirol bis in eine Höhe von 2900 m trifft man auf die rotblühende Spinnwebhauswurz. Diese einzigartige Pflanze liebt geradezu den Stein und kann erstaunliche Trockenperioden überstehen. Dabei helfen nicht nur die fleischigen Blätter, die in einer dichten Rosette angeordnet sind. Zu feinsten Fäden entwickelte Haare laufen von einer Blattspitze zur nächsten und schaffen ein Muster wie ein Spinnennetz. Auch dieser Schutz trägt dazu bei, die Feuchtigkeit zurückzuhalten.

Unter ganz erstaunlichen Bedingungen vermag auch der Rote Steinbrech (Gegenblättriger Steinbrech) zu gedeihen. Im Gletschervorfeld nahe der Zunge herrscht häufig ein häßliches Durcheinander aus Eis, Schlamm, Schutt und Wasser. Und doch gibt es Leben in dieser Wüste, ein zartes Polsterpflänzchen mit blaugrünen Blättern und zahlreichen weinroten Blüten, eben den erwähnten Steinbrech. Man findet ihn auch an vielen anderen Stellen bis in eine Höhe von 3500 m, wenn nur ein wenig Erde und ausreichend Wasser zur Verfügung stehen.

Noch unter viel extremeren Bedingungen lebt eine andere Pflanze, ja, sie liebt die Kälte richtiggehend. Jeder kennt den rotgefärbten Schnee, auf den man im Frühsommer in manchen Hochkaren trifft. Hier wächst eine Algenart von intensiv roter Farbe. Bei Versuchen hat man die erstaunliche Tatsache festgestellt, daß die Alge zwar 36 Grad unter null gut übersteht, bei vier Grad plus jedoch eingeht. Sie dient außerdem mehreren kleinen Tieren als Nahrung, die ebenfalls unter so extremen Bedingungen leben. Im Schnee findet man zum Beispiel den Gletscherfloh und das Bärtierchen, im Gletscherwasser, das sich ja kaum über null Grad erwärmt, die Larven von Zuckmücken, Uferfliegen und anderen. Der Gletscherfloh ist unter den Bergsteigern durchaus berühmt, obwohl die meisten sich gar nichts darunter vorstellen können. Dieser nur 2,5 mm große, dunkel behaarte Springschwanz kann sich mit seinem verlängerten Hinterteil, einer Art gegabeltem Schwanz, bis zu 10 cm weit schnellen. Auf aperem Eis entdeckt man manchmal ganze Völker dieser Wichtel.

Die Larve der Uferfliege. Natürliche Größe etwa 3 cm.

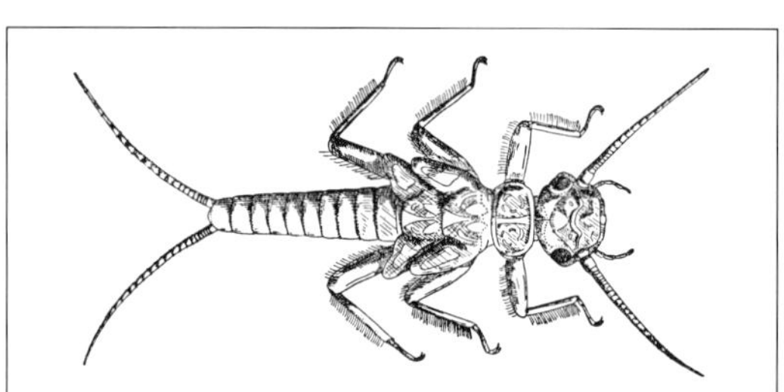

In den Ötztaler Alpen lebt außerdem eine Baumart, die bis weit über 3000 m Höhe vorkommt. Das ist kein Aprilscherz! Die Krautige Gletscherweide hält auch noch einen anderen Rekord: Sie ist der kleinste Baum der Erde! Selten ragt sie mehr als 2 cm aus dem Boden hervor, und ihr Stamm erreicht in 40 Jahren etwa 7 mm Dicke. Da kann man sich nun ausrechnen, wie stark ein Jahresring dieser Weide ist.

Selbstverständlich findet man in unserer Region auch Bäume, die ein wenig höher werden als die Gletscherweide mit ihren 2 cm. Dabei spielt die Fichte in den Bergwäldern, besonders auf der Nordtiroler Seite, die dominierende Rolle – wie fast überall. Jeder Bergsteiger kennt die etwas einförmigen Fichtenhochwälder mit ihren oft fast vegetationslosen Böden zur Genüge. In den Ötztaler Alpen mit ihren hohen Ausgangspunkten lernt man jedoch vor allem die oberen Regionen kennen, und dort, an der Waldgrenze in über 2000 m Höhe, herrscht oft ein Bild von begeisternder Frische und Vielfalt vor. Lärchen schaffen eine freundliche Note, diese »aus der Reihe tanzenden« Koniferen, die einzigen, die im Herbst ihre Nadeln abwerfen. Naturfreunde und Fotografen lieben diese Bäume mit ihrem flammenden Gelb und Orange im Herbst und dem zarten Grün im Frühsommer.

Wo der natürliche Bewuchs an der Waldgrenze erhalten blieb, dort bestimmt jedoch die Zirbe das Bild. Diese Kiefernart bildet mächtige Bäume bis zu gut 20 m Höhe, knorrige Gestalten mit einem unregelmäßigen Stamm, der sich in der Krone häufig zu mehreren Armen verzweigt. An den Nadeln kann man diesen Baum jederzeit mühelos von den üblichen Bergkiefern unterscheiden: Bei der Zirbe stehen stets fünf Nadeln in einem Büschel, bei der Kiefer oder Föhre sind es nur zwei. Die Zapfen von einer dunkelvioletten Farbe sind auffallend schwer und durch eine Harzschicht unangenehm klebrig. Trotzdem schätzen sie Mensch und Tier. Die Zirbelnüßchen haben nämlich einen feinen, leicht harzigen Geschmack.

Das Sammeln der Nüsse und die Verwendung des Zirbenholzes für Möbel, Täfelungen (Zirbenstuben) usw. haben die einst reichen Bestände immer mehr zusammenschmelzen lassen. Dazu kommt das rigorose Zurückdrängen für die Almwirtschaft, und nicht zu-

letzt spielt das so langsame Wachstum der Zirben eine wichtige Rolle. Dafür werden die Bäume aber bis zu 1000 Jahre alt.
Abseits der Weidegebiete in gut 2000 m Höhe findet man oft eine besonders malerische Zentralalpenlandschaft: Matten und reich mit Alpenrosen bewachsene Flächen, wasserreiche Wildbäche, dazu Blockwerk und schließlich Felsrippen in ihrer typischen, kantigen Art, auf denen manchmal in pittoresker Weise die Zirben wachsen. Ein für diese Bäume unentbehrlicher Zweibeiner sorgt für die in manchen Fällen offensichtlich widersinnigen Standorte. Nein, damit ist nicht der Mensch gemeint; ihn könnte man schon eher zu den Schädlingen rechnen, wenn man die Sache aus der Sicht der Zirben betrachtet.
Der wahre Freund ist nur 32 cm groß und gehört zu den Rabenvögeln. Der offizielle Name lautet Tannenhäher, er wird aber auch Nußhäher und im Alemannischen Arvenhäher genannt. Jeder aufmerksame Bergwanderer kennt diesen braunen Vogel mit seinen weißen, tropfenförmigen Tupfen, der mit lautem »rätsch-rätsch« über die Lichtungen fliegt. Er liebt die Zirbelnüßchen. An bestimmten Stellen, seinen »Zapfenschmieden«, werden die Fruchtstände aufgehackt, die Nüsse in eine Art Backentasche gesteckt und dann in kleinen Depots zu etwa zehn Stück als Vorrat verstaut. Diese Speisekammern müssen auch im Winter bei hoher Schneelage zugänglich sein. Der Häher bevorzugt deshalb exponierte, dem Wind ausgesetzte Stellen. Hin und wieder vergißt er eine Vorratskammer oder er verliert einmal ein Nüßchen, dann wächst eine neue Zirbe an einem der so ungewöhnlichen Plätze.
Ohne die Häher würde diese Baumart wohl aussterben. Die Zapfen und ebenfalls die einzelnen Nüßchen sind so schwer, daß sie von allein allenfalls hangabwärts rollen oder vom Wasser tiefer gespült würden. So könnten die Zirben die einmal verlorene Höhe ohne den Häher nie wieder zurückerobern.

Natürlich trifft man in den Ötztaler Alpen, besonders auf Nordtiroler Seite, auch auf das übliche Wild. Steinböcke wurden an vielen Stellen neu ausgesetzt.

Pfundser Tschey und Frudigerkopf

Niemand, der im oberen Inntal zwischen Tösens und Pfunds zu den gut 1000 m hohen, ganz von Wald überzogenen Steilhängen des Frudigerkopfes hinaufschaut, ahnt, daß sich hinter diesem vorgelagerten Berg das schönste Hochtal der Ötztaler Alpen versteckt. Pfundser Tschey nennt man die Böden und flachen Hänge, die weiten Wiesenflächen mit vielen malerisch verwitterten Heustadeln und reichen Beständen an Lärchen. Im Frühsommer findet man hier eine verschwenderische Fülle von Blüten. So sahen einst alle Bergwiesen aus, bevor sie durch intensive Düngung »verbessert« wurden. Der Besuch der Tschey läßt sich ideal mit der Besteigung des kleinen, aber ganz isoliert aufragenden Frudigerkopfes verbinden.
⇛ Zugang von Pfunds: Zu Fuß oder mit dem Auto von Pfunds (970 m) nach Greit und zu den letzten Häusern in Hintergreit (1407 m). Nun auf jeden Fall zu Fuß auf dem Sträßchen nur kurz durch Wald zum Beginn der Tscheywiesen. Wegverzweigung. Geradeaus noch etwa 3 km über die freien Flächen zu einem flachen Sattel in 1723 m Höhe. Oder links empor durch steilen Wald, später über Lichtungen und auf Matten auf den Frudigerkopf (2153 m).

Pfundser Tschey und Frudigerkopf
Von Hintergreit 30 Min. zum Beginn der freien Wiesen. Fahrweg. Gut 2 Std. von Hintergreit auf den Frudigerkopf, Fahr- und Fußwege.

Acht individuelle Berggebiete

Beim Hintervorderkogel zweigt der Kamm vom Hauptmassiv ab, zieht dann streng nördlich, bis er im Hochkogel... Keine Angst – die folgenden Seiten bringen keine seelenlosen Beschreibungen geographischer Gegebenheiten; die mag sich jeder auf der Karte selbst zusammensammeln. In diesem Kapitel werden vielmehr die besonderen Eigenarten der acht Gebiete beschrieben. Schließlich besteht dieses weiträumige Gebirge nicht nur aus den berühmten Eisdomen im zentralen Massiv. Da gibt es ebenso die gewaltigen Felszinnen im Kaunergrat, ihre einsamen, etwas kleinen »Brüder« im Geigenkamm, Grasberge bei Nauders...

Jeder Alpinist, jeder Bergwanderer hat seine ganz persönlichen Vorlieben, schätzt bestimmte Landschaften mehr als andere, sucht sich seine eigene Art von Touren aus, wenn... ja, wenn dazu die Möglichkeit besteht. Viele Routenbeschreibungen in Führern und Büchern sind so ausschließlich sachlich, daß man danach wohl seinen Weg finden mag, aber nichts über die Eigenarten der Tour, eines Berges oder einer ganzen Berggruppe erfährt. Doch gerade dies ist die vorrangige Aufgabe auf den folgenden Seiten.

Weißkamm

Weißkamm
39 größere Berge; höchster Gipfel: Wildspitze, 3768 m; 8 Berge mit Weg; durchschnittliche Gipfelhöhe: 3287 m; 8 Hütten.

Wie gut paßt zu einer ausgedehnten Wiese die Bezeichnung »Grünfläche«? Ähnlich phantasielos wirkt die Benennung »Weißkamm« für das Berggebiet zwischen Wildspitze und Weißkugel. Sicher, hier gibt es mehr Eis und Firn als an jedem anderen Bergkamm in Österreich. Doch gerade deshalb erscheint der Name so hölzern, als sei er lediglich am Schreibtisch ausgeklügelt worden.
Es handelt sich um das Ötztaler Revier der Superlative, mit den drei höchsten Gipfeln, dem größten Gletscher, den meisten Hütten, den zahlreichsten Bergsteigern und den extremsten Sommerskigebieten – gleich drei an der Zahl! Immer wieder betone ich in meinen Beiträgen, wie klein die Zonen des Massentourismus sind und wie groß und weit das unberührte Bergland rundum. Ganz anders im Weißkamm! Beim genauen Hinschauen findet man zwar noch ein paar stille Winkel, ein paar einsame Berge wie den Weißen Kogel, die Langtaufererspitze und den Äußeren Bärenbartkogel. Doch sonst bestimmen hier die gut gefüllte Hütte und die dick ausgetretene Spur auf den Gletschern die Situation. Und in den großen mit Straßen, Bahnen und Liften erschlossenen Sommerskigebieten tummelt sich sowieso ein Publikum ganz eigener Art.

Noch hängen in dem gesamten Gebiet die Ferner über Scharten und Grate zusammen, noch gibt es richtige Gletscherpässe wie am Taschachjoch, am Urkundsattel, am Kesselwand- und am Weißkugeljoch, um nur ein paar Beispiele zu nennen. Bergsteiger und Fotografen haben die gleiche Freude an mancher makellosen Firnschneide wie etwa den Nordgraten an der Wildspitze, dem Hinteren Brochkogel, der Weißkugel... Und die meisten Gipfel warten wenigstens mit einer kleinen Eiswand auf. Man kann nur hoffen, daß die warmen und trockenen Sommer nicht weiterhin an der weißen Pracht nagen.

Bei dieser arktischen Bilderbuchlandschaft läßt sich die Vorliebe der Bergsteiger mit Seil und Pickel für den Weißkamm wirklich verstehen. Zudem fällt es nicht schwer, all die bekannten Gipfel wie die Wildspitze, die Hochvernagtspitze, den Fluchtkogel oder die Weißkugel zu besteigen. Man wandert über die weiten Gletscherflächen, achtet sorgfältig auf die zahlreichen Spalten, krallt sich mit den Steigeisen auch mal über eine kurze Steilstufe empor und turnt hin und wieder durch den zerfallenen, oft mehr unangenehmen als schwierigen Fels. Bei Sonnenschein und guten Verhältnissen wird das zum fröhlichen, beschwingten Ausflug. Doch hin und wieder meldet sich die Natur, erinnert den Menschen daran, daß man weit über 3000 m

Das Foto demonstriert das »zweite Bild« der Ötztaler Alpen, die gewaltigen und wilden Felsberge. Hier sieht man den Riegekopf, den unmittelbaren Nachbarn des Wildgrates im nördlichen Geigenkamm.

Höhe die Berge nie unterschätzen darf. Blankes Eis und hart gefrorener Firn, aus Neuschnee aufgetürmte Wächtengebilde, zugewehte Spalten usw. lassen die Probleme sprunghaft steigen.
Alle wichtigen Gipfel des Weißkammes werden ab Seite 69 einzeln vorgestellt. Auch auf den großartigsten Gletscherkessel, das innere Taschachtal, geht der Text an anderer Stelle (Seite 13) ein. In dem ganzen, so weiträumigen Gebiet bleibt also nur ein kurzer Kamm für die bergsteigenden Individualisten: Der Kamm im Südosten des Mittelbergferners mit dem überragenden Weißen Kogel (3407 m), einem breiten Felsberg mit langen Graten.

Wildspitze zum Sonderpreis

Wir, also Werner und ich, trafen uns mit dem Heinz in einem Kaffeehaus im Ferienort Oetz. Er war gekommen, um seine »Tour nach Wahl« anzutreten. Vor einem Jahr hatte er in selbstloser Weise das Bauchwehkind unserer Gruppe von der Berliner Hütte hinab ins Tal begleitet. So konnte der Rest des Haufens noch den letzten, besonders eindrucksvollen Abschnitt der Zillertaler Durchquerung anpacken, die Überschreitung des Schönbichlerhorns. Als Dankeschön hatte ich dem Heinz eine gemeinsame Tour ganz nach seiner Wahl für den nächsten Sommer versprochen.
Nach vierzehn Dolomitentagen strotzte er jetzt vor Kraft und Auftrieb, war aber auch übersättigt von unbequemen Nächten in vollgestopften Hütten. Wir warteten nun gespannt auf seine Wünsche für die morgige Tour. Versonnen spielte er mit seinem Weißbierglas. »Die Wildspitze ist mein Traumberg! – Doch eine Wildspitze ohne Hektik und Trubel, nach einer Nacht in paradiesischer Ruhe, eine Wildspitze mit Schneefeldern, die noch keine Spur verunzieren…« Doch dann schlug er plötzlich mit der flachen Hand auf den Tisch. »Verdammt! Ich würde viel Geld geben, könnte ich mir diesen bescheidenen Wunsch erfüllen.« »Wieviel denn?« Wie erwachend glotzte er mich einen Moment an. »Ach was, das war nur ein kleiner Ausflug ins Land der Träume. Bei dem schönen Wetter, und noch dazu am Wochenende sind bestimmt ganze Kolonnen in Richtung Wildspitze unterwegs.«
»Bleiben wir doch einen Moment bei deinen Träumen. Schließlich hast du ja wie im Märchen einen Wunsch frei, und ich will die gute Fee spielen. Was sagst du dazu, wenn wir dir deinen Wildspitz-Traum erfüllen?« Er schaute mich prüfend an. »Wenn du das zustande bringst, dann werde ich mir auch etwas besonderes überlegen. Hm, hm, ich werde euch belohnen wie ein Pascha! – Sagen wir: für die Erfüllung der beiden Vorgaben, also eine ruhige Nacht und unberührter Schnee, je hundert Mark, dito für das Erreichen des Gipfels und schließlich noch eine freibleibende Sonderprämie für das Schöne und Abenteuerliche unterwegs. Aber – wenn du mich ver… willst, dann, dann – ja, dann schmeiß ich dich morgen in die erstbeste Gletscherspalte!«
Typisch Heinz! Zumindest im Gebirge wirkte er stets bescheiden und unauffällig, bis dann plötzlich und völlig unerwartet eine Großzügigkeit ohne Grenzen durchbrach. Das war sein Spleen, seine Marotte, sie roch ein wenig nach Gutsherrenart, kam aber doch aus einem ganz ehrlichen, wohlwollenden Herzen. Man brauchte dabei allerdings kein schlechtes Gewissen zu haben; ein paar Geldscheine, das tat ihm bestimmt nicht weh!
Punkt eins war mühelos zu erfüllen. Wir schliefen himmlisch in einer Pension in Zwieselstein, hatten statt fremder Schnarcher das Rauschen der Gurgler Ache als Wiegenlied, saßen am Morgen dann behaglich beim Frühstück und waren doch pünktlich zur ersten Fahrt am Lift, oben in Vent. Zwanzig Minuten über der Bergstation bogen wir dann vom breit ausgetretenen Breslauer-Hütten-Weg nach rechts ab und waren bald mutterseelenallein. Steiles Gras und Blockfelder leiteten hinauf ins Taufkar, und über die allgegenwärtigen Moränenböden wanderten wir pfadlos hinein zum bescheidenen, gleichnamigen Ferner.
Im Bereich der Sonderprämien waren Abenteuer gewünscht! Also – statt einem »Hatscher« zum Taufkarjoch stiegen wir über das Steilgletscherchen direkt zum Taufkarkogel (3362 m) hinauf. Wir hinterließen nur eine feine Spur in dem von der Sonne erst oberflächlich aufgeweichten Firn. An einer kurzen, aber recht steilen Stufe bewies uns der Heinz seine Tauglichkeit für das Kommende. Auf dem Gipfel dieses unbedeutenden Kogels steht man dann wie auf einer Klippe am Rand der See: Über viele Kilometer zieht sich das ganz flache Südbecken des Mittelbergferners hin, ein weißes Meer, das nur von ein paar Zonen mit mächtig aufgerissenen Spalten unterbrochen wird.
Als niedriger Steg überragt der folgende Grat die Gletscherbecken auf beiden Seiten. Auf dieses Gelände stößt man in den Ötztaler Alpen immer wieder: eine Schneide aus Schutt und Blockwerk, kleineren und größeren Felsstellen, unterbrochen durch Schneegrate, die der Wind oft zu eleganten Bögen geformt hat. Als Bastion, in mehreren Streifen aus Fels und Eis zusammengesetzt, wächst darüber im Westen – ganz nahe und fast erdrückend wuchtig – die Wildspitze empor. Auf

Taufkarkogel, 3362 m
Unauffälliger Gipfel über dem Mittelbergferner. Normalanstieg von der Liftstation über das Taufkarjoch, einfach, doch weglos, 3 Std.

Wildspitz-Nordgrat
Eindrucksvolle Eisfahrt, Neigung bis 40 Grad. Aufstieg vom Taufkarkogel 2 bis 3 Std. (oder mehr bei ungünstigen Verhältnissen).

ihrer rechten Seite glitzerten die Firngrate in der Sonne – das ist unsere Himmelsleiter!
Über eine steile Wächtenstufe erreichten wir bei Punkt 3552 den Hauptkamm und schauten von oben auf die wildzerborstenen Eiswogen des Taschachferners. Vor uns aber ragte als runder Eiskopf der Punkt 3677 auf; mancher Westalpengipfel könnte sich damit schmükken! Doch er ist nur der Vorposten für das Kommende!

Wir hatten großes Glück! Meist reichte ein kräftiger Tritt für eine gute Stufe, den Pickel konnte man recht zuverlässig in den mittelfesten Schnee stoßen. Nach einem kaum eingesenkten Sattel zog die Schneide rasch gegen den Gipfel empor. Der frühen Jahreszeit entsprechend war sie noch in einen dicken Schneemantel gehüllt, aber deshalb auch mit einen üppigen Wächtenkragen geschmückt. Wie verlockend, genau dem First

Auf dem zerklüfteten Taschachferner nordwestlich der alles überragenden Wildspitze.

Ein phantastischer Blick erwartete uns auf seinem Scheitel. Hier wird die Wildspitze ihrem Namen, aber auch ihrer Stellung als Häuptling unter allen Gipfeln der Ötztaler Alpen gerecht. Kein Fels unterbrach den Schneefirst. Er bildete teilweise eine steile Kante, teilweise auch eine mit Wächten jeder Größe kunstvoll verzierte Eisschneide, die links in die aus Firn und Fels zusammengebackene Westwand, auf der rechten Seite in die makellose Nord-Eiswand abfällt. Heinz, als Rheinländer sonst eher fröhlich und laut, wurde auffallend still. Wir traten uns eine Sitzbank in den Schnee für eine erste ausgiebige Rast am heutigen Tag, mehr aber noch für unseren Gast und seine Nerven. Beim gemütlichen Sitzen gewöhnt man sich am ehesten an einen etwas furchteinflößenden Anblick. Außerdem – Abenteuer war ja gewünscht. Schade, daß der Rückweg unseren Rastplatz nicht wieder berührte. Mit der Perlenkette unserer Stapfen hätte der Grat noch viel faszinierender ausgesehen.

zu folgen! Er wäre etwas flacher, und dort oben würde man auch das Ausgesetzte nicht so spüren. Doch zum Entsetzen unseres Gastes turnte ich am Oberrand der Nordwand entlang. Es war ein toller Gang auf unserer weißen Himmelsleiter schnurgerade empor ins Blau. Werner und mich packte jene Begeisterung, die den Bergsteiger in bestimmten Situationen ganz erfüllt: Man hat eine anspruchsvolle Aufgabe vor sich und weiß doch, daß man sie souverän und sicher meistern wird. Während ich vorausstapfte, lotste der Werner – wie ein psychologisch bestens geschulter Erzieher – den leise ächzenden Heinz bergwärts.
Schon nach vierzig Minuten standen wir auf, nein, am Nordgipfel der Wildspitze, denn auch hier wagten wir uns wegen der Wächte nicht auf die Kammhöhe hinaus. Zu unseren Füßen pulsierte in dem obersten Becken des Taschachferners ein lebhafter Bergsteigerverkehr, auf- und abwärts, und vom Südgipfel mit seinem Kreuz klangen die Stimmen herüber. Doch hier bei uns gab es

nicht eine einzige Spur! Erst allmählich begann ich dieses Phänomen zu verstehen: Gerade das Westalpenartige, das uns so fasziniert hatte, hält den üblichen Wildspitz-Touristen von derartigen Graten ab. Er ist in der tiefsten Seele froh, wenn er dick ausgetretene Stapfen vorfindet. Fast allen, die hier unterwegs sind, fehlt ganz einfach die Erfahrung, um persönlich eine Spur dieser Art zu legen!

Man hatte uns bald entdeckt, und so brachten wir das letzte Wegstück wie Sportler in der Arena vor zahlreichen Schaulustigen hinter uns. Da wachte auch der Heinz schlagartig wieder auf, hatte plötzlich den Wunsch nach Menschenleere völlig vergessen. Am Südgipfel angekommen, aalte er sich nicht nur in der Sonne dieses herrlichen Frühsommertages, sondern auch in der Bewunderung als kühner Bergsteiger. Dank unserer Stapfen war nun auch der Bann gebrochen. Schon die dritte Partie machte sich jetzt an den kurzen Übergang zum Nordgipfel.

Vom üblichen Abstieg über das Mitterkarjoch und vorbei an der Breslauer Hütte gibt es nicht viel zu berichten. Im Gasthaus unten in Vent war der Heinz dann eifrig am Rechnen. Und es wurde schon allmählich dunkel, als wir, Werner und ich, talaus kurvten – um fünfhundert Mark reicher als bei der Fahrt in die andere Richtung.

Hauptkamm

Genau wie beim sogenannten Weißkamm kann man auch die Bezeichnung »Hauptkamm« nur als phantasielos einordnen, ja, noch schlimmer, sie ist sogar reichlich unpassend. Zwischen dem Timmelsjoch und dem Hochjoch verläuft zwar der Alpenhauptkamm und damit die Wasserscheide über den Grenzgrat. Dennoch stellt er nicht den Hauptkamm der Ötztaler Alpen dar, nachdem er in der Höhe deutlich hinter dem Weißkamm zurückbleibt. Außerdem zweigt bei der Karlesspitze ein knapp 20 km langer Kamm nach Norden ab, der in dem immerhin 3549 m hohen Ramolkogel gipfelt. Dieser vom Namen her untergeordnete Ramolkamm ragt jedoch deutlich höher auf als der parallel verlaufende Nordflügel des »Haupt«kammes.

So weiträumig dieses Gebiet ist, so unterschiedlich zeigt sich die Landschaft, so verschiedenartig sind die Touren, die der Bergsteiger hier vorfindet. Im Bereich der beiden bekanntesten Stützpunkte, der Martin-Busch-Hütte und des Hochwildehauses, liegen besonders großräumige Gletscherbecken. Sie zeigen zum Teil eine wild zerklüftete Eislandschaft wie jeweils der Westflügel des Marzell- und des Schalfferners, zum Teil gibt es aber auch schier endlos weite, manchmal fast ebene Firnflächen, für die vor allem der Gurglerferner bekannt ist. Auch hier werden einige wenige Berge – Fineilspitze, Similaun, Schalfkogel, Hochwilde – von vielen Menschen besucht, andere erhalten selten oder nahezu nie Besuch. Selbst eine so formvollendete Gestalt wie die Hintere Schwärze (3624 m), der höchste Gipfel des Kammes und der vierthöchste der Ötztaler Alpen, zählt nicht zu den Modezielen. Den Querkogel (3448 m), dieses auffallend in den Schalfferner vorspringende Felsriff, die Rötenspitze mit ihrer eleganten Eiswand und eine ganze Reihe weiterer durchaus interessanter Gipfel besteigen die Alpinisten nahezu nie.

Das ist eine reine Feststellung und keine Kritik. In den Bergen finden zum Glück alle das Passende. Und gerade die Ötztaler Alpen sind wie eine unendliche Spielwiese, die für jeden Geschmack eine Fülle von Möglichkeiten anbietet.

Größer könnten die Kontraste nicht ausfallen als zwischen der Nord- und der Südtiroler Seite des Hauptkammes: Statt der mächtigen Firnfelder beherrschen über dem Pfossen- und dem Pfeldderertal dunkle Felspfeiler und bis zu 1000 m hohe, zerklüftete Flanken mit viel Geröll und Blockwerk das Landschaftsbild, zwischen denen im fortschreitenden Sommer der Schnee fast ganz verschwindet. Symbolisch wirkt hier die Hintere Schwärze. Die Südtiroler gaben ihr diesen durchaus passenden Namen, während von Norden die Bezeichnung Hintere Weiße lauten müßte. Außer bei den drei Zugängen zur Similaunhütte, zur Hochwilde und zur Planfernerhütte wird das gesamte Gebiet nahezu nie von Alpinisten betreten.

In der Hochwilde knickt der Hauptkamm mit einem Winkel von 120 Grad ab und zieht dann mehr in nördlicher Richtung weiter bis zu seinem Ende über dem Timmelstal. Nach den Seelenkögeln ändert sich deutlich das Landschaftsbild. Alles wird kleinräumiger, dabei aber auch markanter und schroffer. Hoch und recht steil ragen die Felsgrate auf, dazwischen sind die Gletscher eingezwängt, kleine, aber auffallende Eisströme mit wilden Brüchen, wie sie etwa der Gaißbergferner zeigt. Von Obergurgl aus lassen sich die drei Hauptgipfel, die Liebnerspitze, der Hohe First (3403 m) und der Granatenkogel, auch bei einer Tagestour ohne Gewaltmarsch besteigen.

Eine kleine Charakterisierung des nördlichen Ramolkammes finden Sie in der folgenden Erzählung. Es ist typisch für die hier vorherrschenden Gneise und Glimmerschiefer, daß diese Grate nur selten richtige Klettereien erfordern. Auch das paßt zum Bild: Der so ein-

Blick vom Mittelbergjoch, also genau von Norden, über den Taschachferner auf die Wildspitze. Links der Nordgrat, von dem die Erzählung handelt.

Hauptkamm
51 größere Berge;
höchster Gipfel:
Hintere Schwärze,
3624 m;
7 Berge mit Weg;
durchschnittliche
Gipfelhöhe: 3299 m;
9 Hütten.

Ein ausgefallenes Motiv: Blick über das Timmelstal ins Seewertal, über dem Granatenkogel und Hoher First aufragen; man schaut in die Nordostwände.

Hinterer Spiegelkogel, 3424 m
Südgrat vom Spiegeljoch, gletscherfrei, Blockwerk und Schutt, Kletterei bis I+. Vom Ramolhaus 1 1/2 Std.

Hinterer Spiegelkogel, 3424 m
Nordostgrat, sehr interessante, ausgesetzte, zeitweise überwächtete Firnschneide von mittlerer Steilheit. Vom Ramolhaus 1 1/2 Std.

drucksvoll zerklüftete Steiniglehnferner, der vom Gampleskogel 700 m tief (!) nach Norden hinabzieht, wird im Führer mit keinem Wort erwähnt. Wer bekommt schon je diesen wilden Eisstrom zu Gesicht? Außerdem könnte das alpine Ur- und Ödland nicht ausgeprägter sein wie in diesen bis zu 1500 m hohen Steilflanken hinab ins Ventertal. Schier endlose, steile Moränenfelder, hohe Felsstufen, tief eingeschnittene Bachrunsen und im untersten Teil mit Buschwerk überzogene Steilhänge sind die Herrscher im Revier.

Geiß und Elektrizität

Einen Oscar für Regie möchte man hier vergeben! Beim Ramolhaus stimmt wirklich alles. Es thront als echter Lug-ins-Land auf einem kleinen Vorsprung mitten in den Steilhängen, bietet einem Vogelschaublick auf die viele Kilometer lange Zunge des Gurglerferners und zeigt ein Panorama mit allen Gipfeln des Hauptkamms vom Granaten- bis zum Schalfkogel. Der Steinbau paßt sich zudem bestens dem gleichfarbigen Fels an, und die rotweißen Fensterläden schaffen einen Tupfen Freundlichkeit. Schließlich ist noch die Höhe von 3006 m etwas Besonderes.

Wir hatten den Aufstieg von Obergurgl glücklich hinter uns, lehnten am Geländer und bestaunten die Bergwelt rundum, die in einer Fülle von mittäglicher Sonne schier ertrank. Es war Mitte Juli und der erste Samstag nach Öffnung der Hütte, ein Handikap, mit dem wir am allerwenigsten gerechnet hatten. Zwar fehlte unserem Gulasch nichts am guten Geschmack, aber im Gastraum war es – saukalt. So flüchteten wir gleich wieder hinaus in die wärmende Sonne, und der Entschluß fiel leicht, noch den Hinteren Spiegelkogel zu besteigen; ein sehenswertes Bergmassiv zudem, besteht es doch genau zur Hälfte aus Firn und aus Fels.

Damals, im Jahr 1976, interessierte sich kein Mensch für einen Berg dieser Art, mochte er von Norden mit seiner Eiswand auch noch so elegant und verlockend aussehen. Im Führer waren zwar einige Routen kurz beschrieben, doch fehlten dort alle Schwierigkeitsangaben.

Mit Hilfe der Alpenvereinskarte suchten wir unsere Route durch die so typische Schnee-, Block- und Felsplattenlandschaft und stiegen schließlich von links über eine Art Rampe gegen das Spiegeljoch hinauf. »Sei still!« Ich hielt meine Frau am Ärmel fest und lauschte. Es ist ein eigenartiges Gefühl: Du weißt, du bist ganz allein, weit und breit gibt es keinen einzigen Menschen, und doch hörst du eine Stimme, eine eigenartig verzerrte zudem. Wir stiegen noch ein paar Meter höher auf einen kleinen Vorsprung mit guter Übersicht. Jetzt – ganz deutlich war eine Art Meckern zu hören. Eine Geiß hier oben, in 3250 m Höhe? Unsinn! »Eine Gemse mit Fremdsprachenkenntnissen«, schlug meine Frau vor und nahm damit der Situation die Spannung.

Trotzdem war es bald danach Schluß mit der Zweisamkeit, und wir setzten die Tour zu dritt fort. Es war eine stattliche Ziege, die uns ungeniert und neugierig musterte. Freude über die unvermutete Begegnung war ihr nicht anzusehen, aber das lag vielleicht an unserer mangelnden Kenntnis der geißschen Psyche und Mimik. Auf jeden Fall trottete das Tier nun in ein paar Meter Abstand treu hinter uns her. Später türmten sich über uns die Blöcke zu einem steileren Grat auf. Es war ein vergnügliches Turnen im sonnenwarmen Fels und Blockwerk, und – für einen Menschen – auch einfacher, als wir erwartet hatten.

»Keine Chance mehr für unser großes Hündchen!« Die Geiß blieb auch wirklich zurück und war gleich darauf aus unserem Blickfeld verschwunden. Schluß mit der Episode? Von wegen! Unsere neue Bekannte war offensichtlich ein »erfahrener Hase« in Sachen Bergsteigen. Klare Angelegenheit: Ist der Grat zu steil, dann umgeht man die Stelle seitwärts in der Flanke. Während wir dann auf dem Gipfel herumlungerten und das endlose Eisgipfelpanorama bewunderten, beschäftigte sich die Geiß damit, kleine weiße Steine laut krachend zu zerbeißen. Ein fürchterliches Geräusch für eine mitfühlende Seele!

Wir hatten Pickel und Steigeisen mitgebracht, jeden echten Bergsteiger muß ja der Nordostgrat des Spiegelkogels in Versuchung führen. Auch wir wollten nun über diese elegante, durch ihre Wächten im Frühsommer aber auch etwas tückische Eisschneide wandern. Voller Freude setzten wir unsere Stapfen in den völlig unberührten Schnee und kamen auch rasch ein gutes Stück tiefer. Sorgfältig die Tritte nützend marschierte die Geiß hinterher, wohl kein alltägliches Bild in der so bewegten Geschichte des Alpinismus.

Der Grat wurde schärfer, der Blick in die 250 m hohe Nordeiswand imposanter, gleichzeitig veränderten sich die Verhältnisse fast von einem Meter zum anderen:

statt des soliden Firns plötzlich blankes Eis, darüber vielleicht 20 cm nasser Schnee. Mit Steigeisen gäbe es sicher keine größeren Probleme. Aber ohne? Trotz der vier Beine hätte man auf diesem hinterhältigen Untergrund wohl wenig Chancen. Laut deutschem Recht ist das Tier zwar nur eine Sache. Doch wenn man sich die Szene vorstellt, wie diese Sache aus Fleisch und Blut die Nordwand hinunterpurzelt...

Es war ein harter Entschluß! Nur wegen einer dahergelaufenen Ziege den besonderen Leckerbissen der Touren sausen zu lassen und sogar ein gutes Stück wieder emporzusteigen – und das alles nach gut 1500 Höhenmetern, die uns bereits in den Knochen steckten. Ich kann jetzt verstehen, warum manche Bergsteiger unterwegs so zurückhaltend bei Zufallsbekanntschaften sind. Also – uns blieb nichts übrig als eine zweite Besteigung des Hinteren Spiegelkogels und ein Abstieg nach Süden.

Für die Nacht quartierte sich die Ziege im offenen Vorraum des Ramolhauses ein und bedankte sich für die Gastfreundschaft mit Unmassen von Geißbollern. Als wir am Morgen vor die Hütte traten, strich sie gerade um vier startbereite Bergsteiger herum, wohl in der Hoffnung, deren Tourenziel zu erfahren. Von uns nahm sie keinerlei Notiz. Meine Frau wollte sie schon etwas beleidigt und eifersüchtig zur Rede stellen. Ich konnte sie jedoch noch rechtzeitig zurückhalten. Wir hatten schließlich eine ganz besondere Tour vor uns, und heute sollte uns niemand dazwischenmeckern.

Wir ließen also die zum Quintett erweiterte Gruppe losmarschieren, trödelten noch ein wenig herum und bewunderten die im Morgenlicht strahlenden Gipfel. In immer gleichbleibendem Abstand wanderten wir dann hinterher, stapften über den harmlosen Ramolferner bergauf, hielten uns dann aber weiter nach rechts. Vom Gipfel des Nördlichen Ramolkogels (3427 m) hörten wir zum letzten Mal ein – ziemlich klägliches – Mekkern. Die Geiß stand auf dem untersten Absatz am Nordostgrat des Mittleren Ramolkogels, während das Quartett schon weiter oben durch die Felsen turnte. Man darf eben auch als Ziege seine Ziele nicht zu hoch stecken!

Unser eigenes Ziel, der Gampleskogel (3399 m), war nicht hoch, dafür aber unverschämt weit entfernt. Ein drei Kilometer langer gekrümmter Grat führte dorthin. Der schon jetzt auffallend diesige Himmel und die laue Luft ließen mir keine Ruhe. So machten wir uns bald wieder auf den Weg. Es gab keine echten Hindernisse auf diesem bunt aus Blockwerk, Fels und Schnee zusammengesetzten Grat, ein Gang über den höchsten Kamm zwischen Gurgler- und Ventertal mit stets hindernisloser Aussicht. Im Rückblick zeigte der Große Ramolkogel (3549 m) eine wahrlich imposante Gestalt: Die Nordseite schmücken eine glatte Eiswand und ein 500 m hoher Hängegletscher, Schönheiten im Verborgenen – welcher Bergsteiger bekommt diese Wände schon zu Gesicht!

Nach dem Manigenbachkogel (3313 m) steigt der Grat zu den beiden mächtigen Latschkögeln (3386 m) an und führt dann in einem Bogen hinüber zu unserem Ziel. Drüben im Westen, über der nahen Wildspitze, ballten sich die Wolken, und trotz der großen Höhe war es

Noch ein Bildbeitrag zum Thema Hauptkamm. Links: Rotmoosferner bei Obergurgl mit Heufler- und Trinkerkogel. Rechts: Der Marzellferner mit Hinterer Schwärze und Mutmalspitze; jeweils von rechts der Normalanstieg.

richtig schwül, der Schnee zudem stark durchgeweicht. An steilen Stellen glitschte die oberste Schicht unter den Schuhen in die Tiefe wie ein Wasserstrom. Ich trieb zur Eile an, hörte nicht auf das Murren meiner Frau. Jetzt hatten wir den ersten Gipfelpunkt des Gampleskogels erreicht, stiegen dann über ein paar Felszacken zum Stangengipfel hinüber und standen kurz danach auf der Eiskalotte im Osten.

Diese pikenden Wespen auf der Kopfhaut! Ich kannte das Gefühl bereits, diesen Vorboten eines Gewitters. Es wurde höchste Zeit, den weit und breit mächtigsten Gipfel zu verlassen! Wir hatten jedoch vom Manigenbachkogel aus die Wächte unter der Kalotte gesehen, die uns von den folgenden Firnhängen trennte, dazu der nasse Schnee... Man konnte nicht einfach auf gut Glück auf den überhängenden Schnee hinausspazieren. Also trotz allem: das Seil heraus, in aller Eile die Frau angebunden, ein paar Ratschläge, dann wurde sie als Versuchskaninchen auf die Wächte hinausgeschickt. Sie erwischte eine günstige Stelle, sprang zwei Meter in die Tiefe und löste damit gleich einen Schneerutsch aus, der eine brauchbare Abstiegsbahn schaffte. Ich sicherte sie die gesamte Seillänge hinunter und kam dann in langen Sätzen hinterhergesaust.

Selten bin ich in meinem Leben so erschrocken. Es gab nur einen einzigen Knall, kurz wie eine Explosion und ebenso laut. Wir waren gerade fertig mit dem Lösen des Seils. »Lauf einfach immer gerade bergab, ich komme gleich hinterher!« Meine Frau wollte nach ihrem Pikkel greifen, der unmittelbar neben meinem im Schnee steckte. Doch die Hand fuhr blitzartig zurück. Es gab ein leises Schnurren, denn zwischen der Haue des einen und der Schaufel des anderen Pickels sprangen die Funken über. »Nur weg hier! Das Eisen zieht die Blitze an!« Eilig lief sie durch den tief aufgeweichten Schnee bergab.

Ich stopfte das Seil in den Rucksack, zog die beiden Pickel aus dem Schnee und machte mich an die Verfolgung. Nach zwei Minuten waren wir 100 m tiefer am Ende des kleinen Kammgletschers und am Beginn der Südostgratfelsen. Schnaufend blieben wir für einen Moment stehen und vernahmen nun das Summ- und Surrkonzert rundum, an dem zum Beispiel ein Steinmann, unsere Körper und die Pickel in meiner linken Hand beteiligt waren. »Um Gottes Willen, wirf die Dinger weg!«

»Blödsinn! Aber wir müssen unbedingt noch tiefer!« Ich unterstützte meine Worte mit einer Geste der erhobenen rechten Hand und da sprangen doch wahrhaftig auch zwischen Daumen und Zeigefinger die Funken über! Wir hasteten mit einem Tempo über den Block- und Schuttgrat in die Tiefe, das man »nüchtern« für unmöglich halten würde. In 3100 m Höhe bogen wir nach links ab und beendeten unsere Hetzjagd erst auf dem kleinen Lehnerferner. Selbst hier – 350 m unter dem Gipfel und noch dazu in einem Bergkessel – war noch immer eine Entladung zu spüren, die wir aber jetzt nicht mehr so ganz ernst nahmen.

Über Schnee und Moränenschutt stiegen wir zu den ersten Matten ab und lümmelten uns mit einem Seufzer der Erleichterung ins Gras. Dem Urknall dort oben waren – erstaunlicherweise – keine weiteren Kundgebungen der gewitterträchtigen Luft gefolgt. So gönnten wir uns jetzt eine ausgiebige Rast, die erste des Tages. Inzwischen war meine Frau doch sehr froh über die »geretteten« Eispickel. Trotzdem wollte sie mir nicht so recht glauben, daß das blitzanziehende Eisen in den Bereich der Märchen gehört. Wie tief doch manches wurzelt, das uns einmal (falsch) beigebracht wurde!

Gampleskogel, 3399 m
Große Grattour über Nördlichen Ramolkogel (3427 m), Manigenbach- und Latschkogel. Kletterei bis I+, Firnschneiden, 4 Std. vom Ramolhaus, Abstieg über Ostgrat und Lehnerferner.

Geigenkamm

»Der Geigenkamm zieht vom Inntale auf der Ostseite des Pitztales hin und bildet so einen Scheidekamm zwischen dem Pitztale und dem Ötztale.« Im Jahre 1906 liebte man die umständlichen Worte und vergaß vor lauter Nüchternheit das Wichtigste der Beschreibung: ein lebendiges Bild von einer Landschaft zu zeichnen. Auch heute, in einer Art Nach-Walter-Pause-Ära, scheint das Sachlich-Kalte vorzuherrschen; nur keine Gefühle zeigen, um sich nicht das Image eines Romantikers einzuhandeln.Doch kann man den 27 km langen Geigenkamm wirklich vorstellen, ohne auf das Persönliche einzugehen? Nein, zu unterschiedlich sind die Bedingungen bei den drei Abschnitten!

In den Südteil der Gruppe kommen die Bergsteiger und die wirklich erfahrenen Bergwanderer, um der Hohen Geige (3393 m), dem Hauptgipfel des Kammes, ihre Reverenz zu erweisen. Dieser Berg ragt mächtig über seine Umgebung empor, ja, er zählt zu den höchsten Wege-Bergen der Ostalpen! Und doch gibt es noch eine Steigerung : Über den südlichsten Geigenkamm führt nämlich der Mainzer Höhenweg. Diese einzigartige Route über mehrere Dreitausender und durch kleine Gletscherbecken wird auf der Seite 56 genauer vorgestellt.

Im nächsten Abschnitt des Kammes, von der Hohen Geige bis hinaus zum Fundusfeiler, steht in langer Reihe ein markanter, oft scharf geschnittener Felsgipfel hinter dem anderen, etwa der Hundstal- und der Luibiskogel (3110 m), der Plattig- und der Blockkogel. Insgesamt sind es vierzehn selbständige Berge. In den

Geigenkamm
27 größere Berge; höchster Gipfel: Hohe Geige, 3393 m; 9 Berge mit Weg; durchschnittliche Gipfelhöhe: 2978 m; 5 Hütten.

Die Watzespitze, der höchste Gipfel im Kaunergrat, gehört zu den auffallendsten Bergen der Ostalpen. Man sieht den Plangeroßferner; über sein Eis am linken Bildrand führt der einfachste Anstieg. Rechts der Ostgrat, eine reizvolle Kletterei.

schattigen Winkeln der Kare verstecken sich noch einige bescheidene Gletscherchen und ein paar größere Firnfelder, sonst herrschen Fels und Blockwerk, Geröll und Matten vor. Und nicht zu vergessen die Bergseen! Es gibt kaum einen Karboden, in dem dieser besondere Schmuck fehlt. Nur der Liebhaber stiller, absolut einsamer Bergwinkel und unberührter Gipfel wagt sich an die langen, im oberen Teil meist pfadlosen Aufstiege aus den so tief eingeschnittenen Tälern. Vom Weiler Enger im Pitztal auf den Blockkogel wäre auch der ausdauernde Alpinist seine fünf bis sechs Stunden unterwegs, während man sich die 2000 Hm aus dem Ötztal zum Luibiskogel dank der Stabelealm in zwei Etappen aufteilen kann.
Ganz anders, ja fast gegensätzlich dann der breite Nordteil des Geigenkammes! Das Gebiet rund um den Wildgrat, diesen schönen, dunklen Felsberg, wird von drei Hütten und einem Lift, der bis in 2368 m Höhe führt, bestens erschlossen. Das lockt natürlich auch die Bergsteiger an, doch noch ungleich häufiger trifft man hier auf wandernde Urlaubsgäste aus den umliegenden Ferienorten.

Kaunergrat

Kaunergrat
32 größere Berge; höchster Gipfel: Watzespitze, 3532 m; 4 Berge mit Weg; durchschnittliche Gipfelhöhe: 3127 m; 5 Hütten.

Trotz Wildspitze und Weißkugel verdient dieser Teil der Ötztaler Alpen die meiste Beachtung. In der gesamten Zentralalpenwelt Österreichs findet man nämlich nichts Vergleichbares! In langer Reihe stehen hier elf ganz gewaltige, bis zu 3532 m hohe Berge, dazu kommt ein gutes Dutzend etwas kleinerer, aber immer noch recht markanter Gipfel. Sie alle zählen ausnahmslos – und das ist der Unterschied zu anderen Gebieten - nicht nur zu den auffallenden Felszinnen, sie zeigen auch jeweils ein ganz individuelles und unverkennbares Profil. Dafür sorgen vor allem die Scharten, die besonders tief und scharf zwischen die einzelnen Gipfel eingeschnitten sind. Selbst die Zwillinge Schwabenkopf (3378 m) und Verpeilspitze (3423 m) trennt eine Lücke von nur 3196 m. Dadurch wird jeder Berg besonders kräftig herausmodelliert.
Das zweite Element im Landschaftsbild des Kaunergrates liefert der Fels. Der markante, recht scharf geschnittene Grat ist die Regel, auf die hohe Felswand oder Steilflanke trifft man ungleich häufiger als auf sanfteres Gelände in Grat- und Gipfelnähe, wie man das in den zentralen Ötztalern gewöhnt ist. 500-m-Wände findet man hier gleich reihenweise, während sie sonst im Bereich des Tiroler Urgesteins eher die Ausnahme sind. Ein paar Beispiele gefällig: Vordere-Ölgrubenspitze-Nordwestflanke 670 m, Watzespitze-Nordostwand 600 m, Schwabenkopf-Nordwestflanke 930 m, Rofelewand-Nordwand 700 m (teilweise ungewöhnlich steil), Gsallkopf-Nordostflanke 650 m. Noch eindrucksvolleren Zahlen kann man bei den Graten anführen. Den Kletterern ist der 700 m hohe Ostgrat der Watzespitze (bis IV) bekannt, während etwa ein Verpeilspitz-Nordgrat (mit Gegenanstiegen ebenfalls 700 Hm, Länge 1,2 km, bis IV) oder der gar mit 1000 Hm aufwartende Nordgrat des Schwabenkopfes kaum je in ihrem Dornröschenschlaf gestört werden.
Um die schroffen Formen noch zusätzlich zu betonen, gibt es das dritte Element: fast alle Kare sind mit kleinen oder mittelgroßen Gletschern geschmückt. Neben den sanften Firnbecken fallen ein paar wild zerrissene Eisströme auf, die steil von den Gipfeln herabziehen wie der Bliggferner am gleichnamigen Spitze, der Watzebachferner auf der Nordwestseite des Rostizkogels, Plangeroß- und Watzeferner an der Watzespitze und nicht zuletzt der Verpeilferner mit seinem kalbenden Hängegletscher.
Sie glauben nun sicher, dieses gelobte Land wird von Bergwanderern, Hochtouristen und Kletterern regelrecht überschwemmt. Weit gefehlt! Nur die Watzespitze erhält häufiger Besuch, ein paar andere wie die Bliggspitze oder die Rofelewand werden hin und wieder bestiegen. Um die meisten Berge aber bleibt es auffallend still. Das hat seine guten Gründe. Klettereien mit langen Zugängen wie etwa der Seekogel-Westgrat oder eine Überschreitung der Madatschtürme sind bei den Steilfelsjüngern nicht beliebt, zumal die meisten dieses Gestein nicht schätzen und an anderen Gipfeln der Fels nicht allzu fest ist. Ferner fehlen hier die typischen Gletschertouren ebenso wie die einfachen Berge mit Wegen bis zum höchsten Punkt. Dabei ist das Gebiet mit fünf Alpenvereinshütten bestens erschlossen. Alle Gipfel bis hin zum Gsallkopf lassen sich also gut erreichen. Ja, manches Ziel besuchen die Skitourenfreunde weit mehr als die Bergsteiger im Sommer. Das gilt vor allem für den harmlosen Wurmtalerkopf und für den Rostizkogel, den einzigen richtigen Firndom im Kaunergrat.
In der »Gipfel-Parade« werden fünf Berge dieses Kammes vorgestellt. Für weitere besonders auffallende Gestalten wie die Eiskastenspitze und den wildesten aller Felsgipfel, den Seekogel, blieb leider kein Platz; nur die folgende Erzählung berichtet kurz über diese Ziele. Der Gsallkopf wurde als eine Art Grenzpfeiler schon erwähnt. Der Kaunergrat setzt sich von dort noch weit nach Norden fort und wirft auch noch ein Dutzend dunkler Felsberge auf. Doch die Höhe nimmt nun rasch ab, und nach den ziemlich unnahbaren Dristkögeln

(3058 m), diesen fast schwarzen Felspyramiden, die dem Autofahrer schon bei Prutz ins Auge fallen, werden auch die Formen deutlich sanfter.
Ein drittes Mal kann man es nicht vermeiden, auf den Namen einer Gruppe einzugehen. Denn auch die Bezeichnung Kaunergrat, die sich schon vor langer Zeit eingebürgert hat, ist wenig glücklich gewählt. Bei dem knapp 30 km langen Massiv, an das noch der 10 km lange Venetberg anschließt, wirkt das Wort »Grat« verniedlichend und irreführend. Treffender wäre die Bezeichnung Kaunerkamm.

Der Eiskasten-Marathon

»Dumm wie der letzte Anfänger!« Dabei hatte ich alles reiflich überlegt und lückenlos geplant. Mein Ziel war der Brunnenkarkopf (3246 m), um von dort oben Bilder vom Taschachferner und der Wildspitze zu schießen. Ich nahm diesen dunklen, stark von der Verwitterung zernagten Felskopf nicht allzu ernst und schleppte deshalb außer der Fotoausrüstung nur eine bescheidene Brotzeit, eine Landkarte und den Höhenmesser mit. Schon im allerersten Dämmerlicht brachen wir, mein vierbeiniger Begleiter und ich, in Mittelberg auf, wanderten dann zügig durch das morgendlich kühle Taschachtal und rückten dabei der Zunge des gleichnamigen Gletschers immer näher. Gerade als wir den Talschluß erreicht hatten, streiften die ersten Sonnenstrahlen den oberen, zu einem Meer von Eistürmen aufgelösten Gletscherbruch. Ein märchenhaftes Bild! Mein Entschluß war spontan: Ich nehme den Umweg auf mich, steige zum Taschachhaus hinauf und überquere auf der üblichen Wildspitz-Route den aperen Eisstrom in 2600 m Höhe – den Fotos zuliebe.
Jetzt stehe ich mitten in diesem sanft gewellten Meer, das jedoch immer wieder von mächtigen Klüften zerteilt ist, über mir ein Wald blauschillernder Eistürme, ein wirres Durcheinander teilweise grotesker Formen, und noch eine Stufe höher die in der Morgensonne leuchtende Taschacheiswand. Grandios – und doch fluche ich still vor mich hin. Das nackte, graue Eis ist nicht rauh und griffig, wie sich das im Herbst so »gehört«. Ohne Pickel und Steigeisen erfordern schon die bescheidensten Neigungen einen häßlichen Eiertanz. Hundepfoten und Vierbeinerhaltung sind hier dem Menschen eindeutig überlegen. Die Punta, so heißt mein Boxer, läuft mit einer Selbstverständlichkeit über das Eis, als gehörten apere Gletscher zum täglichen Gassi gehen. Den Spalten bezeugt allerdings auch sie die nötige Ehrfurcht und umgeht sie in sicherem Abstand.

Vorderer Eiskastenkopf, 3089 m
Vom Taschachhaus ins Eiskastenkar, von Osten auf den Südgrat und zum Gipfel. Kaum je begangen (bis I, 3 Std.).

Eiskastenspitze, 3371 m
Vom Taschachhaus über den Ostgrat, 400 m hoher Block- und Felsgrat (II, zwei Stellen III, insgesamt 4 Std.). Abstieg auf der einfachsten Route über die Südostflanke (steiles Blockwerk und Gletscher).

Brunnenkarkopf ade! Mir bleibt nur der Rückzug. Oberhalb des Taschachhauses hocke ich im Gras und überlege, was ich mit dem noch jungen Tag beginnen soll. Vorderer Eiskastenkopf (3086 m) heißt unser neues Ziel. Der gegen das Tal vorspringende Gipfel dürfte die ideale Aussichtsloge für die südlichen Kaunergratberge sein!
»Das wird eine knifflige Aufgabe«, erkläre ich dem Hund, der mir mit aufmerksam gespitzten Ohren zuhört, »wenn wir ohne größere Höhenverluste quer durch die diversen Tälchen und Hochkare kommen wollen.«
Tausend Höhenmeter stecken schon in den Beinen, als wir nun unseren zweiten Anlauf beginnen. Beim Mittleren Eiskastenbach verlassen wir den Fuldaer Höhenweg. Ich mag diese typische Gneislandschaft aus üppigen Graspolstern, elegant geschliffenen Felsrücken, wasserreichen Bächen, den allgegenwärtigen Blockfeldern... Hier bildet das alles zusammen zudem die passende Staffage zum wirklich grandiosen Gletscherhintergrund. Unser Ziel steht als mächtige Felspyramide im Norden, ein Wegweiser, der nicht zu übersehen ist. Wir kommen ihr spürbar immer näher und näher. Doch bei unserer Wanderung lassen sich kleine Höhenverluste nicht vermeiden, mal zwingt ein Stein zu einem Abstieg von fünf, mal eine Felsnase zu dreißig oder gar fünfzig Metern, und das Turnen durch die ausgedehnten Blockfelder zehrt zusätzlich an den nachlassenden Kräften.
Endlich ist der Bergfuß erreicht. Eine ebene Wiese und ein kleiner Bach mit kristallklarem Wasser laden zum Faulenzen ein, zu einer verdienten Erholungspause. Aber dann treibt mich doch die Ungewißheit weiter. Wie jeder Pionier kenne ich den Vorderen Eiskastenkopf ja nur vom Anblick aus unserer Perspektive, kann nur danach und nach der Alpenvereinskarte eine Route überlegen. Über einen sehr steilen Hang tasten wir uns am Rand der Felsen zum Südostgrat hinauf, und ich luge voller Spannung um die Ecke. Schaut gut aus! So balancieren und stolpern wir für einige Zeit über die Trümmerfelder eines verborgenen Kares und folgen schließlich dem Grat mit seinem groben Blockwerk zum steil aufstrebenden Gipfel.
Da liegen sie nun alle aufgereiht, die so gewaltigen, wuchtigen Felsberge des südlichen Kaunergrates, lauter markante Gestalten, die sich nicht miteinander verwechseln lassen. Es sind außerdem alle ganz persönliche Freunde von mir. Da steht zum Beispiel die Bliggspitze (3453 m), die zu unrecht ein wenig über die Schulter angeschaut wird. In Wirklichkeit schmücken elegante, zerklüftete Gletscher und steile Eiswände die

Nordost- und die Nordwestseite. An ihrem Fuß auf dem Mittleren Eiskastenferner hat einst mein bergsteigerisches Ansehen einen deutlichen Knacks bekommen. Zu fünft waren wir im tiefen, sehr nassen Schnee heraufgestapft, um die Nordost-Eiswand anzugehen. Als wir schließlich bis zum Oberschenkel in dieser häßlichen Suppe steckten, weigerte ich mich, auch nur einen Schritt weiterzugehen. Ich hatte ganz einfach Angst vor einer riesigen Naßschneelawine. »Angsthase! Lawinen im Sommer!«

Die Eiskastenspitze in einem dicken sommerlichen Schneemantel, der durchaus für recht lawinengefährliche Verhältnisse sorgen kann.

Daneben ragt die Eiskastenspitze (3371 m) auf, die ein Gletscherchen wie ein Federbett auf dem Gipfelgrat trägt. Von dieser Eiskalotte zieht ein Felsgrat nach Osten ins Kar herab, eine Schneide von immerhin 400 m Höhe. Eine Beschreibung dieses Grates gab es damals nicht, und das reizte natürlich den Entdecker in uns. Drei auffallende Türme im oberen Gratteil flößten uns aber auch eine Portion Respekt ein. So packten wir nicht nur das große Seil in den Rucksack, sondern steckten auch ein paar Haken und den Hammer ein. Mit viel Freude kletterten wir rasch über den Block- und Felsgrat empor und näherten uns voller Spannung den Zacken. Der erste ließ sich in der Flanke umgehen, der zweite ebenfalls, und selbst an dem dritten Gebilde, einem Hammer aus Fels, schlüpften wir einfach vorbei – und das Seil war noch immer im Rucksack. Ein lange Rinne bildete den Weiterweg. Christl, die stets ungestüm wie ein Füllen in den Felsen hantierte – je wilder das Gelände, desto begeisterter –, trat einen Stein los, der auch prompt den Loisl am Hinterkopf traf. Er zählt zu den harten Burschen, doch diese Tour beendete er in einem deutlich benebelten Zustand.

Die Gipfel im Nordwesten hatte ich vor allem im Frühjahr kennengelernt. Das erste Mal vor 28 Jahren, als wir für ein paar Tage im Winterraum der Rifflseehütte hausten. Die schönste Skitour bot der Rostizkogel (3394 m), dessen Katzenkopfgipfel auch heute ins Auge fällt, trägt er doch auf der Nordseite eine unverkennbare Firnkappe. Jeden Tag hatten wir bei unseren Touren den wildesten Berg des Kaunergrates vor Augen, den Seekogel (3357 m), je nach Blickwinkel eine breite Felsschneide oder eine unerwartet schlanke Spitze – brechen doch auf beiden Seiten die Wände steiler ab, als man das im Urgestein gewöhnt ist. Die warme Sonne hatte den Schnee aus den Felsen geputzt. Wir schauten uns an. »Warum eigentlich nicht?« Doch – so wild hatten wir den Westgrat nicht erwartet! Glatte, teilweise senkrechte Stellen bis IV- mit viel, viel Luft unter den Sohlen, wie das so schön heißt. Mit den nur mäßig sitzenden Skistiefeln aus Leder waren unsere Bewegungen nicht immer elegant. Wir sicherten sorgfältig, kletterten möglichst sauber – so brauchten wir vier Stunden, bis wir voller Stolz wieder bei unseren Skiern standen. Am Abend feierten wir den Erfolg mit dem Rest unserer Vorräte: einem Paket Nudeln und zwei Beuteln Hagebuttentee.

Adieu ihr alten Freunde! – Beim Abstieg vom Eiskastenkopf stoßen wir bald wieder auf den Fuldaer Höhenweg und folgen ihm nach Norden. Aber schon nach der ersten Ecke bringt er einen kleinen Gegenanstieg. Nur keine Umwege mehr! Also einfach gerade über die Hänge hinunter ins Taschachtal! Wie gut, daß

Seekogel-Westgrat
Elegenate Urgesteinskletterei zu dem 3337 m hohen Gipfel, ausgesetzt, je nach Gratnähe III+ bis IV. Zugang vom Rifflseehütte über den Seekarlesferner. Gesamtaufstiegszeit etwa 5 Std.

der Mensch nicht vorher weiß, was ihm blüht! 400 Hm über allersteilste Hänge, über Flächen, die nicht nur von Geröll und kleinen Felsen übersät sind, sondern auf denen auch knietief das Gestrüpp mit Alpenrosen, Wacholder usw. wuchert! Wer sich an einem Feind rächen will, der schickt ihn in ein Gelände dieser Art. Als wir unten auf dem Fahrweg stehen, sind wir fix und fertig, beide, der Hund und ich. Als Finale folgt jetzt »nur noch« der Vier-Kilometer-Marsch talaus, das letzte Stück mit einigem Auf und Ab. Ich habe dabei genügend Muße zum Rechnen: Die vielen großen und kleinen Anstiege haben sich zu stolzen 2000 Hm zusammengeläppert.

Glockturmkamm

Ausverkauf der Berge? Endgültige Zerstörung der Alpen? Wer den Glockturmkamm wirklich kennt, der geht etwas vorsichtiger mit derartigen Schlagworten um. Haben Sie schon etwas von Gebhardspitzen, einem Bergler Fernerkopf oder einer Kuppkarlesspitze gehört? Wahrscheinlich sind Ihnen auch die Krummgampenspitzen (3111 m) unbekannt, obwohl man sie vom Parkplatz in zwei Stunden besteigen kann.

Man muß sich das einmal vorstellen: Da gibt es einen Bergkamm von reichlich zwanzig Kilometern Länge, in dem dreißig mächtige und wirklich selbständige Gipfel stehen, die zudem fast alle gut über 3000 m hoch sind. Trotzdem kennen die Alpinisten hier nur einen einzigen Berg, und zwar den namengebenden und alles weit überragenden Glockturm (3353 m), während so manches andere Ziel in diesem Revier nicht einmal jedes Jahr auch nur einen einzigen Besuch erhält. Wenn Wege und Hütten fehlen, dann bleiben die Gipfel eben still und völlig unberührt.

Überall baut der dunkle Fels die Berge auf. Es gibt hier alle Variationen von reinen Schutt- und Blockgipfeln bis hin zu wirklich schroffen, abweisenden Felszinnen. Dazu gehören etwa die Naßwandspitze, der Westliche Hennesiglkopf, die Östliche Krummgampenspitze, der Plattigkopf (3170 m) und ein paar besonders wilde, kantige Grate im Bereich der kleinen, unbewirtschafteten Anton-Renk-Hütte wie die Kuppkarlesspitze und der Mitterschragen (mit Klettereien bis V). Auch das »Drumherum« ist jeweils ähnlich: große Kare mit Gras im unteren Bereich und riesigen Blockfeldern weiter oben, mit bescheidenen Gletscherresten in den geschützten Winkeln und etwa vierzig (!) Bergseen. Die Felsqualität hat allerdings in den letzten 20 Jahren stark gelitten.

Wer Appetit auf die Gipfel des Glockturmkammes hat, der muß sich an Hand der Karte auch im weglosen Gelände perfekt orientieren können. Zudem sollte er das Blockturnen und -klettern beherrschen. Bei Zielen in diesem Revier startet man wohl immer im Kaunertal und hat dann sehr unterschiedlich lange Wege vor sich. So liegt das mittlere Tal zwischen 1400 und 1500 m hoch, der Gepatschsee in 1770 m Höhe, während man auf der Gletscherstraße immerhin bis in 2400 m fahren kann. Will man den Pfroslkopf (3148 m) besteigen, dann muß man seine 1650 Hm überwinden, einen guten Teil davon in steilem, pfadlosen Gelände, während es zum Glockturm (3353 m) nur knapp 1000 Hm sind.

Nauderer Berge

Die Herausgabe einer eigenen Alpenvereinskarte mit der Bezeichnung »Nauderer Berge« läßt darauf schließen, daß es sich bei dem Gebiet zwischen Nauders, dem Radurschltal und dem Langtaufers um ein interessantes, attraktives Bergrevier handelt, nachdem zum Beispiel dem Rätikon diese »Ehre« noch nicht widerfahren ist. Doch weit gefehlt! Dieses westliche Anhängsel der Ötztaler Alpen ist in – fast – jeder Beziehung eher unbedeutend und unauffällig.

Im Osten gibt es ein paar Blockgipfel wie die Seekarköpfe (3063 m) oder die Nauderer Hennesiglspitze (3045 m), die sogar mit einigen Schrofenwänden aufwarten, aber insgesamt doch recht behäbig wirken. Ja, in dem Gebiet steil über Nauders mit dem zentralen

Links: Der Taschachferner an dem beschriebenen Morgen. Auf dem sonnenbeschienenen Boden wird der Eisstrom gequert.

Glockturmkamm
34 größere Berge;
höchster Gipfel:
Glockturm, 3353 m;
2 Berge mit Weg;
durchschnittliche
Gipfelhöhe: 3021 m;
3 Hütten.

Nauderer Berge
8 größere Berge;
höchster Gipfel:
Gr. Schafkopf, 2998 m;
6 Berge mit Weg;
durchschnittliche
Gipfelhöhe: 2869 m;
keine Hütte.

Die zentrale Saldurgruppe von Westen mit Lazaunspitze, Saldurspitze, Oberem Saldurkopf und Ramudelkopf (von links).

Schartlkopf (2810 m) bestimmen sogar die Grasberge das Landschaftsbild. Skifahrer und Bergwanderer fühlen sich dort am ehesten zuhause. Lediglich ein kurzes Stück des Grenzkammes hoch über dem Reschensee bildet eine Ausnahme. Es ist ein richtiger Hahnenkamm, eine lange Reihe kantiger, dunkler Felszacken, mit denen die Plamorderspitze (2985 m) und ihre Trabanten zu imponieren verstehen.

So mancher Urlaubsgast von Nauders nützt die verschiedenen Wanderwege zwischen Schmalzkopf und

Die Gipfelzacken der Plamorderspitze von Norden gesehen.

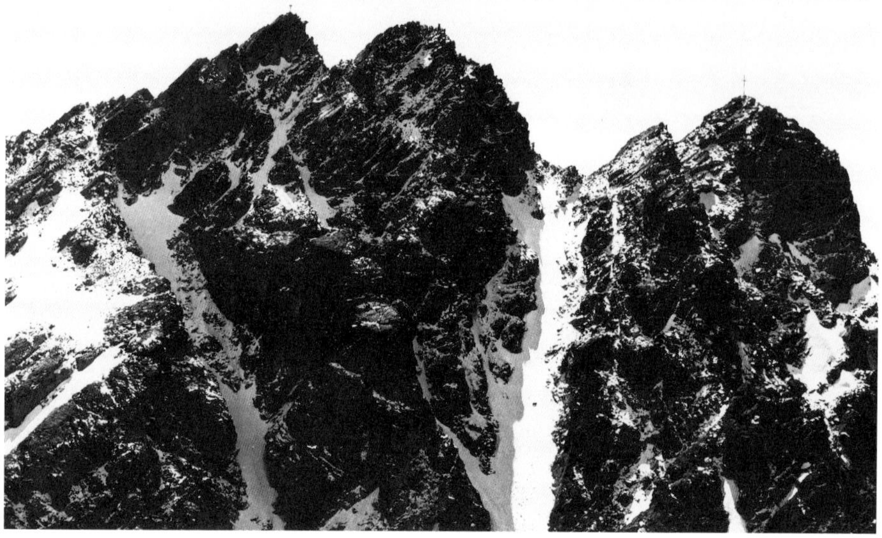

Großem Schafkopf (2998 m), während Plamorder- und Bergkastlspitze dank der – ebenso eindrucks- wie anspruchsvollen – Klettersteige neue Freunde gefunden haben. Doch im restlichen Teil des Gebietes herrscht auch heute noch Stille oder sogar absolute Einsamkeit.

Planeilberge und Saldurgruppe

Planeil- und Saldurberge
36 größere Berge; höchster Gipfel: Schwemserspitze, 3459 m; 6 Berge mit Weg; durchschnittliche Gipfelhöhe: 3145 m, 1 Hütte.

Die Berge von Planeil, Saldur und Mastaun sind für viele so unbekannt wie ein Gebiet im hintersten Turkestan. Das ist natürlich übertrieben! Und in den letzten zehn Jahren rückten sogar diese südwestlichen Ausläufer der Ötztaler Alpen ein wenig mehr ins Blickfeld. So haben die Tiefschneeschwärmer die Gipfel um die Mitterlochspitze, die man südlich des Langtauferertales findet, für sich entdeckt, die Ausflügler kommen nun relativ zahlreich ins Matschertal. Der Südtiroler Alpenverein sorgte sogar für einen neuen Stützpunkt, die Oberetteshütte, eine Zwischenstation auf dem langen Weg von den Glieshöfen zur Weißkugel.

Doch in der Hochregion herrscht über weite Strecken noch eine paradiesische Ruhe. Manches Kar, mancher durchaus interessante Gipfel werden nahezu nie betreten. Es fehlt (fast) alles, um die Menschen in Scharen anzulocken. So gibt es lediglich eine Hütte, und die liegt noch dazu ganz am Rand des riesigen Gebietes. Zudem wird hier kein einziger berühmter Name zum Magneten, und – außer in der Mastaungruppe – erschließen die Wanderwege allenfalls jene weniger interessanten Ausläufer der Bergkämme, wo das Gelände bereits gegen den Vinschgau absinkt.

Der Bergsteiger, den die einsamen Gipfel locken, muß also zwei Voraussetzungen erfüllen. Nur bei guter Kondition wird er die Höhenunterschiede von 1200 bis 1700 m bei einer Tagestour ohne Strapazen schaffen. Und will er das gesteckte Ziel auch wirklich erreichen, dann kann ihm nur ein ausgeprägter Orientierungssinn helfen. Schlechte Wege, ungenaue Karten, das Fehlen von zuverlässigen Routenbeschreibungen und dazu ein meist doch recht kompliziertes Gelände – da ist schon einiges Können gefragt.

Eine Warnung: Die neueren Wanderkarten, die das Gebiet darstellen, haben eine eigenartige Krankheit: Dort fehlen nicht etwa die vorhandenen Wege, wie man das sonst manchmal feststellen muß, hier sind eher zu viele eingezeichnet! Bei flüchtigem Betrachten mag man darüber schmunzeln, in Wirklichkeit handelt es sich jedoch um eine ganz gefährliche und unverantwortliche Sache. Wie bei der Hexe im Märchen wird der nichtsahnende Wanderer, der im guten Glauben der roten Linie folgen will, in ein Gelände gelockt, in dem er sich schließlich nicht mehr zurechtfindet.

Der anfangs verwendete Ausdruck »Ausläufer der Ötztaler Alpen« ist keine wirklich treffende Bezeichnung für diese Berggruppen. Vier gewaltige Kämme, jeder wenigstens 12 km lang, füllen einen erstaunlich weiten Bergraum, ein größeres Gebiet, als es zum Beispiel der Weißkamm bedeckt. Hier stehen 25 selbständige Dreitausender, der Hauptgipfel bringt es auf stattliche 3459 m. Im zentralen Teil fallen zudem die schroffen Formen auf, und ein paar Gletscher verstärken den hochalpinen Eindruck.

Da alle brauchbaren Unterlagen fehlen, werde ich hier auf die einzelnen Gebiete etwas ausführlicher eingehen. Der erste der vier Kämme füllt den Raum zwischen dem Langtauferertal, dem Reschensee und dem Planeiltal. Nur im letzten nordöstlichen Flügel stehen noch die typischen, wuchtigen, aber trotzdem eher behäbigen Felsgipfel aus Gneis wie die dominierende Falwanairspitze (3199 m). Bei einiger Trittsicherheit lassen sie sich gut über ihre Block- und Schuttgrate besteigen, nur hin und wieder muß man ein wenig klettern. Ab dem Zerzerköpfl wird die Landschaft noch um eine ganze Stufe sanfter, die Almmatten überziehen weite Flächen, die oft breiten und behäbigen Gipfel eignen sich für Bergbummler, für Skifahrer, für das Almvieh…

Bei dem zweiten Gebiet, das das Planeil- vom Matschertal trennt, fällt eine Besonderheit auf: es handelt sich um einen schmalen, ganz ausgeprägten Kamm ohne jeden nennenswerten Seitenast. Er beginnt mit dem Rabenkopf (3394 m), einem ungewöhnlich breiten Berg mit einer weiten Gletscherfläche im Norden, viel Schutt auf der Südseite und einer 800 m hohen Schrofenflanke gegen das innerste Planeiltal. Auch das nächste Massiv im Grat, die Falwellspitzen (3360 und 3334 m) mit ihren beiden mächtigen Gipfeln, fällt sofort auf – und zwar als eine Art Kontrast: es sind relativ wilde Felsgestalten aus dunklem Gestein. Nach der tiefen Falwellscharte folgen dann noch ein paar typische Gneis-Dreitausender mit viel Grün und Blockwerk, bevor der Rücken dann endgültig in reinem Grasgelände ausläuft.

Neun wirklich große, selbständige Dreitausender stehen im Saldurkamm, dem höchsten und wildesten Bereich der südwestlichen Ötztaler Alpen. Der vom Quelljoch nach Süden führende Grat zeigt im Bereich der Schwemserspitze (3459 m) noch ganz klare und einfache Linien. Dann folgt mit der eigentlichen Saldurgruppe ein kleinräumiges, abwechslungsreiches Massiv von ausgeprägten Formen. Schmale, steile, teilweise von Spalten und Brüchen zerrissene Gletscher ziehen zwischen den Felsrippen in die Tiefe; eine begeisternde, sehr hochalpine Landschaft. Nur im Südosten sorgt der Lagaunferner für etwas sanftere Formen.

Lagaun – das ist das passende Stichwort, um ein paar Kleinigkeiten aufzuklären. Der höchste Gipfel dieses Bergmassivs heißt Lagaunspitze (3439 m). Erstaunlicherweise fehlt er auf vielen Karten oder ist nur ganz unauffällig eingetragen, während gleich nebenan in großen Buchstaben Salurnspitze (3433 m) steht. Irgendwann hatte an dieser Stelle wohl eine Kartograph nicht aufgepaßt, den Berg falsch notiert, und anschließend schrieb über Jahrzehnte jedermann den Fehler wieder ab. Richtig heißt der Gipfel nämlich Saldurspitze (Betonung auf der zweiten Silbe) nach dem gleichnamigen Almgelände im Westen des Bergmassivs. Schon zu Beginn des 14. Jahrhunderts taucht die Bezeichnung Salduri auf.

Den südlichen Teil der Gruppe beherrschen schier endlose Blockfelder, zerborstene, ebenfalls zu Blöcken zerfallene Grate, mächtige, teilweise graue, teilweise auffallend rote Trümmerflanken bis zu 400 m Höhe. Ein Tip für Touren rund um das Upital: Im Frühsommer bedeckt noch manches Schneefeld das rutschige Geröll.

Hochalt (3294 m) heißt der Herrscher in der Region. Über die zerborstene Westrippe kann man etwas mühsam, doch ohne nennenswerte Schwierigkeiten zum Gipfelmassiv – mit seinen Überraschungen – hinaufstapfen. Dort gibt es einen Minieissee unmittelbar vor den Füßen des Ankommenden. Noch auffallender sind aber die quer über die gesamte Firnfläche laufenden, bis zu 10 m hohen Schneefirste. Hinter den Felszacken am Westrand des Plateaus – sie wirken wie ein hochalpiner Schneefangzaun – türmen die Höhenstürme diese Keile auf. Und noch etwas Erstaunliches, wie es

Das Bild des Engländers E.T. Compton zeigt den Blick vom Roteck-Ostgrat auf Hohe Weiße und Lodner, dessen Nordwandeis inzwischen recht dünn geworden ist.

Schnalstallandschaft: Beim Aufstieg zum Atzboden mit Rückblick zur Nockspitze (rechts) und den Gerstgraserspitzen in der Mastaungruppe. Auf dem grünen Hang der Gfallhof (1840 m).

einem nur in so abgeschiedenen Regionen begegnen kann: Der Gipfel liegt nicht an der in den neueren Karten eingetragenen Stelle, sondern drüben im Nordosten, jenseits der gerippten Eisfläche.
Jetzt bleiben noch die Mastaunberge, die größte, aber auch unauffälligste aller vier Gruppen. Die einzelnen Gipfel sind breitgelagert und – zumindest im Vergleich zu den anderen Ötztaler Bergen – sanft und bis weit hinauf begrünt. Natürlich fehlen auch hier die Felsen und das allgegenwärtige Blockwerk nicht. Man wird sich jedoch gar nicht bewußt, daß man hier zwischen Dreitausendern – die Mastaunspitze bringt es immerhin auf 3200 m Höhe! – unterwegs ist. Die rasch ansteigenden Täler von Mastaun und Penaud gliedern das Gebiet in drei Abschnitte. Leider ist der Zugang von Karthaus zur Pernaudalm sehr weit. Dort oben trifft man nämlich auf eine Bilderbuchlandschaft, auf nette, abgelegene Kare mit vielen Seen bis 2815 m Höhe, auf Matten, reichen Blumenschmuck, dekoratives Blockwerk, Gletscherschliffe…

Texelgruppe
21 größere Berge; höchster Gipfel: Roteck, 3337 m; 8 Berge mit Weg; durchschnittliche Gipfelhöhe: 2938 m; 2 Hütten.

Texelgruppe

Über das Eisjöchl (2895 m) hängt die Texelgruppe so lose mit den restlichen Ötztaler Alpen zusammen, daß sie immer wieder einmal als eigenes Gebirge eingestuft wird. Bei den von Norden kommenden Bergsteigern gibt es sowieso nur eine recht vage und oft ziemlich falsche Vorstellung von diesem schönen, vielseitigen Gebiet. Das zeigt zum Beispiel folgende Charakterisierung in einem Artikel: »Wo man kaum einer Seele begegnet…« In Wirklichkeit findet man hier alle Extreme vom reinen Fremdenverkehrsgebiet, schließlich liegen Meran und Dorf Tirol auf den Ausläufern dieser Berggruppe, bis hin zu völliger Einsamkeit.
Fangen wir mit den großen Bergen an. Es gibt ein paar wirklich schöne Gestalten, mächtige Felsgipfel, die nordseitig auch noch mit einigen Gletschern dekoriert sind. Hohe Weiße (3279 m) und Lodner (3228 m) fallen am stärksten ins Auge, lagern hier doch wie bei einer Torte auffallend helle Gesteine auf den dunklen Schichten. Es handelt sich um einen Wechsel zwischen den üblichen Gneisen und Glimmerschiefern mit dicken Paketen aus Marmor.
In wirklich einmaliger Weise lassen sich alle zwölf Dreitausender der Texelgruppe von einem einzigen Stützpunkt aus besteigen, der altehrwürdigen Lodnerhütte im Zieltal. Doch wie so oft konzentriert sich das Interesse auf wenige Ziele. Vor allem der Hauptgipfel der Gruppe, das Roteck (3337 m), und der Tschigat erhalten Besuch, während kaum einer etwa die Trübwand (3264 m) beachtet, und auch nur recht wenige besteigen die namengebende Texelspitze (3318 m) im Nordwesteck der Gruppe.
Ähnliches gilt für die Ausflügler und Wanderer. Sie konzentrieren sich auf das Segment zwischen Meran, Spronsertal, Lodnerhütte und Zieltal. Außer den zahllosen Wegen in den Hängen oberhalb von Meran und dessen spezieller Aussichtskanzel, der Mutspitze (2294 m, 2 1/2 Std. von Hochmut), locken vor allem die Spronserseen die Gäste an. Das ist eines der schönsten Seenplateaus, das ich kenne! Eine entsprechende Wanderung finden Sie auf Seite 23. Seit 1976 sind 33000 Hektar des Gebirges Naturpark.
Bleibt noch der Nordostflügel der Texelgruppe. Hier bestimmen dunkle, aus Blockwerk und Fels zusammengesetzte Gipfel der »Mittelklasse« das Bild. Die tief eingeschnittenen Täler zertrennen die Massive zu scharf ausgeprägten, recht mächtigen Kämmen. Im Sommer besteigen vielleicht ein paar Urlaubsgäste die Sefiar- oder die Kolbenspitze, im Frühjahr sind einige Skitourenfreunde mit guter Kondition in dem oft steilen Gelände unterwegs. Doch insgesamt ist dieses Gebiet ruhig und abgeschieden.

Partschinser Wasserfall, den der Zielbach speist, der wichtigste Fluß der Texelgruppe.

Hütten, Durchquerungen, Höhenwege

Schon 1905 war die Braunschweiger Hütte ein schmucker Bau. Das Bild von Zeno Diemer zeigt im Hintergrund Seekogel und Watzespitze.

Je größer, eindrucksvoller und unzugänglicher die Berge werden, desto stärker steigt die Anziehungskraft der Hütten. In den zentralen Ötztaler Alpen sind sie mit Abstand die beliebtesten Ausflugsziele. Zu Recht! Da kann man die vom Aufstieg müden Beine gemütlich unter dem Tisch ausstrecken, Brotzeit oder Mittagessen genießen und dabei in aller Ruhe die ganze nahe, in der Sonne gleißende Gletscherwelt bewundern. Manche Hütte thront auch wie eine Aussichtsloge inmitten eines großen, begeisternden Gipfelkranzes.

Die folgende kleine Aufstellung spricht für sich. Selbst die zehnte Hütte in dieser Rangfolge liegt noch ein gutes Stück höher als der Watzmann!

1.	Brandenburger Haus	3274 m
2.	Similaunhütte	3017 m
3.	Ramolhaus	3005 m
4.	Planfernerhütte	2979 m
5.	Eisjöchlhütte	2875 m
6.	Hochwildehaus	2866 m
7.	Breslauer Hütte	2844 m
8.	Schöne Aussicht	2842 m
9.	Kaunergrathütte	2817 m
10.	Braunschweiger Hütte	2758 m
11.	Vernagthütte	2755 m

Bei der großen absoluten Höhe können diese Ausflugsziele dem alpinen Wanderer durchaus die Besteigung eines Berges ersetzen. Denn bis auf wenige Ausnahmen verwehren ihm Gletscher und Felsgrate den weiteren Aufstieg von dort zu den Gipfeln. Diese Ziele gehören fast ausschließlich den Alpinisten mit Seil und Pickel.

Ein Lob den Alpenvereinssektionen und Hüttenwirten! Im Geiste bin ich gerade noch einmal all die Zugangswege gegangen. Ohne Ausnahme sind sie gut ausgebaut, vielleicht manchmal ein wenig steinig, aber überall tadellos begehbar und mühelos zu finden, wenn man nicht gerade in völliger Abwesenheit durch die Berge tappt. Man kann diese Aufstiege mit gutem Gewissen als einfach einstufen, und allenfalls die große Höhe sorgt mit Schneefeldern oder einem eisigen Wind hin und wieder für Unannehmlichkeiten.
Nur für die Rekordhütte, das Brandenburger Haus (3274 m), gilt dies alles nicht. Wie eine Fischerhütte auf einer Klippe am Rand des Ozeans, so thront dieser Stützpunkt 50 m über den endlosen weißen Flächen von Kesselwand- und Gepatschferner. Der Gletschererfahrene – aber nur er! – sollte einmal hierher kommen, um dem großen Schauspiel beizuwohnen: das Erlebnis eines Sonnenuntergangs und eines Sonnenaufgangs in dieser Höhe.
Zehn aus 29 – die folgende kleine Auswahl kann nur subjektiv sein. Die großartigste Landschaft war das bestimmende Merkmal bei dieser Auslese. Doch auch alle anderen Hüttenanstiege in den Ötztaler Alpen zählen zu den Ausflügen der Kategorien »lohnend bis reizvoll«.

Vernagthütte, 2755 m

Dieser ziemlich weite Hüttenanstieg ist sehr abwechslungsreich. Die erste besondere Szene: eine Überquerung der Rofenschlucht auf der langen Hängebrücke, die beim Betreten leicht zu schwanken beginnt. Beim Aufstieg über die hohe Stufe hinter dem Platteibach begeistert dann der Blick auf die gegenüber liegenden, von einstigen Gletschern geschliffenen Felsen und auf den ganz unbekannten Eisferner mit seinen Spalten. An der Geländekante öffnet sich schließlich der Blick auf die Firngipfel rund um das heutige Ziel, etwa auf den Fluchtkogel. Am Schluß führt der Weg dann durch die typische Moränenlandschaft. Nach einer kräftigenden Brotzeit könnte man von der Hütte noch zum Hintergrasleck (3170 m, 1 1/4 Std., siehe auch Seite 66) hinaufsteigen.
⇛ Von Vent: Hinter dem letzten Haus im Westen des Ortes über den Niederjochbach. Nun immer auf den weiten, schönen Matten im Süden oberhalb der Rofenschlucht talein, schließlich über die Hängebrücke nach

Die Erlanger Hütte im äußeren Geigenkamm. Jenseits des Ötztals die Stubaier Gipfel.

Rofen. Knapp 30 Min. noch im Tal, danach schräg über die Hänge empor zum Geländeeck am Plattei. Lange Querung zum Vernagtbach und über Moränenschutt zur längst sichtbaren Hütte.

Taschachhaus, 2432 m

Das Taschachtal selbst mit seinem Sandsträßchen kann man nicht als schmuck bezeichnen. Steil steigen zu beiden Seiten die stark überwucherten Hänge aus diesem V-Tal an. Doch geradeaus, im Talschluß, leuchtet gewissermaßen das Land der Verheißung. Man nähert sich Schritt für Schritt der großen Gletscherwelt von Sexegerten- und Taschachferner. Oben, bei der Hütte, hat man die gewaltigen Gletscherbrüche in Augenhöhe vor sich, darüber setzt die Taschach-Eiswand an, mit 600 m Höhe das Eindrucksvollste dieser Art in den Ötztaler Alpen. Es wäre schade, sich den Gletscher nicht noch aus der Nähe anzuschauen. Auf Seite 13 wurde dieser Abstecher schon beschrieben. Einen besonders schönen Hüttenzugang bietet zudem der Fuldaer Höhenweg (siehe Seite 55).
⇛ Aus dem Pitztal: In Mittelberg hinter dem Gasthaus kurz aufwärts, dann auf einem Steig mit etwas Auf und Ab nach rechts hinüber ins Taschachtal. Nun immer auf dem Fahrweg flach talein zum Materiallift und dann kräftiger steigend über die Hänge zur Hütte.

Vernagthütte
140 Schlafplätze,
Tel. 05254/8128,
von Vent 3 1/2 Std.,
7 größere Gipfel,
1 Berg mit Weg.

Taschachhaus
125 Schlafplätze,
Tel. 05413/8239,
von Mittelberg
2 3/4 Std.,
8 größere Gipfel.

Weißkugelhütte, 2542 m

Logenplatz für die ganz große Eisarena! Gut 200 m über Gletscherzunge und -bach schmiegt sich diese altehrwürdige Hütte an die sonnenwarmen, von Felsen durchsetzten Südhänge. Gegenüber stehen nicht nur die großen Gipfel Spalier, unter denen die Weißkugel (3738 m) dominiert. Wie auf dem Präsentierteller liegen auch drei der auffallendsten Gletscher der Ötztaler Alpen vor dem Betrachter. Da gibt es zum Beispiel den Bärenbartferner, der vom gleichnamigen Gipfel in 700 m hohen Kaskaden mit glatten Eiswänden und wild zerklüfteten Spaltenzonen abstürzt. Natürlich nimmt nicht nur der Wanderer unauslöschliche Eindrücke von dieser Gletscherarena mit. Auch der Bergsteiger mit Können und Eiserfahrung findet hier eine zwar begrenzte, dafür aber mit »erlesenen Delikatessen« gespickte Tourenauswahl.

⇛ Von Melag im Langtaufers: Etwa 2 km ganz flach im breiten Boden talein, dann nach links und in Kehren über die sehr steilen Hänge empor, schließlich durch das steinige Gelände nach Osten an einem kleinen Bergsee vorbei zur Hütte. Oder (viel schöner, aber gut 30 Min. weiter) von Melag mit einer nach Westen ausholenden Schleife ins untere Melagertal und dann – hoch oben in den Steilhängen – quer durch das Gelände weit nach Südosten und Osten zum Ziel.

Weißkugelhütte
44 Schlafplätze,
Tel. 0473/83157 (Italien),
von Melag im
Langtaufers gut 2 Std.,
5 größere Gipfel.

Martin-Busch-Hütte
121 Schlafplätze,
Tel. 05254/8130 (im Tal),
von Vent 2 3/4 Std.,
17 größere Gipfel,
3 Berge mit Wegen.

Similaunhütte
70 Schlafplätze,
Tel. 0473/89692 (Italien),
von der Martin-Busch-
Hütte 1 1/2 Std.,
3 größere Gipfel.

Ramolhaus
64 Schlafplätze,
Tel. 05256/223,
von Obergurgl 4 Std.,
6 größere Gipfel.

Hochwildehaus
92 Schlafplätze,
Tel. 05256/233,
abObergurgl 4 1/2 Std.,
7 größere Gipfel.

Martin-Busch-Hütte, 2501 m
Similaunhütte, 3017 m

Es mögen noch so viele Wanderer auf den Jeepsträßchen durch das langgestreckte Niedertal zur Martin-Busch-Hütte pilgern, dieser Stützpunkt gehört trotzdem vor allem den Bergsteigern. Siebzehn größere Gipfel im Tourengebiet – das stellt nicht nur Ötztaler Rekord dar, ja, in den gesamten Alpen gibt es wenig Vergleichbares. Dabei ist der Blick gar nicht so eindrucksvoll. Am schönsten präsentiert sich noch die wenig bekannte Mutmalspitze (3522 m). Deshalb wandert mancher noch weiter talein und erreicht schließlich nach sehr langem Marsch über einen flachen Arm des Niederjochferners die Similaunhütte. Sie liegt ein paar Meter hinter der Grenze auf Südtiroler Boden, eine Tatsache mit besonderer Wirkung. Als »Weinstraße« wurde der Weg schon taxiert und dann genüßlich von den Folgen des Tiroler Roten erzählt; in 3000 m Höhe läßt sich das Bergsteigerlatein ja mühelos zu einem langen Garn ausspinnen!
Zugang von Vent: Hinter den letzten Häusern des Ortes über die Ache und auf einem Fußweg über den ersten Hang zu einem Geländeabsatz am Beginn des Niedertals. Von dort immer ein gutes Stück oberhalb des Baches auf dem Jeepsträßchen nach Süden zur Martin-Busch-Hütte. Eventuell auf dem Weg weiter talein über Gras, später auf Moränenschutt bis in 2900 m Höhe. Nun quer über einen Arm des hier harmlosen Niederjochferners nach Süden zur Grenze und zur Similaunhütte (direkter Aufstieg zu diesem Stützpunkt von Vernagt im Schnalstall in knapp 4 Std.).

Ramolhaus, 3005 m

Auf einem kleinen felsigen Vorsprung thront dieser schmucke Steinbau 800 m über der Gurglerache und immer noch 400 m über der Zunge des gleichnamigen Gletschers. Zum Panorama zählen alle Gipfel des Grenzkammes bis zur Hochwilde. Im Nordosten wandert der Blick sogar an den Stubaier Alpen vorbei bis hin zum Hochfeiler. So wird ein Sonnenaufgang auf dieser hohen Warte zu einem einmaligen Erlebnis, ja, es gibt in den gesamten Ötztaler Alpen keinen eindrucksvolleren Lug-ins-Land – und auch keinen schöneren Hüttenausflug. Von Obergurgl steigt man stets über völlig freie Hänge empor, und parallel dazu wachsen gegenüber die eisverzierten Dreitausender immer mächtiger in die Höhe. Bei entsprechenden Verhältnissen (beim Hüttenwirt erkundigen) kann man sogar über die Zunge des Gurglerferners wandern und kommt so in den Bereich des Hochwildehauses.
⇛ Von Obergurgl: Durch das alte Zentrum des Ortes und über eine kleine Höhe zur Gurglerache. Jenseits über eine erste kurze Stufe, dann schräg aufwärts über die teilweise steilen, noch lange Zeit begrünten Hänge, wobei man immer den eisgepanzerten Schalfkogel vor sich hat. Schließlich mit einer Kehre zur Hütte.

Langtalereckhütte, 2430 m
Hochwildehaus, 2866 m

Hochwilde – wie verheißungsvoll klingt dieser Name! Ob aber nach den fünf Aufstiegsstunden zur gleichnamigen Hütte der Wanderer noch sehr aktiv ist? Viel eher regieren wohl Müdigkeit, Hunger und Durst. Aber trotz der großen Höhe bietet die Hütte alles, um wieder zu Kräften zu kommen, und dann kann man auch die ungewöhnliche Aussicht bewundern: 80 m tiefer fließt der Gurglerferner vorbei, ein richtiger Eisstrom von nicht weniger als 7 km Länge, und gegenüber ragt der mit zwei spaltenreichen Steilgletschern geschmückte Schalfkogel (3537 m) in den Himmel. An Brotzeit-Möglichkeiten mangelt es bei dieser Tour sowieso nicht; man kommt unterwegs nämlich schon an zwei bewirtschafteten Häusern vorbei, an der Schönwies-

und der Langtalereckhütte. Man kann also fünfmal einkehren! Aber nicht nur diese Art Hüttenstafette ist ein besonderes Merkmal des Ausflugs. Beim Rückweg wird man eine andere Eigenart zu spüren bekommen: die Gegenanstiege. So muß man vor allem zum Langtalereck wieder 90 Hm emporsteigen.
⇛ Zugang von Obergurgl: Kurze Liftfahrt, dann nur wenig steigend unter der Hohen Mut hindurch und nach rechts zur Schönwieshütte. Bald danach um einen Bergrücken herum und dann immer schräg durch die Hänge empor zur Langtalereckhütte. 90 Hm abwärts, über den Langtalbach und drüben im felsdurchsetzten Gelände um den weiten Bergkamm herum bis über den Gurglerferner. Im Moränengelände noch volle zwei Kilometer talein zum Hochwildehaus.

Kaunergrathütte, 2817 m

Allein für den Blick auf die Watzespitze (3532 m) und ihren mit wilden Abbrüchen verzierten Steilgletscher lohnt sich der relativ weite Anstieg aus dem Pitztal zur Kaunergrathütte. Kein anderer Stützpunkt in den Ötztaler Alpen steht inmitten einer ähnlich wilden Bergwelt aus Eis und erstaunlich steilen, glatten Felswänden. Diese Landschaft sorgt dadurch für ein recht unterschiedliches Publikum: Die einen kommen durch das Tal herauf zum Schauen und zum Bewundern, die anderen wollen selbst etwas in der Gipfelregion unternehmen. Vor allem steht natürlich die Königin Watze auf der Wunschliste, der anspruchsvollste aller großen Berge in den Ötztaler Alpen. Ja, sogar der reine Kletterer findet hier reizvolle Ziele. So durchziehen etwa die plattige Nordwand der Seekarlesschneid Routen bis zum Schwierigkeitsgrad V.
⇛ Aufstieg aus dem Pitztal: Unterhalb der Kirche von Plangeroß über die Pitze und in zahlreichen Kehren über eine hohe, teilweise bewaldete Stufe in das schüsselartige Tal der Plangeroßalm. Nach einer weiteren Steilstufe ins Hochtal, wo sich immer schönere Ausblicke auf die Watzespitze und die Seekarlesschneid eröffnen. Auf den Hängen nördlich des Baches empor, schließlich auf und hinter der Moräne zur Hütte.

Lodnerhütte, 2262 m

Nein, mit den Hütten in den großen Ötztaler Gletscherregionen kann dieser Stützpunkt im Herzen der Texelgruppe nicht konkurrieren; dazu fehlt das Grandiose in der Landschaft. Die Abwechslung und die ungewöhnlichen Kontraste beim Zugang sorgen hier für die stärksten Eindrücke. Aus dem Wein- und Marillenland bei Meran steigt man bis in die hochalpine Mattenwelt empor, die von einem weiten Kranz schroffer Felsgipfel umrahmt wird, die immerhin bis zu 3337 m hoch sind. Der 100 m hohe Partschinser Wasserfall, Gletscherschliffe, schäumende Wildbäche und interessante Wegstücke im teilweise felsdurchsetzten Gelände vertreiben die Langeweile beim Zugang. Die Hütte selbst gehört zu den seltenen Häusern, die seit 1923 bis heute weitgehend unverändert geblieben sind.
⇛ Von Partschins bei Meran: Noch mit dem Auto ins Zieltal. Links der Partschinser Wasserfall. Mit einer kleinen privaten Bahn zum Steinerhof (1442 m) und nach Nordwesten zum Berggasthaus Nassereith. Der felsigen Steilstufe des Zieltals links in den Hängen ausweichend rasch empor. Auch weiterhin oberhalb des Zielbachs über mehrere Stufen und durch kleine Kessel in diesem auffallend »krummen« Tal zur Hütte.

Langtalereckhütte
75 Schlafplätze,
Tel. 05256/233,
von Obergurgl
2 3/4 Std.,
5 größere Gipfel.

Kaunergrathütte
60 Schlafplätze,
Tel. 05413/8242,
ab Plangeroß 3 1/2 Std.,
4 größere Gipfel.

Lodnerhütte
49 Schlafplätze,
Tel. 0473/97367 (Italien),
aus dem Zieltal mit
Lifthilfe 3 Std.,
12 größere Gipfel,
3 Berge mit Wegen.

Das ist typisch für die Hütten in den Ötztaler Alpen! Das Taschachhaus neben der Zunge des Taschachferners.

Wege durch die Ötztaler Alpen

In diesem Gebirge muß man ganz deutlich zwischen einer Durchquerung von Hütte zu Hütte und dem Begehen von Höhenwegen unterscheiden, wobei die Betonung auf der zweiten Hälfte des Wortes liegt. Das erstere eignet sich wegen der Gletscher ausschließlich für Alpinisten mit der entsprechenden Ausrüstung. Sie

Weiß- und Hauptkamm

Braunschweiger Hütte, 2758 m
Stützpunkt über dem Mittelbergferner zwischen zwei Sommerskigebieten. Von der Pitztaler Gletscherbahn bzw. vom Parkplatz im Rettenbachtal je 1 Std. 125 Schlafplätze, Tel. 05413/8236, 12 größere Gipfel.

Breslauer Hütte, 2844 m
Vor allem Stützpunkt für die Wildspitze, schöner Blick nach Süden. Mit Lifthilfe von Vent in 2 Std. zu erreichen. 170 Schlafplätze, Tel. 05254/8156, 4 größere Gipfel.

Brandenburger Haus, 3274 m
Einzigartige Lage auf einer Felsinsel über Kesselwand- und Gepatschferner. Zugänge nur über Gletscher: von der Vernagthütte über das Guslarjoch 2 1/2 Std., vom Hochjochhospiz knapp 3 Std. 100 Schlafplätze, Tel. 05254/8108, 7 größere Gipfel.

Gepatschhaus, 1925 m
Zwischen den letzten Zirben im obersten Kaunertal gelegen. Zufahrt auf der Mautstraße. 78 Schlafplätze, Tel. 05475/215, 10 größere Gipfel.

Hochjochhospiz, 2412 m
Auf einer Stufe im scharf eingeschnittenen Rofental gelegen, schöner Blick zum Beispiel auf den vergletscherten Kreuzkamm, weites, teilweise einsames Tourengebiet. Von Vent 2 1/2 Std. 70 Schlafplätze, Tel. 05254/8108, 13 größere Gipfel.

Schöne Aussicht, 2842 m
Südwestlich des Hochjochs auf Südtiroler Boden gelegen, privat, schöner Blick auf die Saldurspitze etc. Von der Grawand (Seilbahn von Kurzras) 3/4 Std. 73 Schlafplätze, Tel. 0473/88048 (Italien), 4 größere Gipfel.

Eisjöchlhütte, 2875 m
Auch Stettiner Hütte genannt, kleines, altes Hüttchen inmitten einer eindrucksvollen Felslandschaft am Südfuß der Hohen Wilden. Von Pfelders 4 Std. 30 Schlafplätze, 3 größere Gipfel.

Planfernerhütte, 2979 m
Auch Zwickauer Hütte genannt, 1983 neu eröffnetes Haus in herrlicher Panoramalage sehr hoch über dem Pfelderertal auf dem Ostgrat des Hinteren Seelenkogels. Von Pfelders 4 Std. 90 Schlafplätze, Tel. 0473/85557 (Italien), 3 größere Gipfel.

Nördliche Kämme

Chemnitzer Hütte, 2328 m
Kleinere, aber schmucke Hütte im Weißmaurachkar unter der Hohen Geige mit Blick auf die Puitkogel-Nordwand. Von Plangeroß 2 Std. 40 Schlafplätze, Tel. 05413/226, 4 größere Gipfel.

Stabelealm, 1908 m
Kleines Berggasthaus steil über dem Ötztal bei Längenfeld knapp über der Waldgrenze gelegen. Von Lehn interessanter Weg durch steilen Wald, 2 Std. Weites Tourengebiet mit schroffen Felsgipfels. 14 Schlafplätze, 8 größere Gipfel.

Frischmannhütte, 2192 m
Im Fundustal (nördlicher Geigenkamm) in einer weitgehend unberührten Landschaft mit großen Felsbergen gelegen. Von Köfels über dem Ötztal 2 1/2 Std. 60 Schlafplätze, Tel. 0663/58619, 5 größere Gipfel.

Lehnerjochhütte, 1935 m
Zwischen den letzten Bäumen in den Hängen hoch über dem Pitztal gelegene, kleine Hütte des Alpenvereins. Von Zaunhof 2 Std. 44 Schlafplätze, Tel. 0663/58420, 4 größere Gipfel.

Erlanger Hütte, 2541 m
Kleinere Hütte am Wildgrat, besonders schöne Lage am großflächigen Wettersee, freier Blick in die Stubaier Alpen. Von Umhausen reichlich 4 Std. 42 Schlafplätze, Tel. 05255/51365, 5 größere Gipfel.

Rifflseehütte, 2289 m
Sehr schöne Lage hoch und steil über dem Taschachtal in der Nähe des Rifflsees. Liftfahrt von Mandarfen im inneren Pitztal, dann 20 Min. 57 Schlafplätze, Tel. 05413/8235, 7 größere Gipfel.

Verpeilhütte, 2016 m
Kleine, »intime« Hütte im tief eingeschnittenen Verpeiltal, große Felsbergkulisse. Von Feichten im Kaunertal 2 Std. 49 Schlafplätze, Tel. 05475/218, 9 größere Gipfel.

Hohenzollernhaus, 2120 m
Malerisch am oberen Waldrand im einsamen Radurschltal etwas abseits der üblichen Touren gelegen. Von Pfunds im Inntal 3 1/2 Std. 46 Schlafplätze, 10 größere Gipfel.

Die altehrwürdige Schöne-Aussicht-Hütte.

Südtiroler Gruppen

Oberetteshütte, 2670 m
1988 neu eröffnete Hütte in einem Nebenast des oberstes Matschertals, schöne Lage im Oberetteskar. Vom Parkplatz bei den Glieshöfen in 2 3/4 Std. 74 Schlafplätze, 4 größere Gipfel.

Hochganghaus, 1834 m
Sehr schöne, sonnige Lage zwischen den letzten Bäumen, 1300 m über dem Tal der Etsch. Von Vellau bei Meran Liftfahrt zur Leiteralm, dann 1 Std. Aufstieg. 50 Schlafplätze, Tel. 0473/25210, 3 größere Gipfel.

Auf der linken Seite eine kurze Übersicht mit allen für den Bergsteiger interessanten Hütte, die noch nicht genauer vorgestellt wurden.

Die beiden Aufnahmen wurden dem Buch »Josef Schöpf: Flickschuster, Mesner, Photograph« entnommen.

Die Braunschweiger Hütte wurde 1892 eingeweiht. In meinen Augen stellt der Bau der zentralalpinen Alpenvereinshütten oft eine größere Leistung dar als manche Erstbesteigung eines Gipfels. Erstaunlich, welche Mühen und Opfer hier von wenigen erbracht wurden. Man schleppte zum Beispiel Balken bis zu 120 kg von Mittelberg bis zur Hütte hinauf. Einheimische, gegen Bezahlung, und die so alpenfernen Bergsteiger (aus Braunschweig!) waren beteiligt. Der Bau dieser Hütte gab den Anstoß, daß die Fremden nun auch das sehr arme innere Pitztal besuchten. Bis zu diesem Zeitpunkt führte es einen durch nichts gestörten Dornröschenschlaf.

sind auf der Standardroute durch die zentralen Ötztaler Alpen unterwegs, also von Obergurgl durch das Gebiet des Haupt- und Weißkammes bis zur Wildspitze. Als besonderen Höhepunkt beschreiben wir dann für den Könner eine ungewöhnlich eindrucksvolle Route, die statt der üblichen Scharten mehr Gipfel und Grate für die Übergänge nützt. Die alpinen Wanderer hingegen müssen sich auf die durchgehenden Bergwege beschränken. Aber auch sie finden eine Reihe reizvoller Ausflüge, auf denen es unter anderem so manche Attraktion im Bereich der großen Gletscherwelt zu bewundern gibt.

Die Standardroute

Die übliche Durchquerung der Ötztaler Alpen zählt zu den echten Klassikern. In fünf bis sieben Tagen bekommt man einen guten Überblick über Haupt- und Weißkamm. Dabei führt der zweite Abschnitt über das auf beiden Seiten vergletscherte Schalfkogeljoch. Man muß also auf jeden Fall seine komplette Eisausrüstung mit sich schleppen. Da wird man sich selbstverständlich auch den krönenden Schluß- und Höhepunkt der Tour nicht entgehen lassen, nämlich eine Besteigung der Wildspitze. Natürlich kann man auf jeder Hütte einen Zwischenaufenthalt einschieben, um so bekannten Bergen wie dem Similaun oder dem Fluchtkogel einen Besuch abzustatten.

Standardroute und Höchste Route
siehe Übersichtskarte und Text auf Seite 57.

Rund um Rofen
2 Tage, Start und Ziel in Vent, alpine Wege ohne Probleme.

Um die Gurglerache
2 Tage, Start und Ziel in Obergurgl, alpine Wege und Überquerung einer Gletscherzunge, anspruchsvoll.

Fuldaer Höhenweg
1 Tag, Start und Ziel in Mandarfen im Pitztal, Höhenweg ohne Schwierigkeiten.

Wildgrat – Fundusfeiler
2 Tage, Start in Jerzens, Ziel in Zaunhof, Höhenwege mit Felspassagen, zwei interessante Gipfel.

Die höchste Route

Die Möglichkeiten, die die Ötztaler Eiswände und Firngrate bieten, werden auf Seite 88 als eine Art Schule für die Westalpen vorgestellt. Für die hier beschriebene »Plus Haute Route« durch unser Gebirge gilt ähnliches. Wer die skizzierte Strecke mit dem schweren Rucksack »locker« bewältigt, der kann sich mit gutem Gewissen auch in der Schweiz oder in Frankreich an interessante Aufgaben machen.
Die hier vorgestellte Route gibt es bisher in dieser Form nicht, sie ist ein Produkt meiner Überlegungen und Erfahrungen. Dennoch verläuft sie ebenso logisch und sinnvoll wie jede herkömmliche Möglichkeit. Hier braucht man nur viel Kondition, dazu mehr bergsteigerisches Können und Orientierungsvermögen. Als Gegenleistung nimmt man eine Fülle schönster Erinnerung von den hohen, aus Eis und Fels zusammengesetzten Graten usw. mit nach Hause. Trotzdem sind die Anforderungen im einzelnen nicht allzu hoch: im – manchmal brüchigen – Fels bis II, im Eis bis 40 Grad, ferner muß man auf zerschründeten Gletschern zurechtkommen. Solides Grundwissen, schnelles und sicheres Gehen im kombinierten Gelände lauten also die Voraussetzungen.

Rundwanderungen

Nach diesen hochalpinen Vorschlägen hier noch ein paar Schmankerl für den Bergwanderer. Diese kleinen Rundtouren verlaufen alle auf den üblichen Bergwegen, sind für den Erfahrenen also gut begehbar. Er muß nur die große Höhe so mancher Passage beachten. Meist sorgt, wie etwa beim Fuldaer Höhenweg, der Blick auf die Gletscher und die großen Eisberge für den Reiz dieser Routen.

⇛ Rund um Rofen: Bei dieser gemütlichen Zweitagestour lernt man das Vernagt- und Wildspitzgebiet aus der »Halbhoch-Perspektive« kennen. Am ersten Tag

erreicht man von Vent aus auf dem üblichen Zugangsweg in gut 3 Std. die Vernagthütte (2755 m). Seufertweg heißt die Höhenroute für den nächsten Morgen. In reichlichen zwei Stunden kommt man zur Breslauer Hütte und steigt dann noch zum Ausgangspunkt ab, das letzte Stück gemütlich im Lift in die Tiefe schwebend.

⇛ Um die Gurglerache: Auf einem der schönsten Hüttenwege von Obergurgl in 4 Std. zum Ramolhaus (3005 m) in herrlicher Panoramalage. Hinab zur Zunge des Gurglerferners, die in knapp 2600 m Höhe überquert wird (vorher erkundigen, ob die Begehung ohne Seil zu verantworten ist). Drüben ein Stückchen empor, dann Rückweg über die Langtalereck- und die Schönwieshütte nach Obergurgl (ca. 3 1/2 Std.).

⇛ Fuldaer Höhenweg: Mit dem Lift erreicht man in wenigen Minuten von Mandarfen im inneren Pitztal den Rifflsee, in dem sich der wilde Seekogel (3357 m) spiegelt. Der Fuldaer Höhenweg führt von dort etwa 500 m über der Sohle des Taschachtals nach Süden. Unterwegs wird der Blick auf Sexegerten- und Taschachferner, über dem die Wildspitze (3768 m) aufragt, immer großartiger. Vom Taschachhaus (gute 3 Std. vom Lift) dann durchs gleichnamige Tal zurück nach Mandarfen.

⇛ Wildgrat und Fundusfeiler: Im nördlichsten Geigenkamm warten auf den Bergwanderer drei Hütten und zwei große Gipfel mit Weg. Wer spart sich nicht gerne gut 1000 Hm Aufstieg? Man wird also diese im Verhältnis zur Höhe ungewöhnlich eindrucksvolle Tour in Jerzens beginnen, mit dem Lift zum Hochzeigergrat fahren, um anschließend den Wildgrat (2971 m) zur Erlanger Hütte (2541 m, 4 Std. ab Lift) zu überschreiten. Am zweiten Tag begeht man den Höhenweg bis

Sonnenaufgang am Wassertalkogel (mit Biwakschachtel), über den der ungewöhnlichste Steig Österreichs, der Mainzer Höhenweg, führt. Über dem Mittelbergferner von rechts: Hinterer Brunnenkogel (noch ohne Bergbahn), Hinterer Brochkogel, Wildspitze, Similaun und Weißer Kogel.

zum Fundusfeiler (3079 m, knapp 4 Std.) und kehrt dann über das Lehnerjoch bei Zaunhof ins Pitztal zurück (Busverkehr).

Pfelderer Höhenweg
2 Tage, Ausgangsort und Ziel Pfelders, mittlere Ansprüche, evtl. Besteigung von zwei »Wege-Bergen« von fast 3500 m Höhe.

Mainzer Höhenweg
2 1/2 Tage, Ausgangsort Plangeroß, Ziel Mittelberg, sehr anspruchsvoll mit Gletscherpassagen (wenige Spalten). Höchster Punkt: Wassertalkogel, 3252 m.

⇛ Pfelderer Höhenweg: Der von Norden Kommende mag es sicher nicht glauben, daß er die mit Abstand großartigste Bergwandermöglichkeit der Ötztaler Alpen ausgerechnet auf südtiroler Boden findet. Wer Trittsicherheit und alpine Erfahrung mitbringt, kann nämlich ideal die Besteigung des Hinteren Seelenkogels und der Hochwilde mit dem Pfelderer Höhenweg kombinieren. – In 4 Std. von Pfelders zur Planfernerhütte (von dort eventuell in 1 1/2 Std. auf den Seelenkogel). Dann Begehung des Höhenwegs quer durch die teilweise felsigen Hänge (Sicherungen) – stets großartiger Ausblick –, anschließend Rückweg über Lazins nach Pfelders. Oder vom Ende des Höhenwegs Aufstieg zu der schon nahen Eisjöchlhütte und Besteigung der Hochwilde am nächsten Tag.

Einer der Höherpunkte bei unserer »Plus Haute Route« ist die Überschreitung der Hochwilde. Bei guten Bedingungen ist dieser Grat allerdings schneefrei.

⇛ Im Herzen der Texelgruppe: Hier folgt die interessanteste Zweitagestour, die sich bei den zahllosen lohnenden Möglichkeiten im Südostteil der Texelgruppe bietet. – Von Vellau bei Meran mit dem Lift zur Leiteralm (1522 m). Von dort auf dem Franz-Huber-Weg zum Hochganghaus und dann stets »himmelhoch« über dem Tal schräg durch die teilweise auch etwas felsigen, manchmal ausgesetzten Steilhänge (Sicherungen, Trittsicherheit notwendig) weit nach Westen, schließlich hinein ins Zieltal mit der Lodnerhütte (2262 m, 5 1/2 Std.). Am nächsten Tag dann durch die Kare hinauf ins Halsljoch (2808 m), nördlich um den Tschigat in die Milchseescharte (2707 m, Biwakschachtel) und zu den Milchseen. Oberhalb des Langsees vorbei in die Hochgangscharte (Sicherungen) und über das Hochganghaus zurück zur Leiteralm (4 1/2 Std.). Gipfelmöglichkeiten am Weg: Lazinser Rötelspitze, Tschigat und Spronser Rötelspitze, Näheres siehe Seite 67.

Mainzer Höhenweg

Einst als Übergang von der Braunschweiger zur Chemnitzer Hütte gedacht, hat heute dieser Höhenweg mehr den Charakter einer eigenständigen Bergfahrt, ist ein Mittelding zwischen sehr hochalpiner Wanderung und richtiger Bergtour. Im südlichen Teil folgt man mehr oder weniger dem aus Schutt, Blockwerk und Fels zusammengesetzten Grat, ist dabei stets in einer Höhe zwischen 2925 m und 3252 m unterwegs. Eine ziemlich einmalige Sache in den gesamten Alpen! Wassertalkogel heißt der Höchstpunkt. Dort oben steht auf kurzen Stelzen auch ein rotbrauner Würfel, den im Boden verankerte Drahtseile vor einer Flugreise bewahren, wenn hier die Höhenstürme toben. Das ist das Rheinland-Pfalz-Biwak.
Die langen Hangquerungen zum Weißmaurachjoch kennzeichnen die zweite Weghälfte. Abwechselnd werden kleine Firn- und etwas größere Gletscherbekken traversiert oder die trennenden Felsgrate mit einigem Auf und Ab überschritten. Das hochalpine Gelände und ein paar Gletscherspalten geben dieser Gala- und Aussichtstour einen schon ernsteren Charakter. Außerdem addieren sich die vielen kleinen und größeren Aufstiege zu einer stattlichen Endsumme, und so ist man durchaus seine acht bis zehn Stunden unterwegs.
Von der Chemnitzer Hütte führt ein Höhenweg durch den Geigenkamm weiter nach Norden, eine Route durch einsamste, von schönen Felsbergen flankierte Hochkare und über sieben Scharten. Da die Frischmannhütte als Tagesziel jedoch arg weit entfernt ist, kann man unterwegs in dem unbewirtschafteten Hauerseehüttchen unterschlüpfen. Der Weiterweg zur Erlanger Hütte ist danach eine problemlose Wanderung, die sich anschließend sogar noch auf dem Forchheimer Weg fortsetzen läßt. Man kann also in fünf bis sechs Tagen aus dem innersten Pitztal stets in der Höhe hinauswandern bis Roppen im Inntal.

Standardroute

1. Etappe: Aufstieg von Obergurgl über das Langtalereck zum Hochwildehaus (2866 m), siehe Seite 50. Bergwege, 1100 Hm Aufstieg, 4 1/2 Std.

2. Etappe: Über den Gurglerferner ins Schalfkogeljoch (3375 m, höchste Stelle der Route), Abstieg über Schalfferner zur Martin-Busch-Hütte. Bergwege und Gletscher mit Spalten, 760 Hm Aufstieg, 5 1/2 Std.

✳ Gipfel am Weg: Vom Joch auf den Schalfkogel (3537 m), interessanter Firngrat, meist einfach, 40 Min.

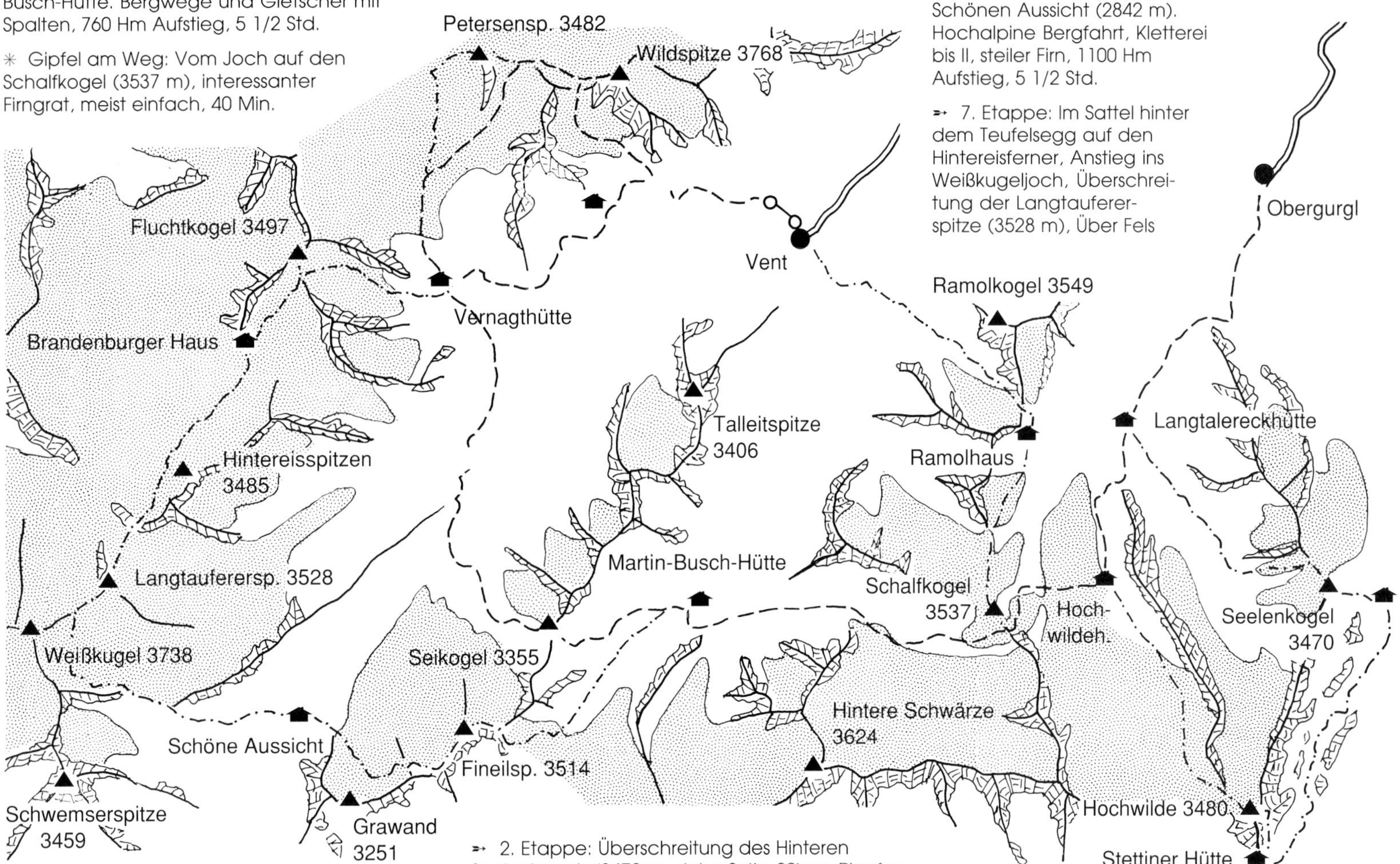

3. Etappe: Über den Ostgrat auf den Seikogel (3355 m), Abstieg über den Westgrat zum Hochjochhospiz. Spannende, anspruchsvollere Bergwege, 970 Hm Aufstieg, 4 1/2 Std.

4. Etappe: Meist quer durch die Hänge der Guslarspitzen zur Vernagthütte (2755 m). Bergwege, 400 Hm Aufstieg, 2 Std.

5. Etappe: Auf dem Seuferweg in halber Berghöhe durch die Hänge von Plattei- und Brochkogel zur Breslauer Hütte (2840 m). Bergwege, 400 Hm Aufstieg, 2 1/2 Std.

Wildspitz-Variante: Über den Vernagtferner, das Brochkogeljoch und den Taschachferner auf die Wildspitze (3768 m). Abstieg zur Breslauer Hütte siehe Seite §§. Große Gletschertour, Spalten, zwei steile Passagen, Gipfelgrat evtl. vereist, 1030 Hm, 5 1/2 Std.

6. Etappe: Auf dem Hüttenweg zum Lift und Talfahrt hinab nach Vent. Bergwege, 1 Std.

✳ Gipfel am Weg: Etwa 1 Std. Aufstieg zum Wilden Mannle (3023 m, siehe auch Seite 60).

Super Haute Route (höchste Route)

1. Etappe: Aufstieg von Obergurgl zur Langtalereckhütte (2430 m), siehe Seite 50. Bergwege, 550 Hm Aufstieg, 2 1/2 Std.

2. Etappe: Überschreitung des Hinteren Seelenkogels (3470 m, siehe Seite 82) zur Planfernerhütte (2979 m). Großartige, hochalpine Tour, Gletscherspalten, 1050 Hm Aufstieg, 5 1/2 Std.

3. Etappe: Auf dem sehr aussichtsreichen Pfelderer Höhenweg (siehe Seite 56) zur kleinen Stettiner Hütte (2875 m). Anspruchsvollere Bergwege, ca. 500 Hm Aufstieg, 3 1/2 Std.

4. Etappe: Überschreitung der Hochwilde (3470 m, siehe Seite 81) zum Hochwildehaus (2866 m). Anspruchsvolle, hochalpine Tour mit ausgesetztem Grat, Gletscher mit Spalten, 650 Hm Aufstieg, 4 1/2 Std.

5. Etappe: Über den Gurglerferner ins Schalfkogeljoch (3375 m), Abstieg über Schalfferner zur Martin-Busch-Hütte. Bergwege und Gletscher mit Spalten, 760 Hm Aufstieg, 5 1/2 Std.

✳ Gipfel am Weg: Vom Joch auf den Schalfkogel (3537 m), interessanter Firngrat, meist einfach, 40 Min.

Zwei-Tages-Alternative für die Etappen 1 bis 5: Von Vent über das Ramoljoch (3189 m) zum Ramolhaus (3005 m, 5 Std.). – Überschreitung des Schalfkogels (3537 m, siehe Seite 79) zum Schalfkogeljoch und Weiterweg zur Martin-Busch-Hütte (anspruchsvoll, ca. 6 1/2 Std.).

6. Etappe: Zum Hauslabjoch und Überschreitung der Fineilspitze (3514 m). An Fineilköpfen und Schwarzer Wand vorbei zur Schönen Aussicht (2842 m). Hochalpine Bergfahrt, Kletterei bis II, steiler Firn, 1100 Hm Aufstieg, 5 1/2 Std.

7. Etappe: Im Sattel hinter dem Teufelsegg auf den Hintereisferner, Anstieg ins Weißkugeljoch, Überschreitung der Langtaufererspitze (3528 m), Über Fels zum Vernagl und über den Gepatschferner zum Brandenburger Haus (3274 m). Außergewöhnlich lange und anspruchsvolle Bergfahrt, spaltenreiche Gletscher, steiler Firn, 1200 Hm Aufstieg, 7 bis 8 Std.

8. Etappe: Aufstieg zum Fluchtkogel (3497 m), dann über Oberes Guslarjoch und Guslarferner zur Vernagthütte. Spaltenreicher Gletscher, kurzzeitig steiler Firn, 260 Hm Aufstieg, 2 1/2 Std.

9. Etappe: Über den Vernagtferner zum Taschachjoch und über den Eisgrat auf die Petersenspitze (3482 m). Weiterweg über den Taschachferner auf die Wildspitze (3768 m) und Abstieg zur Breslauer Hütte siehe Seite 70. Grandiose Gletscher- und Grattour, Spalten, steile Passagen, evtl. vereist, 1100 Hm, 6 1/2 Std.

10. Etappe: Auf dem Hüttenweg zum Lift und hinab nach Vent. Bergwege, 1 Std.

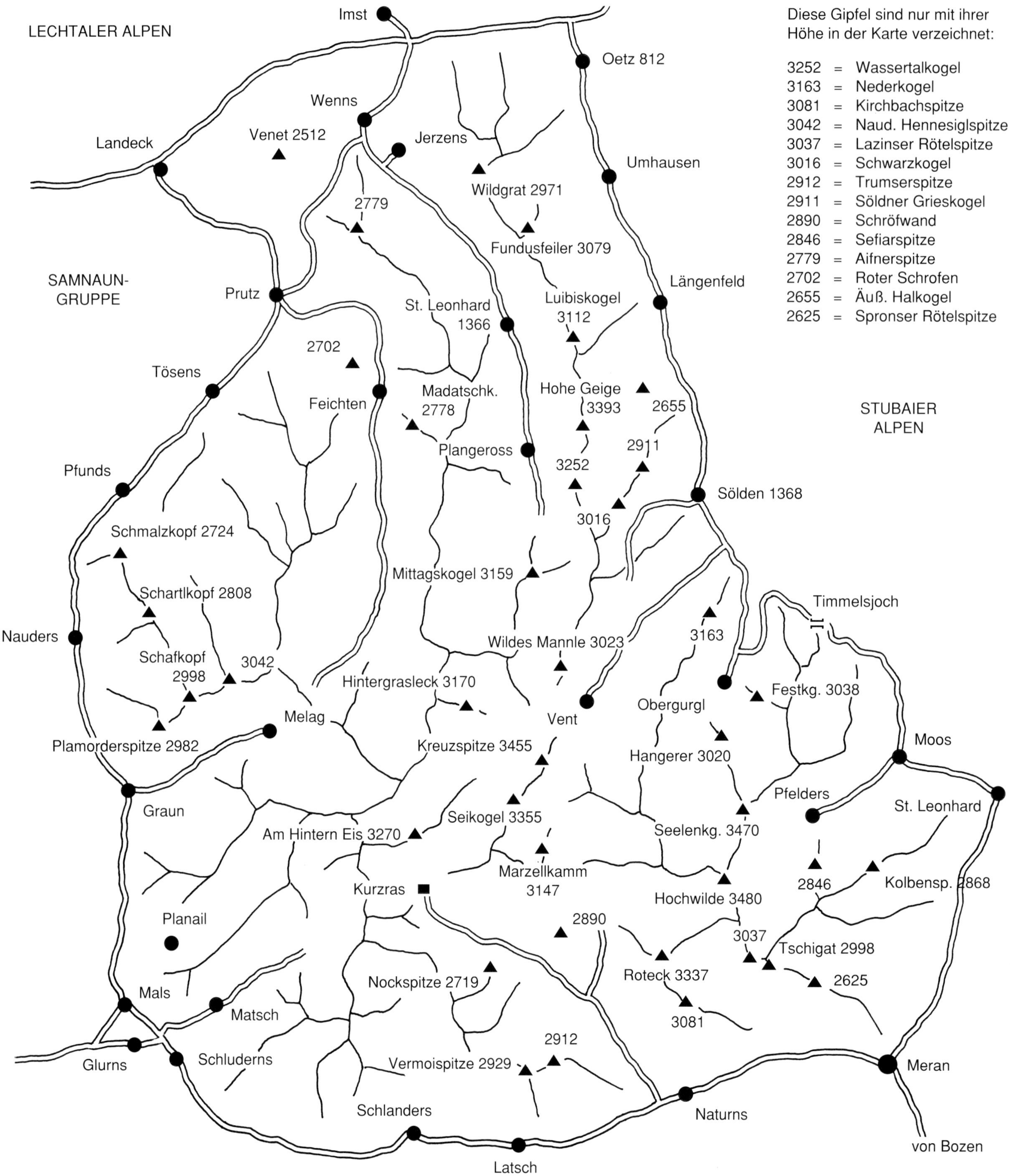
LECHTALER ALPEN
Imst
Oetz 812
Wenns
Jerzens
Landeck
Venet 2512
Umhausen
Wildgrat 2971
2779
Fundusfeiler 3079
SAMNAUN-
GRUPPE
Prutz
St. Leonhard
1366
Luibiskogel
3112
Längenfeld
2702
Tösens
Feichten
Madatschk.
2778
Hohe Geige
3393
2655
STUBAIER
ALPEN
Plangeross
2911
3252
Pfunds
Sölden 1368
3016
Schmalzkopf 2724
Mittagskogel 3159
Schartlkopf 2808
Timmelsjoch
Nauders
Wildes Mannle 3023
3163
Schafkopf
2998
3042
Hintergrasleck 3170
Festkg. 3038
Melag
Vent
Obergurgl
Plamorderspitze 2982
Kreuzspitze 3455
Hangerer 3020
Moos
Graun
Pfelders
St. Leonhard
Seikogel 3355
Am Hintern Eis 3270
Seelenkg. 3470
Marzellkamm
3147
Kurzras
2846
Kolbensp. 2868
Hochwilde 3480
Planail
2890
3037
Tschigat 2998
Roteck 3337
Nockspitze 2719
2625
Mals
Matsch
3081
2912
Glurns
Schluderns
Vermoispitze 2929
Meran
Schlanders
Naturns
Latsch
von Bozen
Diese Gipfel sind nur mit ihrer
Höhe in der Karte verzeichnet:
3252 = Wassertalkogel
3163 = Nederkogel
3081 = Kirchbachspitze
3042 = Naud. Hennesiglspitze
3037 = Lazinser Rötelspitze
3016 = Schwarzkogel
2912 = Trumserspitze
2911 = Söldner Grieskogel
2890 = Schröfwand
2846 = Sefiarspitze
2779 = Aifnerspitze
2702 = Roter Schrofen
2655 = Äuß. Halkogel
2625 = Spronser Rötelspitze

Große Berge mit Weg

Für die Freunde von Gletschertouren, für die Tiefschneebegeisterten – aber auch für die Bergwanderer sind die Ötztaler Alpen wie geschaffen. Trotz großer Höhe, trotz Eis und Schnee, trotz der steil aufragenden Felsberge in den Seitenkämmen findet der Wanderer hier eine Vielzahl allerschönster Möglichkeiten. Diese beschränken sich nicht etwa auf ein paar Hüttenanstiege. Hier wird wirklich alles geboten: mit Wegen erschlossene Gipfel bis fast 3500 m Höhe, Scharten und Gletscherbrüche, zahllose Bergseen…

Gipfel mit Weg – in den Ötztaler Alpen ein Thema der Superlative! In dieser Beziehung ist unser Gebirge eine Art Höhen-Europameister. Ein Halbdutzend Gipfelwege führen in anderen Bereichen der Alpen zwar noch etwas weiter empor. Doch kein zweites Gebirge kann mit einer derartigen Fülle von Möglichkeiten aufwarten, wie sie die folgende Aufstellung zeigt.

1.	Hochwilde	3480 m
2.	Hinterer Seelenkogel	3470 m
3.	Kreuzspitze	3455 m
4.	Hohe Geige	3393 m
5.	Seikogel	3355 m
6.	Roteck	3337 m
7.	Am Hinteren Eis	3270 m
8.	Wassertalkogel	3252 m
9.	Hintergrasleck	3170 m
10.	Nederkogel	3163 m

Jeder Vollblut-Bergwanderer muß ja glänzende Augen bekommen bei der Nennung dieser Namen und Höhen! Nicht weniger als 21 Dreitausender und 22 Berge zwischen 2500 und 3000 m Höhe werden auf den folgenden Seiten vorgestellt. Doch damit ist das Besondere noch längst nicht erschöpft! Bei jeder dieser Touren gibt es viel zu schauen, zu bewundern. Die Bergseen zählen zum häufigen Schmuck in den Ötztaler Alpen, oft kommt man auch den Gletschern ganz nahe, und ein faszinierender Gipfelblick ist sowieso selbstverständlich. Natürlich begegnet man auch hier so manchem Gleichgesinnten, doch ein Massenansturm fehlt zum Glück in dieser Region.
Bei idealen Bedingungen mag man kaum einen Unterschied zwischen einer Tour zum Säuling (2049 m), auf die Schönfeldspitze (2653 m) oder zur Hohen Geige (3393 m) spüren. Doch schon bei einem mäßigen Wind schaut's ganz anders aus, mit steigender Höhe sinken rasch die Temperaturen. Der Bergwanderer in den Ötztaler Alpen muß vor allem mit dem Schnee zurechtkommen. Da verschwindet der Weg immer wieder einmal unter Altschneefeldern, die in dieser Höhe auch bockhart gefroren sein können. Dann gibt es für den Klugen oft nur noch eine Lösung: rechtzeitiges Umkehren. Zudem fallen über 3000 m auch im Sommer die Niederschläge fast immer als Schnee, manchmal reicht die weiße Decke sogar noch durchaus 1000 m tiefer herab.

Beim Zugang zum Wassertalkogel überschreitet man drei »kleine« Dreitausender: Wildes Mannle (Foto), Wurmsitzkogel und Gschrappkogel (3197 m).

Natürlich fehlt der Platz, um alle 42 Ziele im Detail zu beschreiben. Nur die zehn lohnendsten Möglichkeiten (mit 13 Gipfeln) werden herausgegriffen und genauer vorgestellt; die anderen werden kurz aufgeführt.

Wildes Mannle, 3023 m

Die Kurzcharakteristik: Gipfel unauffällig und völlig unbedeutend, Aufstieg rasch und direkt, Aussicht ungewöhnlich eindrucksvoll. Dieser letzte, weit gegen das Tal vorspringende Kopf im langen Südgrat des Taufkarkogels ist wie eine Spezialloge für den Rofenkarferner. Unmittelbar vor dem Betrachter stürzt die Zunge des Gletschers in malerischen Kaskaden über eine immerhin 200 m hohe Steilstufe, auch weiter oben zeigen sich markante Eisbrüche, und hoch, hoch darüber leuchtet die Wildspitze (3768 m) in einem ungewohnten Gewand. Ihre Ostwand setzt sich nämlich etwa zu gleichen Teilen aus Eis und Fels zusammen, die schnell einander abwechseln.

Padre Similauno – dieser Steinmann stand oberhalb der Martin-Busch-Hütte am Weg.

⇛ Von Vent: Mit dem Sessellift zur Bergstation (2356 m) und gut 30 Min. auf dem breiten Weg Richtung Breslauer Hütte. Bei der Verzweigung auf dem oberen Steig weiter über die anfangs noch begrünten Hänge, dann ziemlich direkt über einen weiten Schutt- und Felsrücken, schließlich auf dem nun ausgeprägten Grat zum Gipfelkreuz empor. Auch von der Breslauer Hütte führt ein Steig zum Südgrat.

Wildes Mannle
Südgrat
Von der Bergstation des Venter Lifts 2 Std. Steig über Grasböden und einen Trümmergrat. Weiterer Zugang von der Breslauer Hütte (gut 1 Std.).

Am Hinteren Eis – von der Schönen Aussicht Bergbahn von Kurzras (Schnalstal), dann Abstieg über Schnee oder den gesicherten Steig zur Schönen Aussicht. Von dort reichlich 1 Std. über Schutt und Felsplatten.

Kreuzspitze – Ostgrat
Von der Martin-Busch-Hütte 2 3/4 Std. Steig über Grashänge, Schutt und Blockwerk. Im aperen Zustand keine nennenswerten Probleme.

Am Hinteren Eis, 3270 m

Die wundersame Wandlung vom Aschenputtel zum vielgerühmten Aussichtspunkt – das würde als Überschrift zu diesem kleinen Kapitel passen. Natürlich gab es schon immer die Gratköpfe in dem Kamm, der den Hochjoch- vom Hintereisferner trennt, und selbstverständlich war in früheren Zeiten der Blick auf die Eisströme und auf die nahe Weißkugel nicht weniger eindrucksvoll als heute. Doch einst kamen allenfalls die Skifahrer im Frühjahr hierher, um auf den relativ sanften Südosthängen zu schwelgen. Das unscheinbare Aussehen konnte jedoch das Interesse der Sommerbergsteiger nicht wecken. Aber dann gab es die Wende: Ein neu angelegter Steig, im steinigen Gelände einige Markierungen, und schon war ein Star geboren. Typisch: Niemand erwähnt, daß die um 12 m höheren Rofenbergköpfe der eigentliche Hauptgipfel des Massives sind. Erstaunlich: Durch ein weiteres Abschmelzen des Latschferners wurde in 3150 m Höhe ein neues Seelein geboren, an dem der Weg vorbeiführt. Unbekannt: Der Kamm zeigt gegen Nordwesten mit seinen Steilflanken und den zerschründeten Hanggletschern über dem Hintereisferner ein recht hochalpines Aussehen.

⇛ Aufstieg von Süden: Mit der großen Seilbahn von Kurzras im Schnalstal zur Bergstation in 3200 m Höhe. Abstieg über die Firnhänge oder auf einem gesicherten Steig im Fels zur Schöne-Aussicht-Hütte (2842 m). Von dort über Schuttböden und Gletscherschliffe gerade empor, dann etwas nach links zu einem Boden mit dem Latschfernersee. Noch weiter nach links und schließlich von Süden auf den Gipfel.

Kreuzspitze, 3455 m

Die Kreuzspitze sollte man auf jeden Fall bei schönem und klarem Wetter besteigen. Sie ist *der* Aussichtsberg schlechthin. Alle Gipfel, die zu dem so weitgestreckten Tourengebiet von Vent gehören, sind rundum schön ordentlich aufgereiht, ein Panorama von der Wildspitze über die Weißkugel bis hin zu Schalf- und Ramolkogel. Besonders nahe und auffallend präsentieren sich Similaun und Hintere Schwärze mit ihren Gletschern und Eiswänden. Grashänge und Blockkare erlauben einen reinen Wanderaufstieg bis an den Fuß des Kreuzspitz-Gipfelaufbaus, der bereits in der stolzen Höhe von 3200 m liegt. Da kann, am Beginn der Saison, der Schnee schon manchmal zu einem ernsten Hindernis werden.
Auf den Karten hält sich eisern die Bezeichnung »Brizzihütte« in der Nähe des Samoarsees. Eine Anekdote verbindet sich mit diesem Wort, das so gar nicht in die Region paßt. Pfarrer Senn war stets bemüht, die Werbetrommel für seinen Ort Vent zu rühren. So beauftragte er auch den Münchner Maler Brizzi, ein Panorama dieser großartigen Gletscherwelt anzufertigen. Man stattete ihm zu diesem Zweck extra ein Hüttchen in 2900 m Höhe aus und versorgte ihn mit

allem Notwendigen. Der Auftraggeber erlebte mit dem Meister Brizzi jedoch so manchen Ärger, und am Ende brachte ihm das so aufwendig erstellte und später verschollene Panorama nicht den geringsten Nutzen.

⇛ Von der Martin-Busch-Hütte: Gleich von der Hütte nach Nordwesten über die teilweise steilen Hänge in vielen Kehren empor. Nach einem kleinen Boden – links etwas abseits der Samoarsee – über Block- und Moränenhänge nochmals weit empor, schließlich über eine kurze Steilstufe auf die Ostgratschulter. Auf und etwas rechts neben dem Grat über Schutt, am Schluß über Fels auf den mächtigen Gipfel.

Hochwilde, 3480 m

Natürlich darf hier dieser ungewöhnliche und besonders markante Felskamm nicht fehlen, den wir auf der Seite 81 für die Gletscher-Bergsteiger noch genauer vorstellen werden. Schließlich ist er der höchste Wegeberg der Ötztaler, ja, einer der höchsten im gesamten Alpenraum. Den Begriff »Wegeberg« kann ich jedoch nur mit einem etwas unguten Gefühl verwenden. Bei warmem Wetter und trockenem Gestein ist der Gang durch die immerhin einen Kilometer breite, ostseitige Felsflanke und über den anschließenden, steil ansteigenden Nordostgrat eine sehr reizvolle Sache, spannend und mit Überraschungen gewürzt. Dazu kommt der hindernislose Blick nach Osten. Doch bereits ein kalter Wind und Schneereste im Fels verwandeln das unbeschwerte Vergnügen in eine ernste Hochtour. Deshalb wird man hier warten, bis wirklich zuverlässiges Wetter herrscht, und zudem der Fels trocken ist.

⇛ Von der Eisjöchlhütte (Stettiner Hütte): Nach Norden immer schräg durch das Gelände empor über Geröll, Blockwerk und Fels, schließlich durch eine recht steile Flanke zur Schulter des Nordostgrates, zu der von der anderen Seite der Langtalerferner heraufzieht. Ein Stück über den folgenden Firngrat, dann steil im Blockwerk zum Gipfel. Teilweise ausgesetzt.

Hochwilde – Südostanstieg
Von der Eisjöchlhütte reichlich 2 Std. Hohe Felsflanke mit einfacher Kletterei, Trittsicherheit wichtig, kurzer Firngrat, hochalpin und anspruchsvoll.

Hinterer Seelenkogel, 3470 m

Dieser mächtige Gipfel, der noch ausführlich auf Seite 82 vorgestellt wird, hat gewissermaßen seinen ganz privaten Stützpunkt. Auf dem Ostgrat thront in 2979 m Höhe die Planfernerhütte, ein Neubau aus dem Jahr 1983, ein echter Lug-ins-Land mit grandiosem Blick in und über das Pfeldererťal. Er dient fast ausschließlich

Blick vom Hangerer, dem »Gurgler Gornergrat« nach Osten. Von links: Hoher First, Kirchenkogel und Liebnerspitze.

Blick aus dem Gebiet der Breslauer Hütte auf die Talleitspitze und den Eisferner, der nahezu nie betreten wird.

als Stützpunkt für den Hinteren Seelenkogel. Weit, aber ohne Probleme ist der Weg über die stets völlig freien Hänge von Pfelders. Nach einer Nacht dort oben folgt das große Erlebnis, der Sonnenaufgang an dieser hohen Warte. Die nach Osten völlig freie Sicht schafft die idealen Voraussetzungen. Bei guten Verhältnissen wird der letzte Aufstieg zu dem mächtigen Gipfel zu einem reizvollen Steigen über Schutt und zerfallenes Blockwerk, zwar nicht ganz frei von Mühe, doch ohne Probleme. Die Steigspuren am steil ansteigenden Ostgrat sind stets eine zuverlässige Leitlinie. So erübrigt sich eine Wegbeschreibung.

Noch ein paar Worte zur Hütte mit ihrer ungewöhnlich lebhaften Geschichte. 1899 wird ein erster Bau eröffnet und nach der AV-Sektion »Zwickauer Hütte« genannt. Im Jahr 1919 erfolgt – wie bei allen entsprechenden Häusern – die Enteignung. Nun gehört die Hütte der Sektion Meran des CAI. 1933 fällt sie einem Brandanschlag von Schmugglern zum Opfer. Erst 1960 richtet die Sektion den Stützpunkt für eine ganz kurze Bewirtschaftungszeit wieder her. 1965 beschlagnahmt dann der italienische Staat die Hütte. Alpini sprengen sie schließlich in die Luft, nachdem das Gerücht einer Verminung durch Südtirol-Terroristen aufgetaucht war.

Hangerer, 3020 m

Der höchste Berg mit einem möglichst großen Meer von Gipfeln rundum gilt als die beste Aussichtsloge. Diese Definition ist ebenso alt, ehern und weit verbreitet wie falsch. Von oben wirken alle anderen Berge klein und unauffällig, irgendwie charakterlos. Will ich persönlich die Eigenarten eines interessanten Gipfels kennenlernen (und ihn fotografieren), dann suche ich mir ein Ziel, das möglichst nahe ist und genau gegenüber liegt. Bin ich etwa in Dreiviertelhöhe meines Visavis, so ist der beste Standpunkt erreicht. Nicht vom Gipfel des Matterhorns genießt man die aufregendsten Ausblicke, sondern vom Gornergrat!

Eine Art Gurgler Gornergrat bildet der Hangerer; hier muß man allerdings zu Fuß drei Stunden hinaufsteigen. In einem Kreis steht dann all das rundum, was in diesem Gebiet einen Namen hat (oder auch nicht), etwa der Hohe First, die Liebnerspitze, der Schalfkogel, die Ramolkögel. Wie in einem aufgeschlagenes Buch präsentiert sich die Umgebung; hier kann man so manchen interessanten Berg, manchen Gletscher genau studieren, Routen erkunden, Pläne schmieden…

⇛ Von Obergurgl: Zu Fuß oder mit dem kurzen Lift nach Rumsoppen und nur leicht aufwärts um den Fuß der Hohen Mut herum zur bewirtschafteten privaten Schönwieshütte (2266 m). Gleich dahinter zweigt nach links der Hangerer-Fußweg ab. Über eine kurze Stufe auf den breiten Nordwestrücken. Auf ihm – anfangs auf Gras – weit empor, dann in der mit Geröll bedeckten Flanke nach rechts über eine (Schnee-)Rinne und schließlich von Westen im Schieferschutt zum Gipfel mit Kreuz und Buch.

Fundusfeiler, 3079 m

Diese massige Berggestalt mit ihrer 1000-m-Schrofenflanke nach Osten ist der nördlichste Dreitausender im Geigenkamm. Kein Mensch würde von dem Berg Notiz nehmen, wie man ja auch die so markanten südlichen Nachbarn, den Block- und den Plattigkogel (3097 bzw. 3089 m), »links liegen läßt«, gäbe es nicht die Frischmannhütte und zudem einen angelegten Steig. Da rückt der Fundusfeiler doch zum begehrten Ziel auf, zu einer idealen Sache für ein Wochenende ohne (oder auch mit) größerer Anstrengung. Wer's gemütlich liebt, der wandert am ersten Tag zur Hütte, besteigt am nächsten Morgen den Gipfel, genießt Sonne und Aussicht und bummelt dann wieder ins Tal hinab. Der alpine Marathonläufer hingegen kombiniert Wildgrat und Fundusfeiler wie bei unserem Rundtouren-Vorschlag auf Seite 55.

Noch ein kleines Zuckerl, wie der Österreicher sagt: Ein Abstecher von der Feilerscharte auf den Hauptgipfel der Lehner Grieskögel (3038 m) dauert nur dreißig Minuten. Hier blühen und glühen im Schieferschutt die üppigen Blumenpolster, von denen auf Seite 24 kurz erzählt wurde.

⇛ Von der Frischmannhütte: Auf dem Steig nach Westen über Gras ins Funduskar. Allmählich immer stärker nach Norden umbiegend über die hohen, interessanten, immer wieder von Fels durchsetzten Hänge in die Feilerscharte (2926 m). Von dort über den Blockgrat zum Gipfelkreuz.

Wildgrat, 2971 m

Kleinkarierte Bergsteiger! Bei dem Vorschlag »Wildgrat« rümpft mancher verächtlich die Nase. Sein Grund? Dem Gipfel fehlen 29 m zur magischen Dreitausendmetergrenze. Fährt man schon in die Ötztaler Alpen, dann muß das Ziel ein »richtiger« Berg sein. Dabei kann sich gerade der Wildgrat sehen lassen, dieses freistehende, vielgipflige Massiv aus fast schwarzen Felsspitzen. Das charakterisierende »wild« paßt hier bestens; alles ist erstaunlich steil, schroff und unnahbar. Gäbe es nicht die beiden Gipfelwege, wäre hier wohl kaum ein Bergsteiger unterwegs. So wird auch der südliche Trabant des Wildgrates, die Riegespitze (2944 m), nahezu nie betreten, obwohl sie sich als feines, steil aufgerichtetes Felsmassiv präsentiert. Als besonderer Kontrast zu den wilden Gipfeln und dem dunklen Fels gibt es zahlreiche Seen, die die Hochkare schmücken. In einer großen Wasserfläche, dem Wettersee, spiegelt sich die Erlanger Hütte.

Hinterer Seelenkogel
Ostgrat
Von der Planfernerhütte 1 1/2 Std.
Schutt- und Blockgrat mit teilweise steilerem Gelände, Geschicklichkeit und Trittsicherheit notwendig.

Hangerer
Nordwestgrat
Von Obergurgl 3 1/2 Std. Im oberen Teil steiles, schuttbedecktes Gelände, evtl. steile Schneerinne.

Fundusfeiler
von Südosten
Von der Frischmannhütte knapp 3 Std.
Bergweg durch teilweise etwas felsiges Steilgelände, Trittsicherheit angenehm.

Wildgrat
vom Hochzeiger
Von Jerzens mit Liften zum Hochzeigergrat.
Von dort in 3 Std.
Hochalpine Steige in teilweise sehr steilem Gelände, Trittsicherheit wichtig.

Blick vom Hochzeigergrat zum Wildgrat, der sich im sommerlichen Neuschneemantel zeigt.

Wer viel Zeit mitbringt, begeht die auf Seite 55 skizzierte Rundtour, während der Eilige die Hochzeigerlifte nützt. Da wird die Wildgrattour zu einer gemütlichen Angelegenheit; gemütlich, was die Gehzeit betrifft. Das Gelände ist nämlich eher steil und spannend, erfordert in dem Steilgras Trittsicherheit.
⇛ Anstieg von Westen: Von Jerzens mit den beiden Liften zum Grat (2368 m), dann zu Fuß über den Kamm auf den Hochzeiger (2560 m). Leicht abwärts durch die äußerst steilen Hänge zum Großsee. In dem reizvollen, von Felsen überragten Hochtal empor, nach links zu einer Schulter im Westgrat und an einer Rippe entlang in Geröll und Fels zum Gipfelkreuz.
Als Alternative zur erwähnten Rundtour gibt es noch eine weitere, etwas kürzere Möglichkeit: Wie beschrieben auf den Gipfel und von dort nach Osten hinab zur Erlanger Hütte (2541 m, Übernachtung). Dann Rückweg in einem weiten Nordbogen um die Murmentenkarspitze ins Hochzeigergebiet; man überquert dabei vier Scharten in einer stillen, abwechslungsreichen Landschaft mit vielen kleinen Bergseen (ca. 4 1/2 Std.). Evtl. Abstecher vom zweiten Sattel auf den Weiten Karkopf (2774 m, 25 Min.).

Plamorder- und Bergkastlspitze
Klettersteige
Von der Bergbahn ca. 4 bzw. 3 Std. Zwei getrennte Klettersteige, anspruchsvolle Anlagen mit recht ausgesetzten Passagen. Nordlagen, deshalb zuzeiten unangenehm glitschig.

Schafkopf – über Mataunkopf
Von der Bergbahn in 3 1/2 Std. zum Schafkopf. Teilweise steiniges Gelände. Am Wölfeleskopf nur Wegspuren. Nebelfreies Wetter unbedingt notwendig.

Plamorderspitze, 2982 m, Bergkastlspitze, 2912 m

Über dem Tal von Nauders und über dem Reschensee fällt der gleiche schwarze Zackenkamm ins Auge. Er gipfelt in der Plamorderspitze und wird von zwei Trabanten flankiert, der Bergkastl- und die Klopaierspitze. Das Massiv bildet zudem den letzten Ausläufer der Ötztaler Alpen gegen den Reschenpaß. Die logische Folgerung: das muß ein berühmter und begehrter Berg sein. Irrtum! Hier treffen wir sogar auf ein einmaliges Kuriosum: Dieser hohe und beherrschende Gipfel fehlte einst im Alpenvereinsführer, er wurde in diesem Band schlichtweg »unterschlagen«. Das weckte seinerzeit meine Neugier. Im Sommer 1977 überschritt ich deshalb die Bergkastlspitze und kletterte dann in dem fast schwarzen Fels über den Ostgrat zum Gipfel der Plamorderspitze hinauf (einige Stellen II). Irgendwelche »Rückstände« anderer Bergsteiger waren damals nicht zu entdecken.

Höchster Gipfelzacken der Plamorderspitze.

Dann aber kam plötzlich die Wende, und heute gehören die beiden Berge zu den Zielen, von denen so mancher träumt. 1985 und 1990 entstanden hier nämlich zwei Klettersteige, rassige Anlagen in den teilweise sehr steilen, manchmal senkrechten Felsen. Nur der erfahrene »Eisengeher« wird damit zurechtkommen! Es handelt sich um ein kantiges Gestein mit glatten Flächen, typische Hornblendgneise, die natürlich auch mit Flechten und Moosen bewachsen sind, und die man deshalb bei Nässe meiden sollte. Da die Anstiege zudem oft nordseitig verlaufen, eignen sie sich vor allem für stabile Schönwetterperioden. Bei beiden Gipfeln gibt es eine eigene Rundtour, die jeweils an der Bergstation der Bahn beginnt. Wegen der guten Beschilderung und Bezeichnung der Wege kann hier auf Routenbeschreibungen verzichtet werden.

Großer Schafkopf, 2998 m
Mataunkopf, 2892 m

Der Große Schafkopf, der Hauptgipfel der Nauderer Berge, fällt als massige, breite Felspyramide wenig ins Auge, und seinen Namen kennt kaum jemand. Dennoch schätzen ihn die Eingeweihten als Ziel einer wirklich lohnenden Bergwanderung. Verschiedene Details, jedes für sich allein nicht »vom Hocker reißend«, fügen sich schließlich doch zu einer wohlgelungenen Mischung zusammen. Die Bergkastl-Seilbahn begrenzt die Aufstiegsmühe, erste Akzente setzen das Riesenblockfeld Gande, die beiden großflächigen Goldseen und der Anblick der dunklen Felszacken von Bergkastl- und Plamorderspitze. Bei der großen Gratwanderung begeistern dann die hindernislosen Ausblicke bis hinein zu den leuchtenden Gletscherbergen des Langtauferertals.
Die große Rundtour: Von Nauders mit der Bergkastlbahn zur Bergstation (2190 m). Nun quer über das Blockfeld Gande, dann durch ein Grastal auf die nächste Blockstufe. Abstecher zu den Goldseen. Anschließend durch ein Tälchen in die Pedroßscharte und über den Grat auf den doppelgipfligen Mataunkopf. Nun am schönsten auf dem Grenzkamm – kein angelegter Steig, nur undeutliche Wegspuren – auf Gras und Geröll ins Saletzjoch und weiter zum Wölfeleskopf (2894 m). Drüben teilweise in grobem Blockwerk hinab ins gleichnamige Joch. Jetzt wieder auf einem Steig auf und rechts neben dem steilen Grat zum Schafkopf empor. Der Rückweg auf der gleichen Route macht am meisten Spaß. Man kann natürlich auch die sehr lange Talabwanderung durchs Saletz- und das anschließende Piengtal antreten.

Weiß- und Hauptkamm

Seikogel, 3355 m
Überschreitung von der Martin-Busch-Hütte zum Hochjochhospiz, Aufstieg 2 3/4 Std. Sehr interessante, hochalpine Tour inmitten einer eindrucksvollen Gletscherwelt. Fels- und Blockgrate mit AV-Steig.

Hintergrasleck, 3170 m
Von der Vernagthütte 1 1/4 Std. Steig über Gletscherschliffe, Schutt und Blockwerk zu einer unbedeutenden Gratschulter, doch sehr schöner Blick auf die Eisberge und Gletscher rundum.

Nederkogel, 3163 m
Von der Gurgler Straße 4 1/2 Std. Stille Hochtour auf den beherrschenden Berg oberhalb von Zwieselstein. Im Gipfelbereich steil, nordseitig, deshalb häufig Schneefelder.

Mittagskogel, 3159 m
Von der Bergbahn 1 Std. Aufstieg. Seit dem Bau der Pitztaler Gletscherbahn ein »Blitz-Dreitausender«. Sehr langer, aber direkter Abstiegsweg über Fels-, Schutt- und Grashänge nach Mittelberg.

Marzellkamm, 3147 m
Von der Martin-Busch-Hütte 2 1/4 Std. Gratkopf im Similaun-Nordkamm mit großartigem Blick auf die Nordeiswand und auf den wild zerklüfteten Marzellferner. Alpiner Steig über Gras und Schutt.

Festkogel, 3038 m
Von Obergurgl 3 Std. Gratkopf steil über dem bekannten Skiort, Pistengebiet bis 2700 m Höhe. Bergweg über weit hinauf begrünte Hänge, im oberen Teil Block- und Schuttgrat. Schöner Blick unter anderem ins Rotmoostal.

Schwarzkogel, 3016 m, Rotkogel, 2947 m
Vom Lift oberhalb von Hochsölden 1 3/4 Std. Ordentliche Bergwege, ideal, um erstmals einen Dreitausender zu besteigen. Auf halbem Weg die bewirtschaftete Rotkogelhütte. Von dort in 40 Min. auch auf den gleichnamigen Fels- und Blockgipfel.

Söldner Grieskogel, 2911 m
Vom Lift oberhalb von Hochsölden 1 3/4 Std. Netter Felsgipfel, steil über dem Ötztal mit schönem Blick auf die schroffe Ostseite des Geigenkammes. Bergwege, im Gipfelbereich jedoch steil und etwas felsig.

Schröfwand, 2890 m
Der lohnendste Aussichtsberg über Schnals- und Pfossental, dem Similaun im Süden vorgelagert. Von Vernagt 3 1/2 Std. Bescheidener, rasch ansteigender Pfad durch Wald zu den Bergmatten. Von einem Kreuz (Vorgipfel) nur noch Pfadspuren bis zum höchsten Punkt. Abstiegsmöglichkeit über den Gfallhof.

Nördliche Kämme

Hohe Geige, 3393 m - siehe Seite 83.

Wassertalkogel, 3252 m - siehe Seite 56.

Äußerer Hahlkogel, 2655 m
Gegen das Ötztal vorspringende Felspyramide mit schönen Tiefblicken. Von Huben bei Längenfeld 4 Std. Zum bewirtschafteten Hahlkogelhaus Fahr- und Fußwege, dann kleiner Steig in steilem Gelände.

Luibiskogel, 3110 m
Überragender Gipfel im mittleren Geigenkamm, Umgebung mit wilden Felsbergen. Von der Stabelealm gut 4 Std., Bergwege

und Begehung eines harmlosen Gletschers, solange es kein Blankeis gibt.

Madatschkopf, 2778 m
Reichlich 2 Std. Aufstieg von der Verpeilhütte zu diesem abgerundeten Kopf. Ganz grandioser Blick auf die Kaunergratberge mit Schwabenkopf, Watzespitze und Madatschtürmen.

Hohe Aifnerspitze, 2779 m
3 1/2 Std. Aufstieg. Vom Kaunerberg nach Schnadigen (1540 m), von dort Wege über Wiesen, Almmatten und einen Vorgipfel zu diesem letzten Eckpfeiler im Kaunergrat, großartige Aussicht.

Venet, 2512 m
Abgerundetes, gut 10 km breites Bergmassiv über dem Inntal zwischen Imst und Landeck. Bergbahn von Zams zum Krahberg, von dort in 1 Std. über den Grat. Oder Aufstieg von der Straße bei der Pillerhöhe über die Goglesalm und den Südrücken (gute 3 Std.). Hindernisloser Rundblick.

Nauderer Hennesiglspitze, 3042 m
Vom Hohenzollernhaus gut 3 Std. Bescheidener Steig und Markierungen über weite Grasböden und Blockfelder (Schnee) auf einen behäbig-breiten Fels- und Trümmergipfel in einem sehr abgelegenen Gebiet. Freier Blick nach Süden.

Roter Schrofen, 2702 m
Von Feichten im Kaunertal 4 1/2 Std. Steige in teilweise recht steilem Gelände zu diesem letzten Vorposten im Glockturmkamm. Überschreitung möglich. Eindrucksvolles Panorama.

Schartlkopf, 2808 m
Von Nauders gut 4 Std. Aufstieg über den Valdafurnerkopf zu diesem abgerundeten, stark begrünten Hauptgipfel einer kleinen Berggruppe. Abstieg durchs Gamortal.

Schmalzkopf, 2724 m
Von Nauders gut 4 Std. Schöne Wanderung über den Partitschhof und das Sadererjoch zu dem ganz isoliert im Norden aufragenden Grasberg.

Südtiroler Gruppen

Roteck, 3337 m - siehe Seite 88.

Kirchbachspitze, 3081 m
Kleine Steige zu diesem mächtigen Berg im Südwesten der Texelgruppe, jedoch sehr langer Zugang (von Katharinaberg im Schnalstal etwa 6 Std.). Ein weiteres Wegerl von Süden (Naturns) durch sehr steiles, mehrmals felsdurchsetztes Gelände.

Lazinser Rötelspitze, 3037 m
Dem Tschigat (siehe dort) über dem Halsljoch gegenüberliegend. Von dort in knapp 1 Std. über den felsigen Grat, Trittsicherheit wichtig.

Tschigat, 2998 m
Mächtiger, eleganter Felsgipfel in der östlichen Texelgruppe, sehr interessantes, aber auch recht anspruchsvolles Ziel. Vom Hochganghaus in gut 4 Std. über Hochgang- und Milchseescharte ins Halsljoch und längs des Westgrates (einfache Kletterei, teilweise auch Sicherungen, Schnee).

Vermoispitze, 2929 m
Von St. Martin (1736 m, Seilbahn von Latsch) gut 3 1/2 Std. Lange Zeit Wanderwege über Matten, gegen den Gipfel zu dann steiler über Geröll und Blockwerk. Schöne Tief- und Fernblicke.

Trumserspitze, 2912 m
Von Karthaus über die Penaudalm mindestens 5 1/2 Std. Sehr langgestreckte Route mit Almstraße und Fußwegen. Am Gipfelaufbau Trittsicherheit notwendig.

Kolbenspitze, 2868 m
Letzter großer Gipfel im Nordosten der Texelgruppe, lohnendes Wanderziel. Zufahrt von Moos im Passeiertal über Platt bis in 1480 m Höhe oberhalb von Ulfaß. 4 Std. Aufstieg auf teilweise kleinem Steig über Matten und steinige Hänge.

Sefiarspitze, 2846 m
Schöner, steil aufragender Fels- und Blockgipfel der Texelgruppe. Liftfahrt von Pfelders, dann 2 1/2 Std. Aufstieg. Teilweise kleiner Steig, teilweise nur markierte Wegspuren über Geröll und Blockwerk.

Nockspitze, 2719 m
Gegen den Vernagtsee vorspringender Gras-, Schrofen- und Felskopf mit sehr schönem Blick auf viele große Gipfel der Ötztaler Alpen. Gut 3 Std. von Vernagt. Rundtour durch Wald und über Matten, Aufstieg von Osten, Abstieg über Grubalm.

Spronser Rötelspitze, 2625 m
Vom Hochganghaus in 2 Std. Viel benützte Bergwege mit felsigen Stellen (Sicherungen) bis in die Hochgangscharte. Dann kleiner Steig längs des Kammes. Großartiger Blick auf die Spronserseen und hinab nach Meran.

Diesen grandiosen Anblick der Similaun-Nordwand kann man bei einer Bergwanderung genießen (Weg über den Marzellkamm).

Die Gipfel-Parade

Im Gebirge der mächtigen, alles beherrschenden Gletscher gebührt natürlich den Eisbergen und den Gletschertouren die größte Aufmerksamkeit und damit auch der meiste Raum in einem Ötztaler-Alpen-Buch. Der größte Teil dieser stolzen Schneeberge läßt sich sogar relativ einfach besteigen. Entsprechend stark ausgetreten ist deshalb so manche Spur auf den weiten Firnflächen. Daneben sollte man aber nicht die langen Ketten dunkler Felsgipfel vergessen. Viele Bergsteiger kennen diese Gebiete kaum, obwohl dort so mancher »wilde Geselle« ein reizvolles Tourenziel bietet.

Die feine Linie in den weiten, weißen Flächen, die sich zwischen Spalten und Brüchen hindurchschlängelt und letztendlich doch zielstrebig zum Gipfel führt, ist hier das gewohnte Bild. Immer wieder entdeckt man winzige schwarze Punkte auf diesen Linien, die scheinbar bewegungslos in der Weite des Schneemeeres stehen. Aber schaut man nach einiger Zeit wieder hin, dann sind sie doch deutlich ein Stück weitergerückt.

Es herrscht eine Dreiklassengesellschaft in den zentralen Ötztaler Alpen. Jedermann kennt, liebt und begehrt die großen Stars wie etwa die Wildspitze, die Weißkugel, den Similaun… Zahlreiche Möglichkeiten findet man in der zweiten Gruppe. Dem Eingeweihten sind ihre Namen vertraut, sie stehen auf seiner Wunschliste: der Fluchtkogel etwa, die Fineilspitze, der Große Ramolkogel oder der Hintere Seelenkogel. Sie alle lassen sich ohne größere Probleme besteigen. Überall gibt es gut geführte Hütten. Und die fast immer dick ausgetretenen Aufstiegsspuren sorgen dafür, daß auch der Gletscherbergsteiger mit mäßiger Erfahrung zurecht kommt.

Die dritte Klasse bilden schließlich jene Mauerblümchen-Berge, die nur wenige kennen und die kaum einer auf seinen Tourenplan setzt. Dabei handelt es sich oft um sehr formschöne Gipfel mit interessanten Anstiegen. Meine ganz persönliche Liebe gehört gerade die-

Nach Sonnenuntergang auf der Weißseespitze, vorne die obersten Flächen des Gepatschferners. Im Hintergrund von links: Langtaufererspitze, Weißkugel, Innerer und Äußerer Bärenbartkogel.

Der Grat vom Nord- zum Südgipfel der Wildspitze; das Gelände wirkt auf dem Foto zu flach. Sichtbar unterliegen auch die Bergsteiger der Mode.

sen stillen Zielen. Deshalb habe ich hier auch ein paar Außenseiter unter die berühmten Berge geschmuggelt, etwa die Langtauferer- und die Schwemserspitze. Doch die meisten bleiben unerwähnt wie die Rötenspitze (3393 m) oder der Querkogel (3448 m) , die mit ihrem steilen Gipfelaufbau das Ostbecken des Schalfferners schmücken.

Es ist eine heikle Aufgabe, Gletschertouren oder gar die Anstiege über Eisflanken und -grate zu beschreiben. Zu schnell und zu stark können sich die Verhältnisse ändern, wie es die so warmen und niederschlagsarmen Sommer 1990 und 91 eindrucksvoll demonstrierten. Da schickt man seinen Leser durch eine begeisternde Beschreibung etwa zu einem Eisgrat, und was findet er an Ort und Stelle? Morschen Fels statt des erhofften, eleganten Schneefirstes! Ja, sogar das Gestein hat sich im Laufe der letzten zwanzig Jahre deutlich verändert. Ab einer bestimmten Höhe hielt der Permafrost, also der auch im Sommer durchgehend gefrorene Boden, den Fels zusammen. Allzu warme Sommer ließen den Untergrund nun tiefer auftauen, der Fels begann stärker zu zerfallen.

Bei Touren über 3000 m Höhe bestimmen die herrschenden Verhältnisse ganz entscheidend die Schwierigkeiten. So kann der ausgesetzte Gipfelgrat des Similauns aus einem relativ bequemen Firnrücken, einer Blankeisschneide und aus einem messerscharfen Schneegebilde bestehen. Von einfach bis anspruchsvoll und gefährlich gibt es hier alle Abstufungen. Viele Touren begeht man besser nicht zu spät im Jahr. Das gilt zuallererst für zerschründete Gletscher, aber auch für steile Abschnitte, wo Schnee natürlich ungleich angenehmer als blankes Eis ist.

Der größte Teil der Ötztaler Gletscher lagert in weiten Becken. Dort sind sie oft nicht übermäßig zerschründet. Andererseits gibt es nahezu keine größeren spaltenlosen Eisfelder. Man ist also stets gezwungen, sich sorgfältig anzuseilen. Aber nicht nur das! Man muß auch über die Gletscher, genauer gesagt über die Mechanismen der Spaltenbildung Bescheid wissen und zudem die Spaltenbergung beherrschen. Eine Selbstverständlichkeit? Keineswegs – gerade hier herrscht ein unverständliches Defizit! Nur durch Üben lassen sich die entsprechenden Techniken lernen, und dabei müssen unbedingt die Bedingungen dem Ernstfall entsprechen. Deshalb sind auch alle Kurse, die an aperen Spalten oder gar im Fels durchgeführt werden, nicht einmal eine halbe Sache!

Wildspitze – über das Mitterkarjoch
Von der Breslauer Hütte gut 3 Std. Gletscherbegehung (Spalten), eine sehr steile Stufe, bei gutem Schnee dennoch relativ einfach. Sehr beliebt.

Wildspitze, 3768 m

Eine Besteigung der Wildspitze ist natürlich die Krönung für jeden Besucher der Ötztaler Alpen. Dieser Berg hat alle Voraussetzungen, ein »Star« unter seinesgleichen zu sein. Dazu gehört der Superlativ als höchster Berg Nordtirols, er imponiert durch die hochaufgerichtete Gestalt, die ihre Umgebung gewaltig überragt, und nicht zuletzt läßt sich mancher durch diesen berühmten Namen anlocken.

Natur und Alpenverein sorgen gemeinsam dafür, daß sich dieser Traum in vielfältiger Weise verwirklichen läßt. Die Bergsteiger können von vier verschiedenen Hütten starten. Es gibt relativ einfache Routen, aber auch die Möglichkeit, eine ungemein eindrucksvolle Gletscherwelt kennenzulernen. Wem es nur um Ziel und Erfolg geht, der nächtigt in der Breslauer Hütte. Im Sommer, solange das Blankeis noch fehlt, sorgen auf der Mitterkarroute zwar eine Steilstufe und einige Spalten für Abwechslung, aber die ernsten Hindernisse fehlen. Außerdem ist die Spur stets tief ausgetreten, und der Anstieg kostet nicht allzuviel Kraft!

Ganz anders bei einem Start vom Taschachhaus! Grandios, anspruchsvoll und anstrengend sind hier die passenden Eigenschaftswörter. Eine Rundtour mit einem

Aufstieg über die Petersenspitze und einem Rückweg über die Weiten des Taschachferners kann sich mit mancher bekannten Westalpentour messen. Den Höhepunkt bildet der Grat vom Taschachjoch zur Petersenspitze (den man auch einfacher von der Vernagthütte aus erreichen kann), teilweise ein weiter Gletscherrücken, teilweise eine ausgeprägte Firnschneide, doch stets himmelhoch über den Eisströmen und Tälern rundum. Beim Brochkogel reiht man sich dann in den Strom der »üblichen« Wildspitz-Pilger ein. Der Abstieg führt schließlich über die Weiten des Taschachferners. Kein anderer Ötztaler Gletscher kann eine so gewaltige Eislandschaft bieten!
Vom sehr interessanten, verfirnten Wildspitz-Nordgrat berichtet unsere Erzählung (ab Seite 30).
⇛ Der kürzeste Aufstieg: Von der Breslauer Hütte auf dem kleinen Steig durch das Mitterkar auf den gleichnamigen Ferner. Aus dem hintersten Becken über den sehr steilen Hang (im Spätsommer Blankeis) in das Mitterkarjoch (3470 m). Auf dem obersten Taschachferner flach in einem Bogen (Spalten) in das letzte Becken und nach rechts zum Grat. Über Firn, Eis, manchmal auch teilweise auf Fels auf dem ausgeprägten Südwestgrat zum Kreuz auf dem Südgipfel. Sehr scharfer und ausgesetzter, mit Wächten geschmückter Verbindungsgrat zum Nordgipfel, der durch den Rückgang des Eises an Höhe eingebüßt hat, heute also den Südgipfel nicht mehr überragt.
⇛ Rundtour vom Taschachhaus: Von der Hütte auf dem Taschachferner-Weg zur Verzweigung. Rechts aufwärts in einen Geröllkessel, dann am Rand des spaltenreichen Taschachferners in den Urkundsattel. Über eine bequeme Gletscherrampe bis vor das Taschachjoch. Links ab und bald auf dem Firnrücken, später auf einem ausgeprägten und ausgesetzten Grat auf die unbedeutende Petersenspitze (3482 m). Über sehr weite, sanfte Gletscherböden zum Wildspitz-Normalweg und auf den Gipfel.
Zurück bis unter den Brochkogel. Jetzt rechts hinab und zwischen den großen Eisbrüchen des Taschachferners hindurch bis unter das Mittelbergjoch. Auf dem Gletscher, dann im Schutt bis auf 2600 m Höhe hinab. Hier über den häufig ausgeaperten Eisstrom ans andere Ufer und zurück zur Hütte.

Hinterer Brochkogel, 3628 m

Eine Nordwestwand, eine Nordostwand und eine schnurgerade, wie mit dem Lineal gezogene Nordkante, alles in fast makellosem Eismantel, dazu der »Titel« dritthöchster Berg des Gebietes, und nicht zuletzt die Tatsache, daß vier bekannte Hütten rundum liegen – dieser Berg muß ja im weiten Umkreis berühmt sein und von ganzen Scharen erstürmt werden. Irrtum! Am Hinteren Brochkogel, diesem Wildspitz-Nachbarn, herrscht erstaunliche Ruhe (die wir auch gar nicht stören wollen).
⇛ Vom Mitterkarjoch: Auf einem der üblichen Wildspitz-Anstiege, am schnellsten natürlich von der Breslauer Hütte, ins Mitterkarjoch. Von dort über den noch langen, doch bei guten Verhältnissen nicht allzu anspruchsvollen Grat aus Fels und Firn zum Gipfel.

Vorderer Brochkogel, 3562 m

Der sechsthöchste Gipfel der Ötztaler Alpen soll bei dieser Aufstellung nicht fehlen, mag er noch so sehr zu den unbekannten und kaum bestiegenen Zielen gehören. Die Mode, der auch die Alpinisten unterliegen, sagt letztendlich wenig über die wirkliche Qualität einer Tour aus. Vorderer Brochkogel: Aussichtsloge über der Ameisenstraße! In paradiesischer Ruhe kann man dort oben zwischen den sonnig warmen Blöcken lümmeln, dem Strom der Wildspitz-Pilger unten auf dem nahen Mitterkarferner zuschauen und dabei über die Torheiten der Mode philosophieren.
Als mächtiger, dunkler und mit ein paar Eisrinnen verzierter Felskamm trennt der Vordere Brochkogel

Wildspitze – über die Petersenspitze
Vom Taschachhaus mindestens 5 Std. Anspruchsvolle, sehr lange Hochtour, steiler Gletscher mit Spalten, ausgesetzter Firngrat. Abstieg über spaltenreichen Gletscher.

Hinterer Brochkogel – einfachster Aufstieg
Von der Breslauer Hütte 3 Std. Gletscherbegehung, eine sehr steile Stufe im Firn, langer Grat aus Fels und Firn.

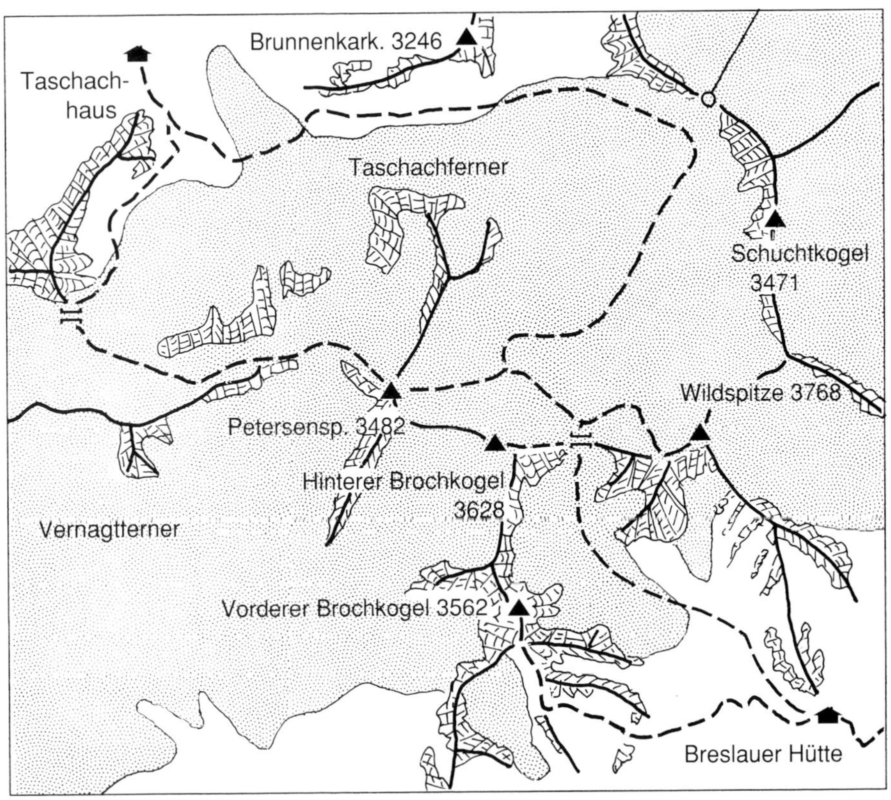

den Mitterkar- vom Vernagtferner. Dieser Gipfel steht der Wildspitze unmittelbar gegenüber, die allerdings von dieser Seite aus massig und etwas formlos wirkt. Man stelle sich das Gedränge dort oben vor, während man hier mutterseelenallein ist... Erst die unbegrenzte Vielfalt an Möglichkeiten verhilft der Bergsteigerei zu ihrem vollen Zauber. Jeder findet, was er sucht (und verdient)! Und das Naserümpfen über die Urgesteins-Aufstiege mit ihren Grasböden, den Schuttkaren, Firnfeldern und Blockgraten entlarvt auch nur den Unwissenden.

Vorderer Brochkogel – einfachster Aufstieg
Von der Breslauer Hütte 2 3/4 Std. Weglos, doch keine technischen Schwierigkeiten, nur am Gipfelgrat einfache Blockkletterei (I). Bei nebelfreiem Wetter gut zu finden.

⇛ Von der Breslauer Hütte: Von der Hütte auf dem Seufertweg mit etwas Höhenverlust quer durch die Moränenlandschaft des Mitterkars ans gegenüberliegende Ufer. Hier vom Weg ab und nun pfadlos über Gras, Gletscherschliffe, Schutt und Firn beliebig empor in den oberen Winkel des Kares, das sich südöstlich unter P 3410 befindet. Nach links auf den Kamm und in Schutt und Schnee zum Südgipfel. Über den nun schärferen Grat im Blockwerk zum höchsten Punkt.

Weißseespitze – von Süden
Von der Weißkugelhütte gut 3 Std. Angelegter Steig bis über eine Felsstufe, dann sehr weiträumiger, flacher Kammgletscher.

Fluchtkogel – über den Guslarferner
Von der Vernagthütte knapp 3 Std. Begehung eines zerschründeten Gletschers, sonst meist unschwierig, beliebt.

Hochvernagtspitze – Normalweg
Von der Vernagthütte gut 3 Std. Begehung eines großen, weiten Gletschers, trotzdem relativ einfach.

Weißseespitze, 3518 m

Drei Seiten — drei völlig verschiedene Landschaften! Die Weißseespitze ist der Berg der Extreme. Ein Gletscherdach von mehr als 10 qkm Größe, wie es der Gepatschferner auf der Nordostseite unserer Berges bildet – das gibt es kein zweites Mal in den Ostalpen! Der gleiche Gipfel stürzt jedoch nach Südwesten mit einer

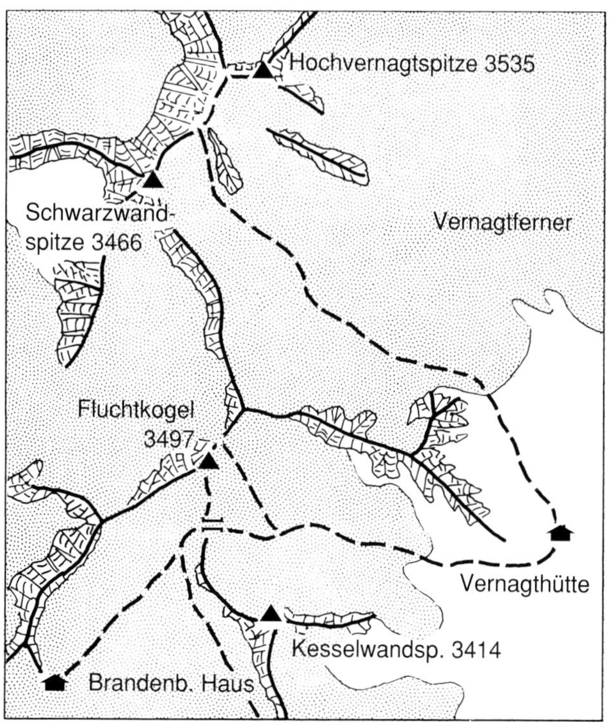

3 km breiten und bis zu 500 m hohen Felsmauer ab, während die Nordseite eine der schönsten Eiswände schmückt. Auch sie ist 500 m hoch und bildet das Schaustück für all jene Gäste, die mit dem Auto aus dem Kaunertal zum Sommerskigebiet am Weißseeferner fahren. Die Straße bringt natürlich auch einen verkürzten Anstieg zur Weißseespitze. Man kann vom südlichen Falginjoch aus dem Kamm folgen, muß dabei viel Blockwerk überwinden, um dann über den gewölbten Steilhang auf Firn oder auch auf Eis zur weiten Gipfelfläche hinaufzusteigen (2 1/2 Std.). Diese Route hängt also stark von den Schneeverhältnissen ab. Fünf km Gletscherhatscher bei nur 350 Höhenmetern Aufstieg, doch ein Gang über einen weiten Rücken himmelhoch über allen Tälern, so lautet die Charakterisierung für den Zugang vom Brandenburger Haus (gut 2 Std.). Schließlich könnte man noch von der Weißkugelhütte auf dem Richterweg das Gletscherdach erreichen, eine Route, die eine Vielzahl großartiger Ausblicke bietet (Hütte - Gipfel gut 3 Std.).

Fluchtkogel, 3497 m

Vielleicht sorgt die Lage genau im Herzen der Ötztaler Alpen dafür, daß der Fluchtkogel ziemlich bekannt ist und häufig Besuch erhält. Rasch läßt sich der etwas unauffällige und behäbige Berg erreichen, der etwa in der Mitte zwischen Wildspitze und Weißkugel aufragt. Die Spalten auf dem eher kleinen, aber doch recht eindrucksvollen Guslarferner bilden die größte Gefahr bei der sonst einfachen Tour. Am Fluchtkogel sind die Gletscher sowieso das beherrschende Element. Vier Eisströme fließen in vier Himmelsrichtungen. Man thront dort oben also wie die Eiskönigin über ihrem Reich. Besonders eindrucksvoll ist der Blick auf den 10 km langen Gepatschferner, der unmittelbar zu Füßen vorbeizieht.
Wie bei so vielen anderen Ötztaler Bergen hat auch der Fluchtkogel seinen einst wirklich schönen Eisgrat durch die zu warmen Sommer teilweise eingebüßt. Zwischen dem Gepatschjoch und dem Nordeck schaut zumindest im Spätsommer jetzt überall der – brüchige – Fels heraus. Nur am Gipfelgrat findet man noch eine feine, elegante Eisschneide, ein ausgesetzter First über der 200 m hohen Nordwest-Eiswand. Der Könner wird diesen Grat als Variante zum Normalweg begehen; er braucht dazu nur aus dem obersten Becken des Guslarferners zur Nordschulter hinaufzusteigen.
⇛ Über den Guslarferner: Von der Vernagthütte in einem Bogen über das Moränengelände auf den Guslarferner. Nach Westen zwischen Spalten und Brüchen

Der Fluchtkogel, davor die Hintergraslspitzen, rechts der Vernagt-, links oben der Guslarferner.

(stets dicke Spur) weit empor, dann über eine kurze Steilstufe in den Sattel am Südfuß des Fluchtkogels (Oberes Guslarjoch, 3361 m). Über Firn oder auch auf Eis zur weiten Gipfelfläche.
Vom Gipfel kann man in 40 Minuten das Brandenburger Haus erreichen. Oder man wandert über den Kesselwandferner nach Südsüdosten, um über den Deloretteweg zum Hochjochhospiz abzusteigen.

Hochvernagtspitze, 3535 m

Das ist der Berg mit den drei Gesichtern; je nach Blickwinkel ergeben sich wahrhaft erstaunliche Unterschiede. Dieses beliebte Ziel wird einzig und allein von der Vernagthütte aus angesteuert, wobei die Zahl der Skitourengeher die der Sommergäste deutlich übertrifft. Sie alle kommen über die sehr weiten Böden des Vernagtferners, die allerdings im oberen Drittel von einer Steilstufe unterbrochen werden.
Nach Westen stürzt eine düstere 400-m-Wand auf den unscheinbaren Wannetferner ab. Der morsche Fels und der wahrlich weltabgeschiedene Winkel sorgen für absolute Einsamkeit. Auch die Nordhänge der Hochvernagtspitze werden kaum je betreten –, aber aus einem ganz anderen Grund. Im hintersten Winkel des Sexegertentales (beim Taschachhaus) versteckt sich der gleichnamige Ferner, ein kleiner, aber ungewöhnlich wilder Geselle. Aus den flachen Gletscherbecken

In den Eisbrüchen des Sexegertenferners. Das Foto stammt von der im Text erwähnten Tour im Jahre 1958.

stürzt das Eis immer wieder in Kaskaden über die nächste Stufe hinab. Wir waren im Jahre 1958 einmal dort unterwegs, um mit den Skiern über den Sexegertenferner zur Hochvernagtspitze hinaufzusteigen. Es war ein eindrucksvoller Weg in gewaltiger Eislandschaft, der jedoch bereits in 3050 m Höhe endete. Hier bremste uns das perfekte Hindernis: Eine gewaltige Querspalte verschwand sowohl rechts wie links in einem wilden Eisbruch.
Der übliche Aufstieg von Süden: Von der Vernagthütte über die Moräne hinein zum Ufer des Vernagtferners. Über den flachen Eisstrom in einem leichten Bogen immer gerade empor in den Firnkessel östlich der Schwarzwandspitze. Über den nun steileren Hang zum eisüberzogenen Hauptkamm und in schöner Höhenwanderung zum Westgipfel. Über den scharfen Grat zum höchsten Punkt.

Langtaufererspitze, 3528 m

Langtaufererspitze – Überschreitung
Aufstieg von der Weißkugelhütte 4 Std. Hochalpine Bergfahrt in einer großen Eislandschaft, Spalten, Firngrate, eine der anspruchsvollsten Touren in diesem Beitrag.

Weißkugel – von der Schönen Aussicht
Von der Hütte 4 1/2 Std. Eindrucksvolle Hochtour, bei guten Verhältnissen dennoch eher einfach, Gletscher mit Schrund, scharfer, ausgesetzter, aber gesicherter Gipfelgrat, viel begangen.

Neben dem inneren Taschachtal bietet das Langtauferertal den eindrucksvollsten Eiskessel. Mächtige, teilweise steile und häufig zerklüftete Gletscher ziehen gegen die Gipfel empor, die ihrerseits alle mit Eiswänden und Hängegletschern geschmückt sind. Der dominierende Berg ist die Weißkugel. Sie kennt jeder, während der nordwestliche Nachbar so sehr »vergessen« wird, daß er zum Beispiel nie in einem der Auswahl-Bergbücher auftauchte. Dabei zählt der elfthöchste Gipfel der Ötztaler Alpen noch heute zu den echten Eisbergen mit einem stark zerklüfteten Gletschermantel fast rundum und mit richtigen Eisgraten vom breiten Rücken bis zur feinen Schneide.
Zur Besteigung nur ein paar Anregungen. Natürlich zählt der Aufstieg vom Hochjochhospiz über einen der drei ostseitigen Gletscher zu den eindrucksvollen Bergfahrten. Noch viel grandiosere Bilder aber bietet das Gebiet des Langtaufererferners. Die gleichnamige Spitze, die im Südosten beherrschend über dem Gletscher aufragt, lockt den Könner zu einer großen Überschreitung. Er kann durch eine schmale Kehle das Langtaufererjoch erreichen und dann den Grat begehen. Oder er nützt die von großen Spalten zerteilte Gletscherbucht rechts des Jochs, um dann auf der rechten Seite über eine steile Firnrippe den Grat höher oben zu erreichen – eine ebenso spannende wie anspruchsvolle Variante à la Westalpen. Auch der Südwestgrat, über den man anschließend zum Weißkugeljoch absteigen kann, steckt zum Teil noch dick unter Eis und bildet eine herrliche Firnschneide.

Weißkugel, 3738 m

Ein Gipfel wie die Weißkugel, der mehr als 200 m seine Nachbarn überragt, fällt natürlich immer und überall ins Auge. Wer irgendwo in der Region einen Berg besteigt, stets wird er diesen Firndom ganz speziell begrüßen und bestaunen. »Wie ein Meisterwerk der schaffenden Naturkräfte ragt das Riesengebilde aus Firn und Fels empor; es ist der eigentliche Scheitelpunkt der Ötztaler Alpen…« Heinrich Heß' Charakteristik von 1894 scheint seit dieser Zeit für alle Schreibenden Leitsatz und Richtschnur zu sein. Immer wird die These vom »eigentlichen, heimlichen König« wiedergekaut, dazu ein wenig im unverbindlichen Überschwang geschwelgt und schließlich etwas übertrieben; da vermehrt man etwa die drei Täler zu seinen Füßen zu fünf Tälern, aus den vier Normalwegen werden gar neun…
Arme Weißkugel! Ein bißchen mehr und individuellere Sorgfalt hättest du schon verdient, zumal der übliche Weißkugelpilger auch nicht gerade deine Schokoladenseite zu sehen und zu spüren bekommt. Wer am Hochjochhospiz startet, der wandert Stunde um Stunde talein, erst über Moränenschutt, dann über die Zunge des Hintereisferners. Sieben Kilometer Gletscher – hier wird in der erwähnten Weise bis auf zehn Kilometer verlängert –, das ist sehr, sehr weit. Auch das Ziel des langen Weges wirkt aus dieser Froschperspektive eher behäbig und nur mäßig attraktiv, mobilisiert also kein zusätzliches Begeisterungs-Adrenalin.

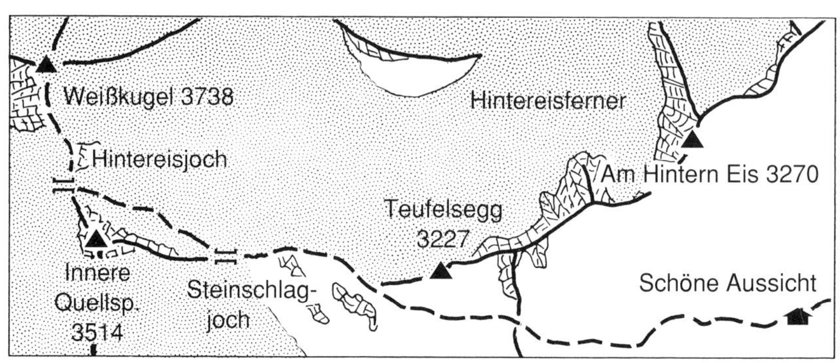

Attraktiver ist da schon der Weg von der Bella Vista! Himmelhoch über den Tälern wandert es sich leichter, beschwingter. Von gegenüber wirkt die Weißkugel auch viel steiler, zudem kommen die ostseitigen Eisflanken mit ihren Felspfeilern besser zur Geltung. Deshalb hat sich dieser Weg auch als beliebteste Route eingebürgert, obwohl es heute nicht mehr der kürzeste Anstieg ist. Über dem Matschertal entstand ja die neue Oberetteshütte, die in Zukunft vor allem als Weißkugel-Stützpunkt dienen wird.

Doch nun zur Prunk- und Schauseite des Berges! Prädikat »Westalpen« paßt zur Nordflanke über dem Langtauferer- und Bärenbartferner. Mit den ausgedehnten Spaltenzonen und den großen Eisbrüchen geben sie den passenden Vordergrund zu den Nordabstürzen der Weißkugel, die ein schnurgerade emporziehender Grat in zwei Abschnitte zerteilt. Leider hat die Wärme auch hier einen Teil der einst so eleganten Eiskante abgetaut; den Könner wird aber noch heute ein Aufstieg über den Nordgrat begeistern. Und wer einmal einen ganzen Tag im »großen Eis« schwelgen will, der schlängelt sich durch den wild zerklüfteten Bärenbartferner über die am Schluß äußerst steile Flanke auf den Inneren Bärenbartkogel (3553 m) und schließt die Begehung der glatten Nordwest-Eiswand der Weißkugel an.

⇛ Über den Grenzgrat: Von der »Schönen Aussicht« 120 Hm abwärts, dann auf einem Steiglein durch die Hänge weit nach Westen zum Grenzgrat und auf dem Kamm bis zum Steinschlagjoch. Rechts auf den hier flachen Hintereisferner, dann über den Schrund und steil ins überfirnte Hintereisjoch (3460 m). Über einen im mittleren Teil ziemlich steilen Eisbuckel auf den Südgrat und über das zwischenzeitlich breite Gletscherdach zum letzten, nun scharfen und ausgesetzten Grat. Über Fels mit Sicherungen zum Kreuz.

Schwemserspitze, 3459 m

Noch vor zehn Jahren konnte man völlig sicher sei: Auf der Schwemserspitze begegnet man im Sommer keinem Menschen. Allenfalls Skitourenfreunde berichteten begeistert von diesem Geheimtip mit seiner rassigen Abfahrt. Inzwischen hat sich einiges verändert. Im Westen, steil zu Füßen des Berges, entstand die Oberetteshütte. Damit gibt es nun einen Stützpunkt für den Hauptgipfel im Saldurkamm. Und einige Individualisten haben die schone, erstaunlich unkomplizierte Route von Kurzras entdeckt. Das ist eine Tour der Kontraste: Start im Retortenort, dann Weideflächen, Schafe und ein paar Ausflügler auf den weiten Böden, darüber eine steile, zerborstene Felslandschaft mit einem bescheidenen Steig, schließlich die typische Urgesteins-Hochregion mit einem kleinen Gletscher und teils scharfen, teilweise zu Blöcken zerfallenen Graten in stiller Einsamkeit.

⇛ Aufstieg von Kurzras: Oberhalb der Bettenburg nach links um einen Rücken ins untere Steinschlagtal. Am Ende des Bodens über den Bach nach links und über eine Stufe empor. Über sehr weite Flächen nach Westen, dann über eine auffallende Geländerippe an das steile Massiv. Auf dem Steiglein, das zum Bildstöckljoch führt, steil über Schutt, dann links über eine

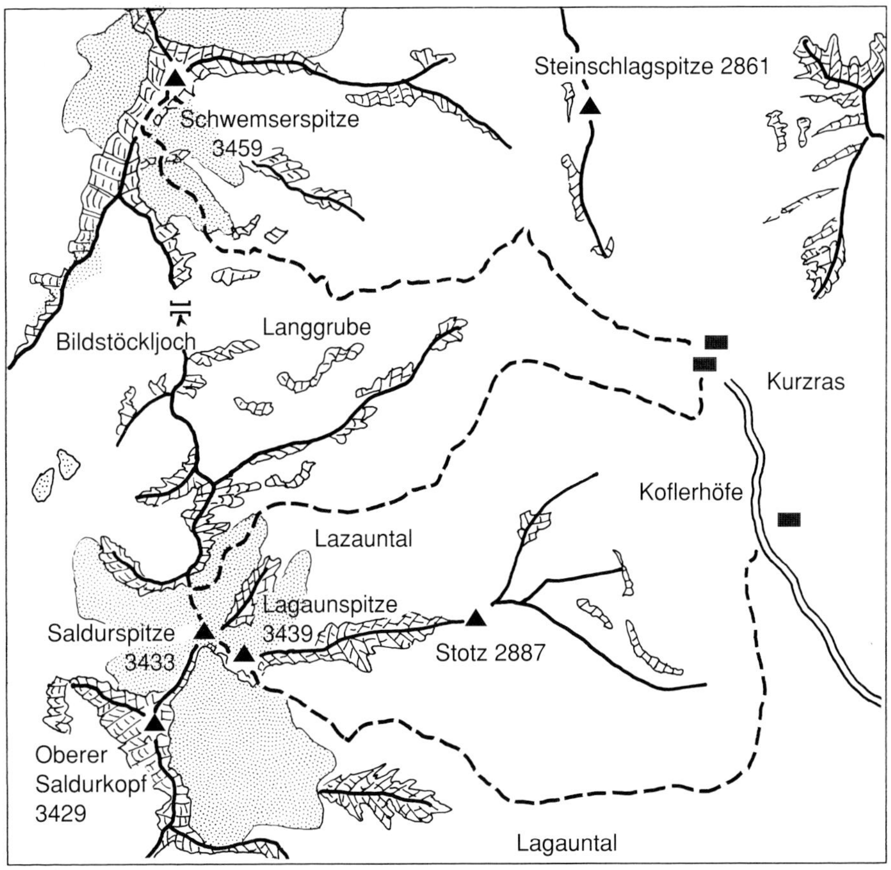

Rinne und jenseits noch etwa 15 Min. weiter aufwärts. Jetzt vom Weg ab nach rechts auf eine Nase im Steilgelände, von der man leicht den Rand des Schwemserferners erreicht. Schräg rechts über den Eisbuckel (ein paar Spalten) in den hinteren Winkel des Beckens. Eine ausgeaperte Stufe trennt hier den oberen Gletscherteil ab. Auf der linken Seite über wackeligen Schutt oder Schnee sehr steil empor und weiterhin links bis unter den Grat. Auf Firn, dann über die stumpfe Felskante im Blockwerk auf den Südgipfel. Über den nun ausgeprägten Felsgrat (zwei Stellen II) über hohen Flanken zum höheren Nordgipfel.

Schwemserspitze – von Kurzras
Von Kurzras 4 1/2 Std. Einsame, hochalpine Bergtour, jedoch keine technischen Schwierigkeiten, nur am letzten Gipfelgrat ein wenig Kletterei (bis II), selten begangen.

Blick vom Samoarsee an der Kreuzspitze auf den Similaun. Das Foto zeigt eindrucksvoll die ausgeaperten Felsen in der berühmten Nordwand.

Lagaunspitze – Südostgrat
Von Kurzras 5 Std. Weitgehend weglose, teilweise auch mühsame Bergfahrt in einem unberührten Hochtal, brüchiger Fels (bis II), kaum besucht.

Similaun - Rundtour
Von der Martin-Busch-Hütte über den Marzellkamm 3 1/2 Std. Gletscherbegehung, weitgehend einfache Tour, Gipfelgrat jedoch ausgesetzt und dort manchmal sehr scharfe Firnschneide. Unschwieriger Abstieg über Similaunhütte. Sehr beliebt.

Hintere Schwärze – Normalweg
Von der Martin-Busch-Hütte über den Marzellferner 4 1/2 Std. Begehung eines großen Gletschers mit Spalten, kurzer, aber steiler Eishang unter dem Gipfel.

Lagaunspitze, 3439 m, Saldurspitze, 3433 m

Von dem Massiv der Saldurspitze, diesem Berggebiet der Irrungen und Wirrungen, haben wir auf Seite 45 schon berichtet. Der zentrale Bergstock mit dem Doppelgipfel ist nicht nur auf allen Seiten von Gletschern umgeben, sie reichen sogar recht hoch empor, ja, die Saldurspitz-Nordwand zeigt noch heute eine fast makellose Eisflanke. Es handelt sich auch keineswegs um sanfte, harmlose Eisströme; steile Stufen und manche Spaltenzone sorgen für eine eindrucksvolle, hochalpine Landschaft. So etwa lautet die Charakterisierung einer Lagaun-Saldur-Tour: kaum Bergsteiger, fehlende Wege, zerrissene Gletscher, steile Flanken und Grate. Fazit: anspruchsvolle Aufstiege. Man kann dabei zwischen der Südostroute mit sehr viel Schutt und Schrofen und der Nordwestroute über einen kleinen, aber wilden Gletscher wählen oder beide Route kombinieren.

⇛ Der Südostgrat: Von den Koflerhöfen (1920 m, bei Kurzras) genau nach Süden durch Wald ins Lagauntal. Immer rechts der Bäche bleibend, erst sanft über Gras, dann sehr weit, oben auch sehr steil im Moränenschutt etc. nach Westen empor und auf den Südwestgrat der Lagaunspitze. Auf der noch 300 m hohen Trümmer- und Felsschneide (bis II) zum Gipfel.

⇛ Von Nordosten: Von Kurzras auf die Lazaunalm, ohne Weg nach Westen ins Lazauntal und über die Hänge empor zum Lazaunferner (rechter Gletscher). Rechts am unteren Abbruch vorbei, dann über den stark zerschründeten Eisstrom (nur im Frühsommer empfehlenswert) und nach rechts in die Lazaunscharte (3225 m). Über den steilen Blockgrat auf die Salurnspitze und im brüchigen Fels hinüber zur Lagaunspitze.

Similaun, 3599 m

Wie bei den Menschen ziehen auch manche Berge die Sensationen geradezu an. Da fand man 1991 einen seit Jahrtausenden im Eis konservierten Menschen. Wo? Am Similaun! Und man möchte hinzufügen: natürlich und ausgerechnet. Dieser Gipfel erscheint als erster auf einer Landkarte, er wurde bereits 1834 vom Schnalser Pfarrer Kaserer und dessen Freund Raffeiner bestiegen, 1840 biwakierte man dort oben… Und ich gebe zu, das war auch mein erster Dreitausender. Zudem findet man diesen Berg in fast allen Auswahlbüchern etc. ganz im Gegensatz etwa zur höheren Hinteren Schwärze. Es ziehen auch stets aus zwei Richtungen dick ausgetretene Spuren zum Gipfel hinauf.

Der Similaun selbst trägt eigentlich wenig zu seinem Ruhm bei. Als runder, allerdings recht hoher Kopf fällt er meist nicht sonderlich ins Auge. Nur die Nordwand macht hier eine Ausnahme; die Alpinisten mit entsprechendem Können lieben die 400 m hohen Eisabstürze. Allerdings sind heute in der einst so eleganten, makellos weißen Wand ein paar häßliche Felsinseln herausgeschmolzen, die zudem die Eiswandspechte mit ihrem Steinschlag in Schrecken versetzen. Diese Wand ist auch der besondere Blickfang beim schönsten der einfachen Similaun-Aufstiege.

⇛ Similaun-Rundtour: Von der Martin-Busch-Hütte in einem langen Bogen auf die Ostseite des unteren Marzellkammes. Über Gras und Gletscherschliffe zum anfangs breiten Rücken hinauf. Über den Trümmergrat weiter aufwärts, dann links in der Flanke und schließlich empor auf den höchsten Kopf des Marzellkammes (3147 m, wunderbarer Blick). Kurz abwärts in einen Sattel. Über das weite Gletscherdach des Niederjochferners, dann etwas nach rechts zum Ansatz des Gipfelgrates. Über die am Schluß sehr ausgesetzte, bei ungünstigen Verhältnissen auch messerscharfe Firnschneide zum Kreuz. Über den Gipfelgrat zurück , dann auf den von einer kleinen Blockstufe unterbrochenen Gletscherböden zur Similaunhütte. Über einen flachen Arm des Niederjochferners nach Norden und auf dem Weg zurück zum Ausgangspunkt.

⇛ Die große Tour für Konditionsstarke (nach einer Nacht auf der Similaunhütte): Vom Gipfel längs der sehr steilen Firnkante nach Osten zum Similaunjoch (3349 m) und über den teilweise ebenen Grafferner auf die Mittlere Marzellspitze (3532 m). Nun immer auf dem langen Firn- und Felsgrat (bis II) über die Östliche Marzellspitze (3550 m) zur Hinteren Schwärze.

Hintere Schwärze, 3624 m

Bei ihrer Höhe und der isolierten Lage müßte die Hintere Schwärze nach Wildspitze und Weißkugel in den Ötztaler Alpen gleich an dritter Stellen stehen. Auch die wilden Formen und der so eigenwillige Aufbau des Berges betonen seine Ausnahmestellung. Eine dunkle, bis zu 500 m hohe Felswand stürzt nach Südosten ab, eine immerhin noch 300 m hohe Eisflanke nach Norden, während von Westen, also aus dem oberen Marzellferner, eine Gletscherrampe bis zum Gipfel hinaufzieht und ihm sein unverwechselbares Profil verleiht. Westprofil müßte es genau heißen, falls es dieses Wort gäbe. Von Osten hingegen, etwa vom Schalfkogeljoch, erscheint der Gipfel als ungemein schlanke Firn- und Felsspitze. Da kann sich jeder selbst ausmalen, wie exponiert ein Aufstieg über den im

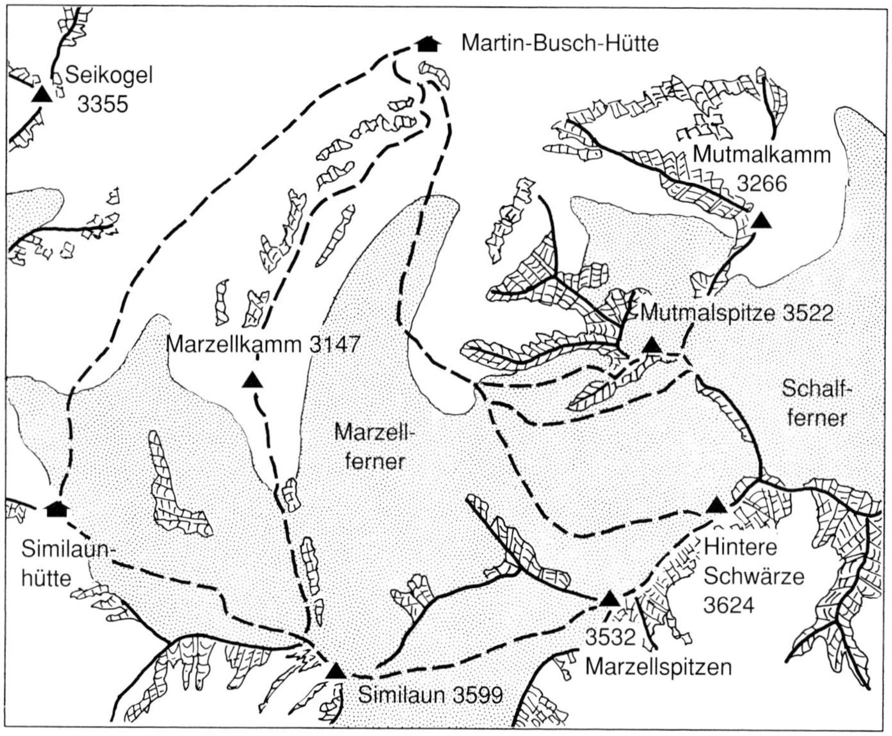

Gletscherarm) bequem aufwärts bis in 3500 m Höhe. Auf der linken Seite kurzzeitig ziemlich steil und ausgesetzt zum Gipfelgrat und über ein paar Felsen auf den höchsten Punkt.

Schwärzenjoch ansetzenden Nordostgrat ist, der jedoch selten durchgeführt wird.

Aus dem Gebiet der Martin-Busch-Hütte zeigt sich unser Gipfel als »Hintere Weiße« mit fast makellosen Firnhängen und -wänden. Eine grobe Verwechslung? Keineswegs – der gewaltige Berg ragt genau in der Verlängerung des Südtiroler Pfossentales auf. Man sieht dabei nur die südseitigen Felsabstürze, sie bilden die »Hintere Schwärze«.

Ganz gezielt wurde am Anfang das Wort »müßte« verwendet. Trotz aller Vorzüge ist dieser große Berg nämlich keineswegs berühmt und überlaufen. In diese Richtung weisen auch die eher schlechten Beschreibungen in den Büchern und die ungenauen Wegtrassen in den Karten. Die Route durch die riesigen Brüche des Marzellferners, wie sie früher einmal üblich war, mag eine spannende Tour für den Könner sein. Doch einfacher, weniger gefährlich und kürzer entpuppt sich der Weg auf der anderen Gletscherseite. Ist man früh im Jahr unterwegs, dann kann man sich dort sogar das rutschige Geröll weitgehend ersparen.

Die einfachste Route: Von der Martin-Busch-Hütte um den Auslauf des Marzellkammes herum und hinab auf den Marzellferner. Über die Zunge empor und in 2750 m Höhe ans andere Ufer. Dort über Geröll- oder Schneehänge steil aufwärts. In 3060 m Höhe wieder auf das Eis. Schräg über den Gletscher in das Becken unter den Marzellspitzen, wobei man den Spalten nach rechts ausweicht. Dann über die erwähnte Rampe (linker

Mutmalspitze – Südwestanstieg
Von der Martin-Busch-Hütte 3 1/2 Std. Kurze, sehr steile, bei Firn dennoch problemlose Eisflanke, ein paar Kletterstellen (I+) in brüchigem Fels.

Mutmalspitze, 3522 m

Liegt die Mutmalspitze auch »mitten im Weg«, fallen die steilen Eisabbrüche in ihrer Nordflanke auch noch so auf – dieser Berg bleibt dennoch weitgehend unbeachtet. Halt! Das Wort »Berg« paßt nicht so recht. Das ist ein ganzes Massiv mit kilometerlangen Graten, das hier zwischen Marzell- und Schalfferner aufragt. Wie so manchem anderen Ötztalgipfel haben auch der Mutmalspitze die schneearmen Sommer geschadet. An so mancher Stelle sind Firn und Eis aus den Flanken verschwunden, und das einheitliche Grau bis Rotbraun hat die Alleinherrschaft übernommen.

Der interessante Aufbau des Berges und die so vagen Beschreibungen ohne Schwierigkeitsangaben im Führer hatten schon früh meine Neugier geweckt. Es dauerte dann allerdings bis zum Jahr 1981, bevor aus dem Plan auch Wirklichkeit wurde. Die Route durch die Brüche des Marzellferners und über den Südostgrat des Gipfels galt damals als Normalweg. Wir studierten die Karte und packten dann sozusagen den Stier von vorne bei den Hörnern: Über ein Eiswändchen erreichten wir den Südwestsporn und von dort problemlos den Gipfelgrat, der bei dem herrschenden Schneereichtum eine messerscharfe Firnschneide bildete. Fazit: Wir hatten einen logischen, reizvollen Anstieg gefunden und die Aufstiegszeit um 40% verkürzt. Inzwischen wurde auch im Führer diese Möglichkeit immerhin an den zweiten Platz gerückt (an erster Stelle steht ein unsinniger Westanstieg), auch wenn recht unnötig gleich zweimal »sehr brüchig« herausgestrichen wird. Schutt gehört nun einmal zu einem Gelände dieser Art!

⇛ Der beste Anstieg: Wie bereits bei der Hinteren Schwärze beschrieben zum Rand des Marzellferners in 3060 m Höhe. Von dort gerade nach Osten in eine abgetrennte Firnbucht und rechts über den Steilhang (gut 40 Grad) auf den Sattel des Südwestsporns. Um den ersten Aufschwung im zerborstenen Fels rechts herum (I+) und über Blockwerk zu einem auffallenden Dach. Auf Schnee und Schutt zum Grat und nach rechts auf den schmalen Gipfel. Die Route begeht man besser im Frühsommer als im Herbst.

Variante für den Abstieg: Über den scharfen Grat zum Osteck, rechts in eine Lücke hinab und über sehr steilen Firn auf den Marzellferner. Nach Westen zurück zur Aufstiegsspur.

Fineilspitze, 3514 m

Die Fineilspitze steht so recht als Königin über den weiten Eisflächen des Hochjochferners, eine unumschränkte Herrscherin, denn alle Nachbarberge wirken daneben ganz unauffällig. Aber auch dieser Gipfel wird viel von seiner Eleganz verlieren, wenn der Eismantel weiter abschmilzt. Noch sorgen die Firnwand auf der Nordseite und der teilweise vom Eis überzogene Nordostgrat für eine sehr schöne Berggestalt.

Der Anstieg schlechthin führt just über diesen Nordostgrat. Zweierlei ergibt sich daraus fast zwangsläufig. Ganz stark hängen hier die Schwierigkeiten von den herrschenden Verhältnissen ab. Bei gutem Schnee und aperen Felsen am oberen Gratteil stapft und klettert man ohne allzu große Probleme zum Gipfelkreuz hinauf. Bei Vereisung oder bei sehr hoher Schneelage verwandelt sich der Grat rasch in ein sehr hochalpines, ja sogar heikles Gelände.

⇛ Von der Similaunhütte: Etwa der Grenze folgend über den weiten Trümmerrücken zu einem Sattel, dann schräg rechts über die steile Stufe ins Hauslabjoch (3279 m). Von der Martin-Busch-Hütte hierher direkt über den westlichen Arm des Niederjochferners. Über den Firnrücken, der sich bald zur Schneide ausprägt, empor und schließlich über einen ausgesetzten Fels- und Blockgrat (eventuell Firn) auf den Gipfel.

Schalfkogel, 3537 m

Im Ramolkamm steht ein mächtiger, selbständiger Gipfel neben dem anderen, darunter manche auffallende Gestalt. Diese Eigenschaft kann der Schalfkogel nicht unbedingt für sich in Anspruch nehmen, vor allem, wenn man ihn, wie üblich, von Osten betrachtet. Der Gast des Hochwildehauses hat diesen massigen Berg genau gegenüber, jenseits des hier noch einen Kilometer breiten Gurglerferners. Zwar imponieren die steilen, von schwarzen Felsinseln zerteilten Hanggletscher mit ihren mächtigen Eisbrüchen, doch eine wirklich markante Gipfelform fehlt. Noch behäbiger zeigt sich der Berg über dem Schalfferner. Einzig von Norden, etwa vom Hinteren Spiegelkogel gesehen, besticht auch der Schalfkogel durch echte Eleganz. Gegen das Firmisanjoch zieht nämlich ein feiner Firn- und Eisgrat herab.
Drei Hütten bieten auch drei Anstiege, die hier mit ganz kurzen Worten gekennzeichnet werden sollen. Von der Martin-Busch-Hütte zieht sich der Weg sehr weit hin. Spannend und abwechslungsreich, dabei für den Erfahrenen nicht schwierig – so könnte man die übliche Route vom Hochwildehaus taxieren, während der Anstieg vom Ramolhaus mit seinem Firngrat zu den fesselnden, hochalpinen Touren zählt.
⇛ Vom Hochwildehaus: Quer über den Gurglerferner (2800 m) zum Westufer. Rechts der Eisabbrüche über Schutt und Felsen bis in gut 3000 m Höhe. Nun auf dem anfangs etwas steileren Eis weiter. Sobald der Gletscher flacher wird, genau nach Süden, links um die großen Spalten herum und ins Schalfkogeljoch (3375 m). Über eine Felsstufe auf einen breiten Gratabsatz, dann über den Kamm mit schönen Firnschneiden auf den überragenden Gipfel.
⇛ Vom Ramolhaus: Über Schutt und einen steileren Gletscher mit Spalten zum Grat und westlich um ein paar Köpfchen ins Firmisanjoch. Über eine elegante, steile Firnkante (oder östlich davon auf dem Gletscher) auf das Nordeck und weiter über den schönen, am Schluß scharfen Eisgrat auf den Gipfel (3 Std., stark von den Verhältnissen abhängig, teilweise ausgesetzt).

Blick vom Seikogel zur Fineilspitze. Nach links vorne der Nordostgrat, über die der übliche Aufstieg führt.

Fineilspitze – Nordostgrat
Von der Similaunhütte 2 Std. Gipfelgrat teilweise scharfe Firnschneide, teils Felsgrat (I), ausgesetzt, häufig begangen.

Schalfkogel von Osten
Vom Hochwildehaus 3 Std. Gletscher mit Spalten, Gipfelgrat meist einfach, bei entsprechenden Schneeverhältnissen teilweise auch scharf und ausgesetzt. Interessanter Abstieg auf dem verfirnten Nordgrat zum Ramolhaus.

Großer Ramolkogel, 3549 m

Als querstehendes Riff dominiert der Ramolkogel den gleichnamigen Bergkamm. Es ist eine eigenwillige Persönlichkeit, dieses viergipflige Massiv mit seinen zweierlei Ansichten, die unterschiedlicher nicht aus-

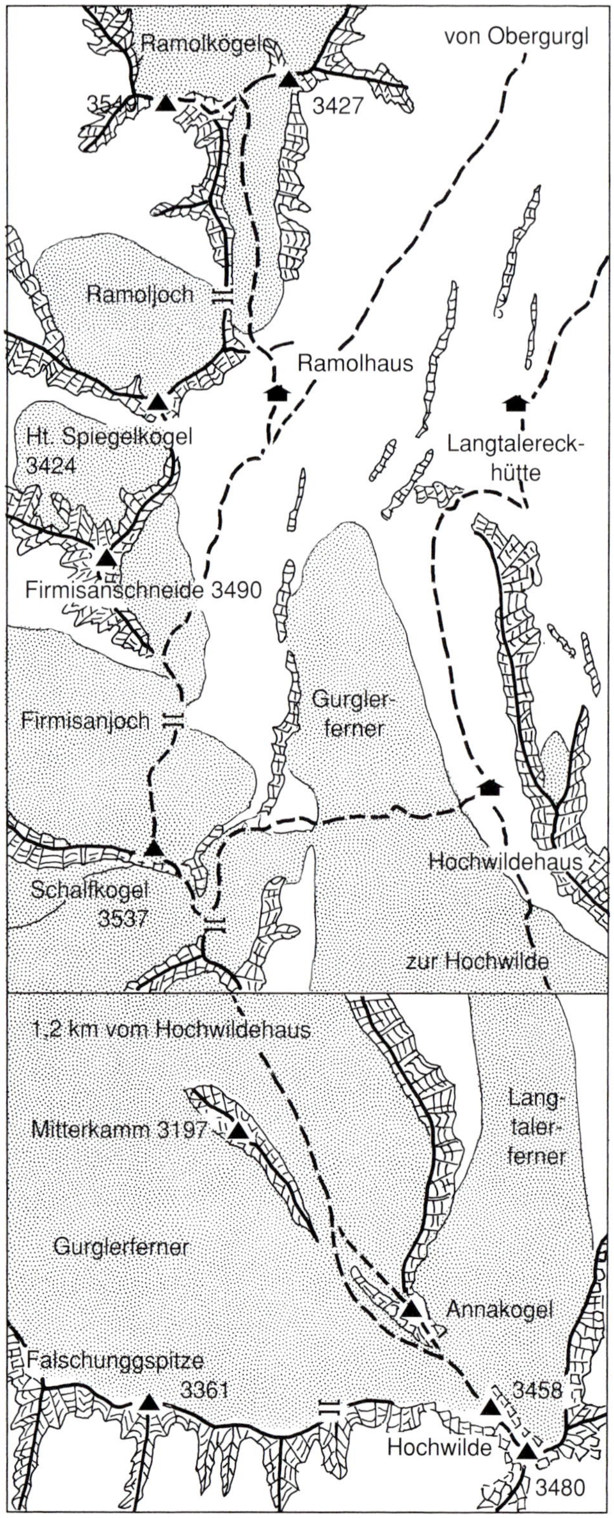

Großer Ramolkogel – von Osten
Vom Ramolhaus etwa 2 1/2 Std. Bis zum Mittelgipfel Blockgrat mit einigen Kletterstellen (bis II), Übergang zum Hauptgipfel sehr ausgesetzt und damit anspruchsvoll, Kletterei bis II, evtl. scharfer Schneefirst.

Hochwilde – von Norden
Vom Hochwildehaus 3 1/2 Std. Flache Gletscherwanderung, steiler, ausgesetzter, jedoch gesicherter Grat zum Nordgipfel. Übergang zum Hauptgipfel trotz Sicherungen bis II, ca. 45 Min.

fallen könnten. In schneearmen Zeiten apern die West- und Südseite fast vollkommen aus. Über einen 500 m hohen, allerdings sehr steilen Schutthang könnte man aus dem Rotkarle ohne jegliche Kletterei dort hinaufstampfen – könnte man, denn es nimmt niemand diese echte Schinderei auf sich, nachdem es ja einen ausgesprochen reizvollen Anstieg von Osten gibt.
Die andere Ramolkogel-Seite kennen nur wenige. Wieder einmal muß man sagen: Kein Mensch (zumindest kein Bergsteiger) kommt je in das Latschtal, um unseren Gipfel von seiner eleganten Seite kennenzulernen. Hier ragt nämlich der Ramolkogel aus dem zerschründeten Latschferner mit wilden, bis zu 500 m hohen Eiswänden und Hängegletschern auf. Eine der eindrucksvollsten Szenerien in ganz Österreich! Diese

Wand erklärt auch ein spezielles Ramolkogel-Phänomen: So mancher gibt sich mit dem Mittelgipfel (3518 m) zufrieden; viele haben beim Gratübergang zum Hauptgipfel ganz einfach Angst vor den Abgründen zu beiden Seiten.

⇛ Die übliche Route: Vom Ramolhaus auf einem Steig zum nahen Ramolferner. Über den schmalen Gletscher in seiner ganzen Länge empor auf den weiten Firnsattel (3367 m) zwischen Mittlerem und Nördlichem Ramolkogel. Über den hoch aufgetürmten Blockgrat mit einiger Kletterei unmittelbar auf den Mittelgipfel. Auf dem folgenden Plattengrat nach Westen zu einem auffallenden Zacken. An seiner Kante sehr ausgesetzt empor, dann über Platten und Firnschneiden zum höchsten Punkt.

Hochwilde, 3480 m

Der Name paßt zum Berg! Mit erstaunlich steilen Wänden ragt der Gipfel wie ein gewaltiges Riff über den hintersten Winkeln von Gurgler- und Langtalerferner auf. Berühmt ist vor allem der Blick vom Annakogel, also von Nordwesten, von wo über den geschwungenen Eisrücken mit seiner auffallenden Kante ein keckes Felshorn mit Gipfelkreuz schaut. Ein Eisberg für die Nordtiroler, doch ein reiner Felsgipfel über den Südtiroler Tälern. Ja, dieses behäbig breite Massiv mit seiner 700 m hohen, allerdings nicht allzu steilen Flanke ist für jemand, der den Berg nur von der Gurgler Seite kennt, kaum wiederzuerkennen.

Die beiden Seiten bieten zwei grundverschiedene

Auf dem Ramolferner; links auf dem letzten Felsen das Ramolhaus. Die Gipfel von links: Karlesspitze, Schalfkogel, Hinterer Spiegelkogel (dahinter die Firmisanschneide), Hintere Schwärze und Mutmalspitze.

Anstiege: Von der ehemaligen Stettiner Hütte im Eisjöchl führt ein hochalpiner Steig durch die Felsflanke zum Gipfel. Man wandert dabei über Schutt und Blockwerk, klettert über Bänder und Stufen in der riesigen ostseitigen Felsflanke, wobei der Schwierigkeitsgrad I nicht überschritten wird. Das setzt allerdings einen schneefreien und warmen Fels voraus. Fast gegensätzlich der Aufstieg von Norden: Nach langer, allzu flacher Gletscherwanderung – man kann sie allenfalls durch die Überschreitung des Annakogels etwas beleben – folgt noch ein kurzer, aber spannender Aufstieg zum steilen Nordgipfel (3458 m). Da steht man nun und staunt – denn im

Zwei Zeichnungen von 1896: Der Hochwilde-Gipfelgrat von Osten (links der Hauptgipfel) und bei der Querung dieses Grates.

Südosten ragt noch um ein gutes Stück höher der Südgipfel auf, 300 m entfernt, dazwischen liegt ein Felsgrat, so scharf, wie man das im Ötztaler Hauptkamm nur ganz selten antrifft. Doch Sicherungen erleichtern den anspruchsvollen Übergang (bis II) etwas.
⇛ Vom Hochwildehaus: Über den flachen Gurglerferner in den Sattel zwischen Mitterkamm und Annakogel und westlich um letzteren herum an den Fuß des Nordwestgrates. Hierher auch durch eine Überschreitung des Annakogels (3333 m, 30 Min. mehr). Rechts der Kante, am Schluß steiler, zu den ersten Felsen. Rechts um einen ersten, dann über einen zweiten »Stockzahn«, anschließend über den ziemlich ausgesetzten Fels- und Block-(Schnee-)grat auf den Nordgipfel. Bei trockenem Fels eventuell über den sehr scharfen Verbindungsgrat noch auf den Hauptgipfel.

Hoher First, 3403 m

Kaum ein anderer Ötztaler Gipfel heimst so viele »Ah« und »Oh« ein wie der Hohe First. So mancher Gast aus Obergurgl schwebt mit dem Lift zur Hohen Mut hinauf und steht nun plötzlich diesem ungewöhnlichen Berg gegenüber. Zwei ausgeprägte Felsgrate ziehen zur breiten Gipfelschneide – deshalb ja Hoher First! – hinauf, doch dazwischen hängt ein Gletscher herab, oben makellos weiß und glatt, dann durch einen gewaltigen, sichelförmigen Bergschrund vom unteren, flacheren Becken getrennt. In der Draufsicht schaut diese Firnflanke »unverschämt« steil aus, und alle betrachten voll Ehrfurcht die Spur, die häufig durch diese weiße Fläche führt.
Natürlich lockt jeden echten Bergsteiger ein derartiger Anblick, zumal er sich ausrechnen kann, daß die Flanke in Wirklichkeit nicht ganz so beängstigend schroff ist. Etwa 45 Grad mißt die steilste Stelle. Bei dieser Tour kommt es also ganz auf die Verhältnisse an. Auch wegen der zwei oder gar drei Bergschründe sollte man hier also früh im Jahr unterwegs sein.
⇛ Der Eisanstieg: Entweder zu Fuß von Obergurgl ins Gaisbergtal oder Liftfahrt zur Hohen Mut und Abstieg (mit kurzem Gegenanstieg) dorthin. Auf die Zunge des anfangs noch flachen Gaisbergferners. Auf dem Eisstrom bis in knapp 2700 m Höhe. Dann links und neben dem Bach über die Schutthänge Richtung Granatenkogel empor zum Hochfirstferner. In einem Bogen stets auf der linken Seite des Gletschers zur immerhin noch 250 m hohen Gipfelflanke. Über die beiden Schründe, dann sehr steil zum Gipfel.

Seelenkögel, 3470 m

Berge mit Gemüt und Psyche? Nichts dergleichen! Der behäbig breite Fels- und Gletscherkamm mit seinen drei Kögeln trennt das Rotmoos- vom Langtal. Vor allem im Westen versteckt sich im Moränenschutt so mancher kleine See, ein »Seele« eben. Eine dieser zahlreichen Wasserflächen hat wohl Pate für den Namen gestanden. Die Gipfel könnten auch Fernerkögel heißen. Die Gletscher beherrschen nämlich die Landschaft. Da gibt es den Wasserfallferner, der aus dem oberen Becken in einer Front, die gut 1 km breit ist, über eine 400 m hohe Steilstufe herabfließt. Ein wilder Geselle! Am Mittleren Seelenkogel begeistert den Bergsteiger eine echte Firnschneide, und den Gipfelgrat am Hinteren Seelenkogel überwölbt ein Eismantel.
Nur nach Südosten fällt der Hintere Seelenkogel mit Fels-, Schrofen- und Schuttflanken ab, und das gleich

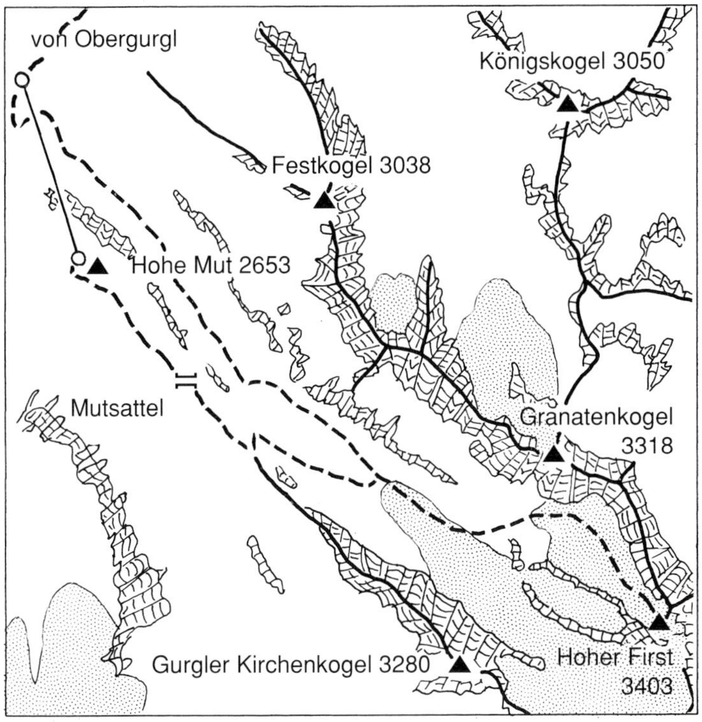

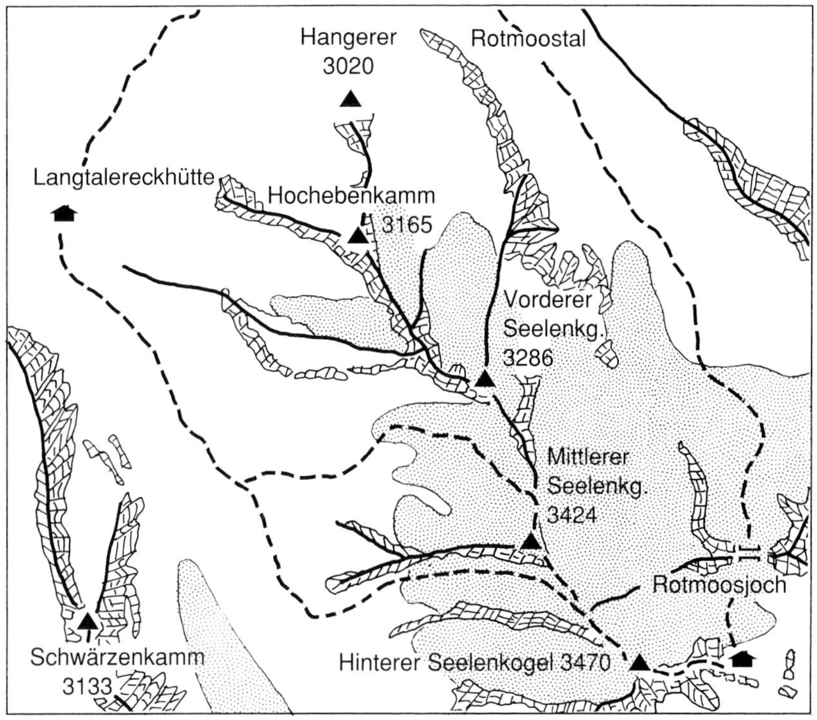

über 1000 m Höhe! Hier gibt es sogar einen eisfreien Aufstieg, der bei den »Gipfeln mit Weg« beschrieben wird (siehe Seite 61). Wer hingegen von Norden kommt, schläft in der Langtalereckhütte und steigt dann zum höchsten Gipfel hinauf; das ist eine schöne, etwas langgestreckte Tour ohne größere Probleme. Aber natürlich läßt sich die Seelenkogel-Tour auch kräftig »würzen«. Man erreicht dann auf dem von Firn überzogenen Nordgrat den mittleren Gipfel und beendet die Tour mit einer Überquerung des Rotmoosjochs.

⇛ Von Westen auf den Hinteren Seelenkogel: Von der Langtalereckhütte auf dem Weg schräg durch die Hänge talein. In 2700 m weiterhin nach Süden und auf die Geländestufe von Ackerlen. Hinter dem Ausläufer des Mittleren-Seelenkogel-Westgrates über Moränenböden, dann auf dem Gletscher (Spalten) zum Hauptkamm und über eine Eiskalotte auf den überragenden Gipfel. Man kann auch zum Nördlichen Seelenferner hinaufsteigen, in einem Bogen den Nordgrat des Mittleren Seelenkogels (3424 m) und über die feine, steile Eiskante diesen Gipfel erreichen. Über den Grat geht es dann weiter zum Hinteren Seelenkogel.

Abstieg über das Rotmoosjoch (Grenzüberschreitung): Über den felsigen Ostgrat mit seinem kleinen Steig zur Planfernerhütte (2979 m) hinab. Sanft aufwärts über den Planferner ins Rotmoosjoch (3055 m) und jenseits – sich rechts haltend – über den Rotmoosferner mit seinen vielen Spalten hinab ins Rotmoostal und zurück nach Obergurgl (nur bei stabiler Schneedecke!).

Hohe Geige, 3393 m

Die Hohe Geige wird in jeder Beziehung ihrem »Titel« als Königin des Geigenkammes gerecht. Sie überragt ihre Nachbarn beträchtlich, ein hindernisloser Rundblick ist also selbstverständlich. Vor allem die großen Gipfel drüben im Kaunergrat, die dem Betrachter jenseits des Pitztals gegenüberstehen, präsentieren sich als formschöne Felsgestalten. Als publikumsfreundlicher Berg hat die Hohe Geige ihre gemütliche Seite, sofern man das Wort »gemütlich« bei einem Berg von dieser stattlichen Höhe überhaupt noch verwenden darf. Auf jeden Fall ziehen von Südwesten die Block- und Schrofenhänge nicht allzu schroff bis zum Gipfel empor. Diese Hänge verstecken in ihrem einheitlich braunen Felsmantel noch eine kleine Überraschung, einen Gag, wie man auf gut deutsch sagt: In 3250 m Höhe trifft man ganz unvermutet auf ein keines Firnbecken, eine Art Minigletscher. Doch Vorsicht! Es gibt an der Geige teilweise keinen bequemen Weg, sondern nur Spuren im manchmal steilen Schrofengelände.

Die anderen Seiten des Berges sind so hochalpin, so wild und so stark vergletschert, daß die meisten Betrachter ihn hier nicht wiedererkennen. Von Nordwesten zieht der Rötenkarferner mit seinen Steilstufen, Eisbrüchen und Spalten weit gegen den Gipfel empor. Und in den Becken östlich der Geige lagern die beiden Pirchlkarferner, von denen die Wände zu den auffallend scharf geschnittenen, teilweise gezackten Graten

Hoher First – Nordwestflanke
Von der Hohen Mut (Lifte von Obergurgl) knapp 4 Std., Gletscherbegehung, bis 40 Grad steile Firnflanke zum Gipfel, sehr anspruchsvoll.

Hinterer Seelenkogel – von Nordwesten
Von der Langtalereckhütte 4 1/2 Std. Langgestreckte Route, Gletscherbegehung mit einigen Spalten. Abstieg über Rotmoosjoch anspruchsvoll.

Blick von der Chemnitzer Hütte quer über das Pitztal zur Verpeilspitze.

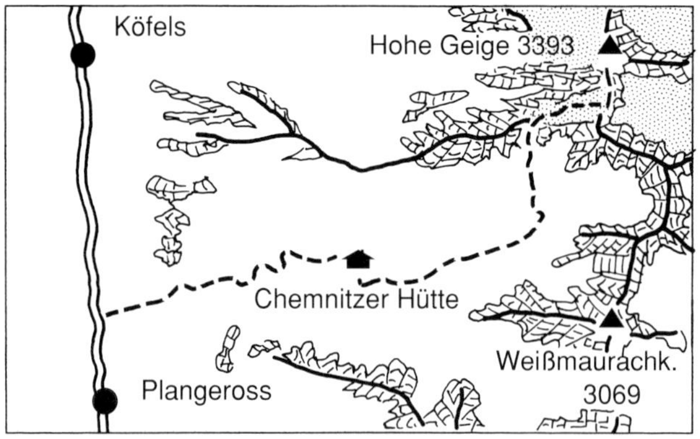

hinaufführen. Für den guten Bergsteiger gibt es hier reizvolle, nicht allzu schwierige Aufgaben. Er ist dabei mutterseelenallein, denn kein Mensch »verirrt« sich in diese abgelegenen Reviere.

⇛ Der Normalweg: Von der Chemnitzer Hütte im tiefsten Becken talein, dann links über die Geröllhänge zum Felsfuß. Über die 450 m hohe Stufe auf Schutt, Blöcken und Fels ohne richtigen Weg steil empor. Dann über das Firnfeld nach rechts zur Gratscharte und meist etwas links der Kante hinauf zum Kreuz.

Hohe Hohe Geige – Normalweg
Von der Chemnitzer Hütte 3 Std. Bergweg bis zum Gipfel, der jedoch in dem Schrofengelände Trittsicherheit erfordert.

Vordere Ölgrubenspitze, 3452 m

Vordere Ölgrubenspitze – über Ölgrubenkopf
Vom Taschachhaus knapp 4 Std. Steile, weglose Block-(Schnee-)hänge, ausgeprägter Gipfelgrat mit Kletterei bis II, wenig begangen.

Von wegen: die Bergsteiger seien so gerecht! Da gibt es zum Beispiel die Vordere Ölgrubenspitze, einen mächtigen,sehr eindrucksvollen Gipfel, eine elegante, schmale Schneide über ungewöhnlich steilen Wänden bis zu 600 m Höhe. Doch welcher Alpinist beachtet schon den südlichen Eckpfeiler des Kaunergrates! Kein berühmter Name, kein angelegter Steig und keine großen Gletscher – da läßt man den Berg einfach links liegen, mag seine Gestalt noch so schön und auffallend sein. Die Individualisten unter den Bergsteigern registrieren das jedoch mit Freude: ein rassiger Gipfel mehr für ihre ganz persönlichen Unternehmungen. Natürlich gehört zu einer Tour dieser Art auch eine Portion Gerölltreten und Blockturnen, und in dem kurzzeitig sehr steilen Gelände geht das nicht ganz ohne Mühe. Doch wer sein Fach versteht, kommt damit zurecht, und er freut sich auf den Schlußpunkt der Tour, auf den Felsgrat zwischen Ölgrubenkopf- und -spitze. Das ist eine zerklüftete Schneide himmelhoch über dem Gepatsch- und dem Taschachtal.

⇛ Der logische Anstieg: Vom Taschachhaus Richtung Ölgrubenjoch bis zu dem See in 2849 m Höhe. Nun vom Weg ab und genau nach Nordwesten über die bald steilen Schutthänge aufwärts (vorteilhaft bei Schnee im Frühsommer). Rechts über eine Stufe, dann über die Reste des kleinen Kammgletschers auf den Ölgrubenkopf (3392 m). Über den ausgeprägten Grat in eine Scharte, dann steil auf den markanten Gipfel der Vorderen Ölgrubenspitze (bis II).

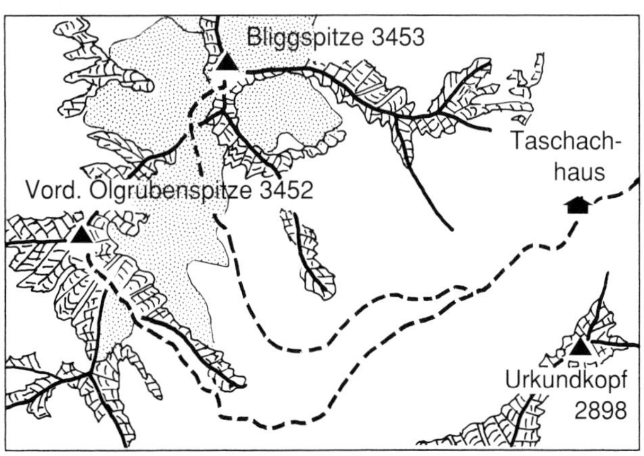

Bliggspitze, 3453 m

Bliggspitze – über das Bliggschartl
Vom Taschachhaus gut 3 Std. Meist weglos über Blockwerk und Schnee, kurze Gletscherbegehung, steile, doch meist unschwierige Rinne zum Gipfel.

Das ist ein hoher Dreitausender für fast alle Bedingungen von der Frühjahrsskitour bis zum Sommeranstieg bei »mittelprächtigem« Wetter. Mäßig geneigte Schutt- und Schneehänge leiten problemlos ins Bliggschartl. Dann wird die Sache um eine Stufe alpiner, und das Weiterkommen hängt nun stark von den Verhältnissen ab. Bei gutem »Stapfschnee« und trockenem Blockwerk wird der Erfahrene rasch den Gipfel erreichen. Aber auch an einer Bliggspitze kann es beinhart gefrorenen Schnee geben, kann ein wenig Eis die Felsen verkleistern, und schon wird der Anstieg…

Außerdem: Betrachtet man die Bliggspitze etwa von der Eiskastenspitze, dann zeigt sie sich plötzlich als wirklich rassiger Berg. Im Nordosten gibt es eine Eiswand, und vom Nordeck zieht ein eindrucksvoller Hängegletscher ins Wurmetal hinab.

Der übliche Anstieg: Vom Taschachhaus auf dem Weg Richtung Ölgrubenjoch bis über den Gletscherbach. Jetzt mehr rechts und hinter der zentralen Moräne knapp 1 km talein. Von dort immer gerade nach Nordwesten über die Blockhänge und eine kurze Gletschermulde ins Bliggschartl (3210 m). Jenseits auf dem Bliggferner parallel zum Felsfuß unter den Gipfel und durch eine hohe Block-(Schnee-)rinne zum Ziel.

Watzespitze, 3532 m

Ihrer Majestät, dem König Watze, wird überall in der alpinen Literatur die nötige Referenz erwiesen. Jeder lobt ihn in den höchsten Tönen, und man kann auch selbst bedenkenlos in diesen Chor mit einstimmen. Ganz gewaltig ragt der fast schwarze Felsriese über die

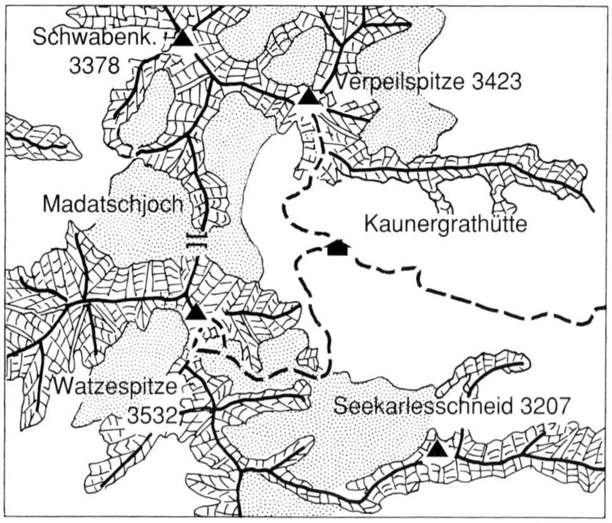

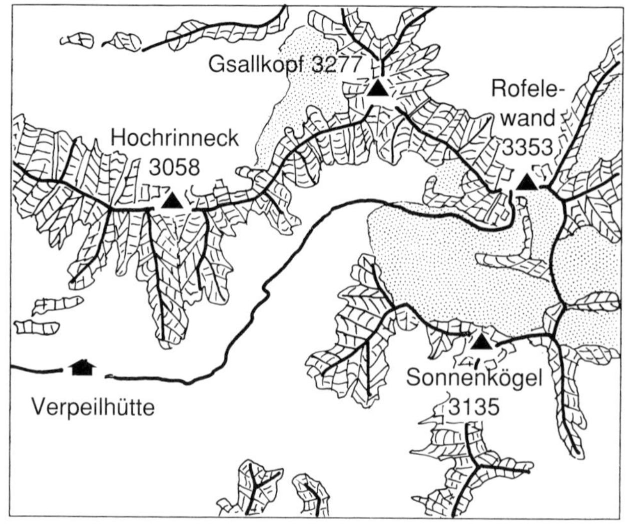

anderen Berge des Kaunergrates auf. Hier fehlt die sonst übliche »schwache Seite«. Wände von wenigstens 500 m Höhe auf allen Seiten, mächtige Felsgrate und dazwischen drei Steilgletscher schaffen eine rundum wilde Bastion mit zwei ausgeprägten Gipfeln. Nach Osten fließt ein Hängegletscher mit mächtigen Spalten und zwei hohen Steilstufen herab.

Ausgerechnet über diesen Gletscher führt der Normalweg. Abschreckend, denn auf den Fotos erscheint der Ferner, eigenartigerweise, fast immer in häßlich grauem, nacktem Eis. Aber natürlich schneit es auch an der Watzespitze, gibt es auch hier bis in den Sommer hinein einen dicken Firnmantel. Ein erfahrener Bergsteiger sollte man trotzdem sein, sich mit Spalten »auskennen« und einen Zweier sicher beherrschen.

Zu den kuriosen Gletschergeschichten gehört die erste Besteigung des stolzen Berges. Pfarrer Senn war mit Alois Ennemoser 1869 von Plangeroß durch das Tal heraufgestiegen. Er schickte den Führer zu einer Erkundung aus, just zu dem beschriebenen Gletscher. »Ein einziges Ausgleiten hätte ihm den sicheren Tod gebracht, doch drang er unverdrossen vor…« So unverdrossen, daß er über den gesamten, 500 m hohen Hängegletscher zur Südgratscharte aufstieg und als erster auf dem Gipfel stand. So war die Sache natürlich nicht gedacht!

⇛ Der Gletscherweg: Von der Kaunergrathütte etwas abwärts um den Watzespitz-Ostgratfuß und um die folgende Felsinsel nach Süden. Nun über den Gletscher mit seinen Spalten und zwei sehr steilen Stufen empor in das oberste Becken. Über eine weitere Stufe im Fels (oder Firn) in die auffallende Scharte und über den Grat auf den Gipfel. Man kann aus dem oberen Becken auch durch Rinnen und auf Rippen die 200 m hohen Südostflanke durchsteigen (II).

Watzespitze – Gletscherweg
Von der Kaunergrathütte ca. 3 Std. Ziemlich anspruchsvolle Hochtour über einen sehr steilen, spaltenreichen Gletscher. Kletterei II.

Verpeilspitze – Normalweg
Von der Kaunergrathütte gut 2 Std. Anspruchsvoller Anstieg durch ein kompliziertes Felsgelände, im Frühsommer Schnee, bis II.

Rofelewand – durch die Firnrinne
Von der Verpeilhütte 4 Std. Anspruchsvolle Hochtour, sehr lange und steile Rinne (ca. 40 Grad), sinnvoll nur bei Schnee; bei Ausaperung gibt es Eis, unangenehmer Fels und Steinschlag.

Verpeilspitze, 3423 m

Nach der Watze bilden Verpeilspitze und Schwabenkopf (3378 m) das wuchtigste Bergmassiv mit gewaltigen, dunklen Felsgraten, Wänden bis zu 1000 m Höhe und einem wilden Hängegletscher. Dem Gipfelgrat der Verpeilspitze ist nochmals ein stumpfer Turm aufgesetzt, der dem Berg, etwa von der Chemnitzer Hütte gesehen, sein unverwechselbares Profil gibt. Es mag die 400 m hohe, zerborstene, teilweise mit Felstrümmern übersäte Flanke beim Normalanstieg sein – man folgt nur kurz dem Südgrat selbst –, die das Gros von einer Besteigung abhält. Denn es ist schon erstaunlich, daß ein so schöner und auffallender, zudem hüttennaher Berg nicht mehr Besuch erhält.

⇛ Von der Kaunergrathütte: Über die Moränenflächen an den Südwestfuß des Südgrates, dann über Schrofen und durch eine Rinne zu dem winzigen Hochkar westlich knapp unter dem Grat. Auf die Schneide und über sie zum Gipfelturm. Querung in die Südwestflanke und durch Rinnen auf den höchsten Punkt.

Rofelewand, 3353 m

Das Gipfelpaar Rofelewand und Gsallkopf (3277 m) gebärdet sich noch einmal so richtig »kaunergratisch«: Die bis zu 700 m hohen, oft stark zerklüfteten Wände fußen in kleinen Gletschern mit Spalten und Eisbrüchen. Eine besonders wilde Felsmauer mit Eisrinnen stürzt von der Rofelewand auf den Gschwandferner ab, ein wahrlich imposantes Bild, das jedoch kaum gesehen wird. Wer kommt schon je ins obere Gschwandbachtal! In diesem Teil des Kaunergrates (und nicht nur dort) versteckt sich sowieso mancher wirklich eindrucksvolle Bergwinkel, den kaum ein Fremder kennt.

Doch zurück zur Rofelewand. Dieser feine, steil aufgerichtete Doppelgipfel wird stets auf der gleichen Route bestiegen, und zwar durch die Firnrinne der Südseite. Als schmaler Eiskanal zieht sie schnurgerade durch die dunkle Felsflanke, und das über volle 300 m Höhe! Schon bei gutem Schnee in der Rinne ist die Sache recht eindrucksvoll, bei Eis wird es rasch heikel, ja ekelhaft und gefährlich.

⇛ Durch die Firnrinne: Von der Verpeilhütte kurz talein, bei der Wegverzweigung dann links und kräftig steigend ins Roßkarle. Auf der linken Seite über eine hohe Steilstufe in einen kleinen Kessel mit Gletschersee. Nach Osten auf den Schweikertferner (Spalten), von dem in 2850 m Höhe links ein kleiner, steilerer Seitenarm abzweigt. Von dessen linkem, oberen Eck steil empor, dann durch die Rinne in eine kleine Lücke im Hauptkamm und über den kurzen, ausgesetzten Grat auf den Gipfel (bis II).

Glockturm, 3353 m

Dieser ungewöhnliche Bergname ist ganz wörtlich zu verstehen: Der als Turm aufragende Gipfel hat die Form einer Glocke, ist also oben rund und stürzt dann, vor allem gegen Nordwesten, immer steiler ab. Die relativ widerstandsfähigen Granitgneise sorgen auf dieser Seite für eine immerhin bis zu 500 m hohe und wirklich wilde Wand. Wenige Gipfel ragen so hoch und so auffallend über ihre Umgebung empor wie der Glockturm, und dennoch läßt sich der Berg recht gut besteigen.

Rasch, gemütlich und ohne Probleme ist der Aufstieg durchs Krummgampental mit seiner typischen Urgesteinslandschaft, dem Wildbach, den Blockfeldern und Gletscherschliffen, dem Seelein oben am Grat, das durch den Gletscherrückgang entstanden ist. Aus der Krummgampen-Perspektive schaut der Glockturm allerdings recht unscheinbar aus. Erst auf dem Gipfel mit seinem hindernislosen Rundblick ahnt man die wirkliche Größe des Berges.

Ganz anders im Radurschltal! Dieser Zugang empfiehlt sich für Menschen mit viel Zeit und Muße. Allein vier Stunden wandert man bis zum gemütlichen Hohenzollernhaus. Beim Weiterweg imponiert dann der Blick auf die Nordwestabstürze des Glockturms, und zur besonderen Überraschung wird der schmale, zwischen die Felsgrate eingezwängte Hüttekarferner, über den man das Riffljoch erreicht. Meist links tief unter dem Grat geht's schließlich zum Gipfel hinauf.

Der kürzeste Anstieg: Aus dem Kaunertal Richtung Weißseegebiet zum Parkplatz am Rand des Krummgampentals (2400 m). Immer rechts des Baches bleibend auf einem undeutlichen Steiglein auf Gras gemütlich durch das hübsche Tal einwärts. Von dem Schuttboden in 2770 m Höhe fast genau nach Norden über kleine Stufen, kurze Böden und zwei begrünte Rippen auf einen Absatz unmittelbar vor der tiefsten Grat-

Glockturm – durchs Krummgampental
Von der Straße knapp 3 Std. Etwa zur Hälfte weglos, ohne Kletterei, doch steiler Trümmerhang unter dem Gipfel.

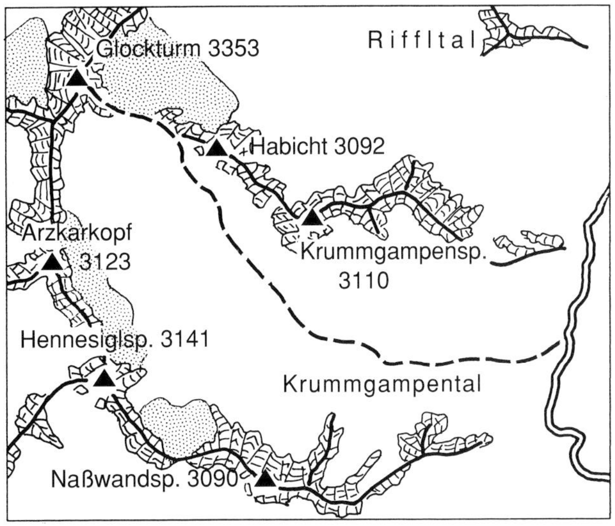

Das Gemälde von E.T. Compton zeigt die Tablander Lacke und (von links) Texelspitze, Roteck und Trübwand.

Das Taschachhaus mit dem so nahen Gletscher und einer reichen Auswahl an Eistouren aller Schwierigkeiten bis hin zur Taschachwand (linkes Bild) wurde zum Zentrum für die Eisausbildung.

Roteck - Normalweg
Von der Lodnerhütte gut 3 Std., etwas anspruchsvollere Bergwege mit einigen gesicherten Felsstellen, wegen der großen Höhe häufig auch Schneepassagen.

scharte, kleiner See. Links über eine felsige Stufe, dann ganz flach auf Platten und Schnee über den weiträumigen Gratrücken zum Gipfelmassiv. Hier gerade über den steilen Trümmerhang, der sich besser als erwartet begehen läßt, zum Grat und über zwei Köpfchen auf den nach Südwesten vorspringenden Gipfel.

Roteck, 3337 m

Dem niedrigsten Gipfel unserer »Ehrenrunde« steht ein einprägsamer Titel zu: Hauptgipfel der Texelgruppe. Als wuchtige, breite Gestalt mit schöner, diagonal durch Eisrinnen gestreifter Nordwestwand beherrscht er den Westteil des Bergmassivs. Unter der erwähnten Wand gibt es mit dem Texelferner noch einen richtigen Gletscher. Bereits 1901 baute die Sektion Meran von ihrer Lodnerhütte aus einen Weg zu dem alles überragenden Gipfel, für den noch heute so mancher Bergsteiger oder auch geschickte Bergwanderer dankbar ist. Über flache und steilere Böden mit schönen Gletscherschliffen klimmt er zielstrebig und ohne alle Umwege gegen Westen empor, führt durch ein ungewöhnliches, schmales Hochkar zum Ostgrat und erreicht schließlich auf und neben dieser ausgeprägten Schneide den Gipfel. Ein paar Felsstellen mit Drahtseilen würzen den Aufstieg. Dabei wäre Abwechslung gar nicht nötig, denn während des gesamten Weges gibt es die

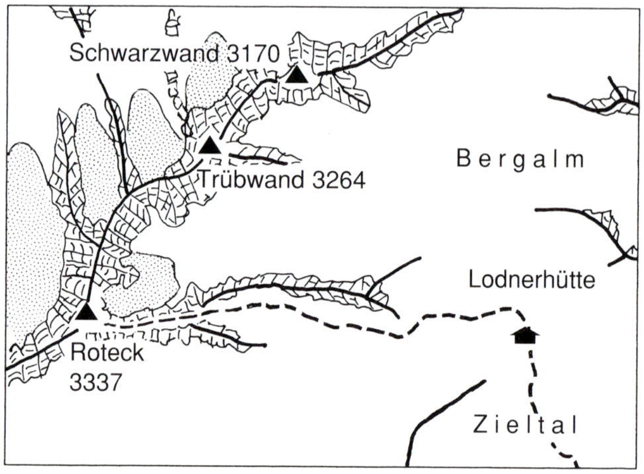

schönsten Ausblicke. Und natürlich imponiert dabei das Gipfelpaar Hohe Weiße (3279 m) und Lodner mit ihren wahrlich ungewöhnlichen, ganz hellen und ganz dunklen Felspaketen.

Der Gipfelweg: Von der Lodnerhütte nach Westen ins Grubplattental. Bei der Wegverzweigung auf dem oberen Steig weiter und über teilweise steilere Grashänge zu begrünten Böden. Immer in der gleichen Richtung in ein schmales Kar und ein gutes Stück empor auf den Ostgrat. Über breite und schmale Gratstücke auf einen Vorgipfel und durch eine wenig eingesenkte Lücke zum höchsten Punkt empor (teilweise Drahtseile).

Eiswände und Firngrate

Wie kein anderes Gebiet in den Ostalpen stellen die zentralen Ötztaler eine herrliche, riesige Arena für alle Freunde von Eistouren der einfachen und der mittleren Klasse dar. An keiner anderen Stelle kann man so gezielt wie hier seine Erfahrungen sammeln. Mühelos ließen sich hundert Möglichkeiten aufzählen in der

ganzen Bandbreite von zerrissenen Fernern über Firngrate bis zu Eiswänden und Hängegletschern. Vieles läßt sich von den Hütten rasch erreichen, und doch kann man oft die erste Spur in ein noch unberührtes Weiß legen. Gerade das letzte ist so wichtig, wenn aus einem Lehrling im Eis ein Meister werden soll.
So manche wirklich reizvolle Tour wird verblüffend wenig beachtet, manchmal geradezu »mißachtet«. Dabei macht es doch viel mehr Spaß, mit eigenem Können und Geschick eine pfiffige Aufgabe zu lösen, als in der dick ausgetretenen Spur als Vierundvierzigster den Modegipfel zu betreten!
Dazu ein paar ausgefallene Beispiele. Da kann man etwa im Bereich der Martin-Busch-Hütte den Hauslabkogel (3402 m) über den Seiferner ansteuern. Je direkter man emporsteigt, desto ernster werden die Hindernisse. Oder wie wäre es mit der Nordflanke des Vorderen Diemkogels (3368 m), einer schönen 200-m-Eiswand mit Bergschrund? Auf dem Steig, der von der Martin-Busch-Hütte zum Ramoljoch führt, kommt man nach kräftigem Höhenverlust ins Firmisan und nach kurzem, weglosen Aufstieg über Moränenschutt zur Zunge des nahezu nie betretenen Diemferners, über dem die Wand aufragt.
Beispiel Nr. 3: der Sennkogel (3398 m), ein unauffälliger Blockgipfel von Osten, dennoch ein feiner Eisberg von Norden. Man wird auf dem Weg vom Hochjochhospiz Richtung Seikogel bis in 2800 m Höhe aufsteigen, um dann mit einer längeren, nur leicht steigenden Querung den Mittleren Kreuzferner zu erreichen, den ein diagonaler Abbruch in zwei Teile zerschneidet. Auf dem oberen, östlichen Ast steuert man die 200 m hohe Nordflanke an.
Wer kombinierte Grate trainieren will, der sollte sich einmal die Hochvernagtwand (3400 m) mit ihrer ebenso unbekannten wie abwechslungsreichen Überschreitung »vorknöpfen«. Der bequemere Zugang erfolgt über den flachen, aber doch mit Spalten verzierten Vernagtferner zum Taschachjoch. Eis, Fels und Blockwerk wechseln sich auf dem eineinhalb Kilometer langen Grat bis hinüber zum Sexenjoch ab. Zu einer Eisfahrt im großen Stil wird die gleiche Bergfahrt bei einem Zugang von Norden. Man steigt dann vom Taschachhaus zum Urkundsattel empor, erreicht den Gipfel über die Nordflanke, die sich am Schluß steiler aufbäumt, und begeht den Grat dann in der umgekehrten Richtung.
Diese Vorschläge waren jedoch eher eine Art Vorspeise zu größeren Eistouren, von denen eine kleine Aufstellung folgt. Es wurden dabei die markantesten Grate und Flanken, zusätzlich ein paar besonders gut erreichbare Möglichkeiten herausgegriffen. Die Reihenfolge erfolgte rein geographisch.
Ich persönlich traue mich nicht, genaue Neigungsgrade anzugeben. Zu subjektiv sind die Empfindungen unterwegs; so erscheint einem bei gutem Schnee, bei flachem Auslauf usw. eine Wand sanfter als etwa bei blankem Eis. Die übliche, glatte Firnwand erreicht in den Ötztalern etwa 50 Grad. Merklich weniger geneigt sind nur Spiegelkogel und Hoher First, etwas steiler vielleicht die Taschach-Eiswand und die Marzellspitze. Anspruchsvolle Stellen findet man jedoch an den Hängegletschern wie an der Mutmalspitze und am Großen Ramolkogel.

Gipfel	Höhe in m	Wand/Grat	H *	Charakteristik
Wildspitze	3768	Nordostgrat	340	scharfer Firngrat, Wächten
Wildspitze	3768	Nordwand	200	glatte Eiswand
Hinterer Brochkogel	3628	Nordkante	200	makelloser, steiler Firngrat
Hinterer Brochkogel	3628	Nordwestwand	200	glatte Wand, Schaumrolle
Petersenspitze	3482	Taschach-Eiswand	600	Eiswand, große Felsinseln
Weißseespitze	3518	Nordwand	500	Steilgletscher mit Spalten
Weißkugel	3738	Nordgrat	510	scharfer Firngrat, Felsen
Weißkugel	3738	Nordwestwand	260	glatte Eiswand
Innerer Bärenbartkogel	3553	Nordwestflanke	550	Steilgletscher mit Spalten
Similaun	3599	Nordwand	340	Eiswand, Felsinseln
Westliche Marzellspitze	3529	Nordwestwand	290	Eis- und Felswand
Hintere Schwärze	3624	Nordwestwand	300	glatte Eiswand
Mutmalspitze	3522	Nordflanke	300	Hängegletscher
Hinterer Spiegelkogel	3424	Nordwand	300	Eisflanke, Spalten
Großer Ramolkogel	3549	Nordostwand	400	glatte Eiswand
Großer Ramolkogel	3549	Nordwestwand	400	Hängegletscher
Hoher First	3403	Nordwestflanke	240	glatte Eisflanke
Bliggspitze	3453	nördl. Bliggferner	400	Steilgletscher mit Spalten

* H = Höhe der Wand bzw. des Grates in m

Paradies für Skitouren und Tiefschnee

Kein anderes Gebiet in den Ostalpen eignet sich so hervorragend für hochalpine Skitouren wie die zentralen Ötztaler Alpen! Mit dicken Gletschern gefüllte Hochkare – kann es etwas Schöneres geben! Dutzende von Gletscherdreitausendern stehen in den Tourengebieten rund um die großen Alpenvereinshütten. Manchen Gipfel, um den sich im Sommer kein Mensch kümmert, zieren etwa in der Osterzeit die schönsten Spuren und Girlanden. Neben diesem Traumland werden die zahllosen weiteren Möglichkeiten, die es vor allem in den Seitenkämmen gibt, zu unrecht fast vergessen.

Unser Buch kann keine Schule für Tiefschnee, Lawinen, Vernunft usw. sein. Das nötige Rüstzeug sollte beim Besuch eines so hochalpinen Gebietes ebenso selbstverständlich mitgebracht werden wie Skier und Rucksack! Deshalb nur ein paar Worte zum »Ötztal-Spezifischen«.

Klassisches Skiland – wie eh und je lockt vor allem der hohe, vergletscherte Teil mit den großen Alpenvereinshütten die Skitourenfreunde an. An der beliebten Martin-Busch-Hütte läßt sich das Typische bestens erklären: Hier führt der Zugang durch das Niedertal, also durch ein V-Tal wie aus dem Bilderbuch. Der Aufsteigende hat stets gewaltige, bis zu 1200 m hohe Steilhänge über sich! Erst beim Haus wird dann das Gelände weiträumiger, bildet Böden und Mulden. Die erstaunliche Schlußfolgerung daraus: Wenn die Lawinengefahr einen Aufstieg zum Stützpunkt strikt verbietet, kann oberhalb der Hütte durchaus noch die eine oder andere Fahrt unternommen werden.

Nicht weniger als 390 Touren werden in einem Ötztaler Skiführer beschrieben. Eine Auswahl, die manchem fürs Leben reichen würde! Als Buchautor steht man machtlos vor dieser Fülle. Was soll man herausgreifen? Dieser Beitrag aber kann und will keinen Führer ersetzen. Anregungen geben, Wünsche wecken, das Typische aufzeigen und vielleicht so manche alte Erinnerung zu neuem Leben erwecken – das ist der Sinn der folgenden Seiten. Als ganz besonderer Service werden zudem ein paar ungewöhnliche Unternehmungen, einige große Überschreitungen und Kombinationen ausgeklügelt und kurz vorgestellt.

Gerade die Ötztaler Alpen bieten eine unbegrenzte Spielwiese, um sich mit Schneeverhältnissen und Wetter, mit hohen Übergängen und zerschründeten Gletschern, mit verschneiten Graten und Flanken vertraut zu machen. Hier kann man jene Souveränität erlangen, die man vielleicht einmal für die großen Westalpentouren wie die Haute Route braucht.

Im Aufstieg über den Taschachferner zur Wildspitze. Diese Aufnahme von 1957 zeigt die auffallenden Unterschiede in der Kleidung zwischen damals und heute.

Zwischen Wildspitze und Fluchtkogel

Die *Braunschweiger Hütte* (2758 m), einst ein klassisches Tourengebiet, haben zwei Gletscherpistengebiete inzwischen regelrecht eingekreist. Der in der Aprilsonne schwitzende Bergsteiger neben dem bunten Pistenfreak – das gibt keine glückliche Mischung. Außerdem sind von den Tourenzielen nur ein paar geblieben. Eindrucksvoll wie eh und je ist lediglich die

So stellt man sich eine Ötztaler Skitour vor! Beim Aufstieg zur Bliggspitze; hinten die Sexegerten- und die Hochvernagtspitze.

Skiführer

Ötztaler Alpen
Von Dieter Seibert, Bergverlag Rother, mit genauer Skikarte des gesamten Gebirges.

Ötztaler Alpen
Von Rudolf Weiss, Steiger Verlag.

Wildspitze – von Norden
Bahnen und Lifte aus dem Pitztal. Vom Mittelbergjoch 2 1/2 Std. Etwa 1000 Hm Gletscherabfahrt, evtl. auch durchs Taschachtal nach Mittelberg, anspruchsvoll, dann knapp 2000 Hm.

Hochvernagtspitze – über Vernagtferner
Von der Vernagthütte 3 Std.750 Hm Abfahrt über meist sanfte Gletscher, nur eine steile Stufe. Scharfer Grat zum Hauptgipfel.

Fluchtkogel – über Guslarferner
Von der Vernagthütte 2 1/2 Std. Interessante, zügige Abfahrt über 700 Hm, mittelsteiler Gletscher mit Spalten, Gipfelaufbau zu Fuß.

Hinterer Brochkogel – von Südwesten
Von der Vernagthütte 3 1/2 Std. Großzügige, hochalpine Gletscherfahrt, Spalten, etwa 800 Hm. Sehr steiler Gipfel.

Spritztour zum Linken Fernerkogel (3277 m, 1 3/4 Std.). Die Route führt über dessen Nordflanke, über den Gletscher mit dem bezeichnenden Namen »Hangender Ferner«, und sie wird dort zu einem Slalom zwischen Spalten und Steilstufen.
Der nächste Stützpunkt, die Breslauer Hütte, bleibt im Frühjahr geschlossen, verständlich bei dem Minimum an Tourenmöglichkeiten dort. Manche nützen allerdings die beiden Lifte oberhalb von Vent, um die *Wildspitze* (3768 m) an einem Tag zu besteigen. Beste Verhältnisse sind in dem teilweise sehr steilen und zudem südseitigen Gelände jedoch notwendig. Inzwischen gibt es zudem eine viel bessere Möglichkeit, den höchsten Berg Nordtirols im Handstreich zu nehmen: Die Bahnen und Lifte bringen den Gipfelaspiranten aus dem Pitztal bis zum Mittelbergjoch in 3166 m Höhe. Reichlich zwei Stunden Aufstieg über den Taschachferner mit seinen eindrucksvollen Eisabbrüchen reichen für den Gipfelsieg.
Auch das Taschachhaus bleibt im Frühjahr geschlossen. Damit geht zumindest eine wirklich lohnende Möglichkeit verloren: die Tour zur Bliggspitze (3453 m, 3 Std. über das Bliggschartl).
Rücken wir um ein Tal weiter, dann kommen wir in das Gebiet mit der *Vernagthütte*, einem klassischen Skitourenstützpunkt in stolzen 2755 m Höhe. Im Gegensatz zu dem spannend-steilen Zugang von Vent ist die Hochregion sehr weit, frei und sonnig. Neben der Spritztour zu den Guslarspitzen (3147 m, 1 3/4 Std.) mit ihren makellosen, nordseitigen Abfahrten, lieben die Bergsteiger vor allem die großzügigen Gletschertouren auf den Fluchtkogel (3497 m, 2 1/2 Std.) und die Hochvernagtspitze (3535 m, 3 Std.). Das Bequeme steht dabei im Vordergrund, es gibt aber auch kurze Steilstufen und Gletscherspalten.
Selbstverständlich zählt auch die Wildspitze (3768 m, 4 1/2 Std.) zu den begehrten Zielen; der Zugang erfolgt über das Brochkogeljoch, das sich im Süden mit einer Steilstufe verteidigt. Spezialisten, die auf elegante Weise von der Hütte nach Vent zurückkehren wollen, besteigen die Wildspitze und fahren dann über den Mitterkarferner und die Breslauer Hütte ab. Doch der Oskar für die schönste Vernagtskiroute steht einem anderen Gipfel zu, dem Hinteren Brochkogel (3628 m, 3 1/2 Std.). Auf der Südseite dieses eleganten Eisberges versteckt sich ein Arm des Kleinen Vernagtferners, der einen idealen, allerdings durch Spalten gefährdeten Zugang bis knapp 3500 m Höhe ermöglicht. Die letzte, gewölbte und bis zu 40 Grad steile Flanke wäre – bei bestem Firn – ein besonderes Erlebnis für den Spezialisten. Alle anderen gehen zu Fuß und mit Steigeisen.

Gepatsch und Langtaufers

Nachdem es die »Kaunertaler-Gletscher-Panoramastraße« nun schon einmal gibt, wird der Tiefschneefuchs mit Freude dieses neu erschlossene Skidorado erkunden. Ein Dutzend Dreitausender westlich oberhalb des Tales bieten Abfahrten zwischen 600 und 1300 Hm. Die typischen Ötztaler Hochkare ergeben das schönste Skiland, allerdings verlangt so manche Steilstufe guten Schnee. Die Gipfel selbst, fast überall aus Blockwerk steil aufgetürmt, besteigt man zu Fuß, meist mehr stapfend als kletternd. Zu den reizvollen Zielen gehören die Höhlenspitze (3200 m, 2 1/2 Std.) über dem Riffltal, die Vordere Gebhardspitze (3114 m, gut 4 Std.) über Kaiserbergtal und Steinigkarle oder der Atemkogel (3010 m, 3 1/2 Std.) mit seinen recht steilen Hängen oberhalb der Nassereinalm.
Der absolute König im Revier aber ist der *Glockturm* (3353 m), der alles weit überragt und zudem eine pfiffig-elegante Skiroute bietet. Durchs Krummgampental und über die ideale Rampe unter dem Habicht erreicht man den steilen Gipfelaufbau ohne Probleme. Zu dieser Stelle kommt man auch durchs Riffltal, das im oberen Teil mit rassigen Steilhängen aufwartet. Bei bestem Schnee kann man immer steiler auf der Nordostseite noch weit gegen den Gipfel ansteigen. Wer Abenteuer liebt, der wird vielleicht den Glockturm zusätzlich mit einer aufregenden Großabfahrt kombinieren. Er quert dann in 2800 m Höhe aus dem Riffltal ins Ochsenkar, steigt sehr steil in die Kaisergratscharte (3034 m, auf der Karte ohne Name) hinauf und startet dort zum großen Schwelgen: Ein nordseitiger 550-m-Hang mit kleiner Gletschermulde, einem schmalen Durchschlupf und schließlich mit weitem Gelände führt steil und unmittelbar ins Kaisertal hinab. Ein ebenso exklusiver wie anspruchsvoller Spaß! Unten am Stausee, den man über die Nassereinalm und den Fahrweg erreicht, hat man dann insgesamt 1770 Abfahrtsmeter hinter sich (Rückkehr mit Bus).
Natürlich wollen wir die große Gletscherregion nicht vergessen. Zu ihr paßt vor allem das Wort extrem; die Zunge des Gepatschferners ist extrem spaltenreich, seine weiten Hochflächen hingegen extrem flach, und die manchmal durchgeführte Abfahrt über jenen, immer stärker abschmelzenden Gletscherarm, der westlich der Rauhen Köpfe herabfließt, muß man als extrem steil einstufen.
Drüben im Tal von Langtaufers hingegen wird alles geboten, Firn- und Pulverschneetouren, langgestreckte Täler und rassige Steilhänge, mittlere Fahrten und Hochtouren voller Spannung. Die »Super«-Attraktio-

Die Berge westlich über dem Kaunertal und das Tourengebiet des Langtauferertals werden hier auf Kartenskizzen gezeigt. Diese Ziele sind nämlich noch relativ wenig bekannt, etwa im Gegensatz zur Martin-Busch-Hütte.

Glockturm – durchs Krummgampental
Vom Parkplatz 3 Std. Steilhänge im oberen Teil, sonst Böden; 870 Hm. Gipfelaufbau zu Fuß, steil.

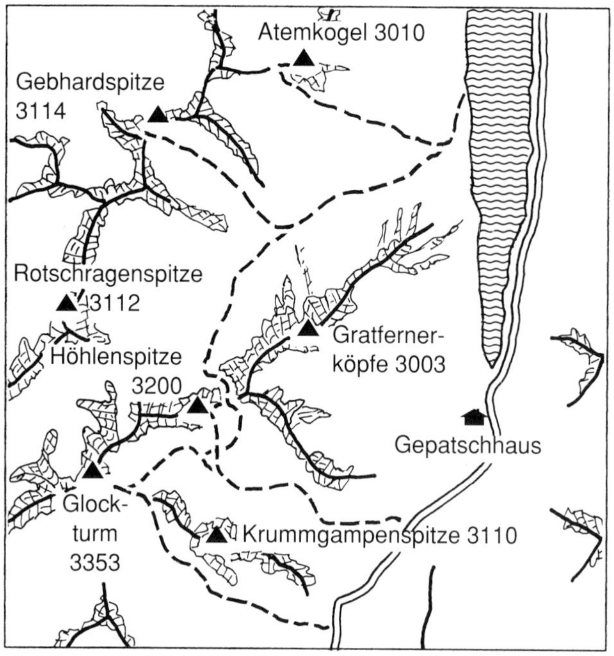

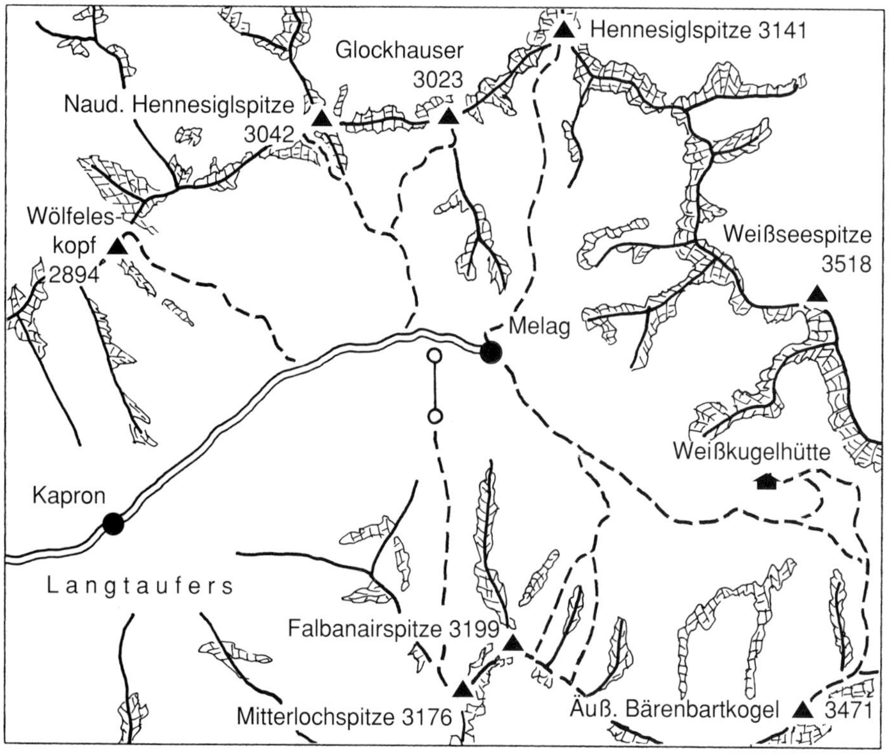

nen bietet natürlich die um Ostern und eventuell an zusätzlichen Frühjahrswochenenden bewirtschaftete Weißkugelhütte mit ihrer grandiosen Eisarena rundum. Besonders eindrucksvoll ist die Tour zum Äußeren Bärenbartkogel (3471 m, 4 Std.). Fährt man direkt ins Tal ab, dann ergibt das eine – allerdings recht anspruchsvolle – Strecke über 1500 Hm, die wahrlich alles bietet, was man sich nur wünschen kann, darunter einen 500 m hohen Gletscherhang.

Fünfzehn der Gipfel über dem mittleren Langtauferertal kann man mit gutem Gewissen als Skiberge empfehlen. Sie sind im Norden und Süden des kurzen, rasch ansteigenden Tales gut verteilt. Eine Firntour der Extraklasse bietet der Berg mit dem kurzen und einprägsamen Namen Nauderer Hennesiglspitze (3042 m, 3 1|2 Std.). Von Hinterkirch steigt man über herrlich freies, teilweise steiles Gelände zum Beginn des Südgrates hinauf. Und nun folgt der einzigartige Clou: Erst auf dem Grat, dann links daneben in einer Hochmulde kann man immer weiter und weiter ansteigen. Erst 80 m unter dem Gipfel wird das Gelände so steil, daß mancher zu Fuß weitergehen wird. Aber auch so kommt man auf 1100 Hm zügige, teilweise rassige und stets waldfreie Abfahrt. Auch mancher Nachbar wie der Wölfeleskopf (2894 m, 3 1/2 Std. ab Gschwell), der Glockhauser (3023 m, 3 1/2 Std. ab Hinterkirch oder auch ab Melag) und die höchste Hennesiglspitze (3141 m, 4 Std. ab Melag) mit ihrem sehr steilen Gipfel locken mit hindernislosen Firnstrecken.
Auch südlich des Tales gibt es für den Tiefschneefahrer, der steiles Gelände bevorzugt, eine reiche Auswahl. Aus dem kleinen Maßeben-Pistengebiet steigt man in 2 1/2 Std. zur Mitterlochspitze (3176 m) hinauf und schwelgt anschließend auf dem großzügigen 500-m-Nordhang. Doch das ist nur eine Art appetitanregende Vorspeise zu den beiden sehr scharf gewürzten Hauptgerichten in dieser Berggruppe. Genau südlich der Melageralm ziehen zwei geschützte, makellos weiße Kare zum Kamm empor, Skigelände der Extraklasse, bei dem so steilen Gelände jedoch nur für den Könner geeignet. Man steuert jeweils die Gratscharten an und kann dann die Falbanairspitze (3199 m), den Rotebenkopf (3157 m) und den Roten Kopf (3246 m) besteigen. Für reichlich 4 Std. Aufstieg bekommt man bis zu 1200 Hm begeisternde Abfahrt, an die sich noch ein 2-km-Langlauf nach Melag anschließt.

Im Hochjoch- und Niederjochgebiet

Rund um das *Hochjochhospiz* ist alles eine Stufe alpiner und eindrucksvoller als in den anderen Nordtiroler Hüttengebieten. Die spannenden Erlebnisse beginnen bereits beim Zugang, wandert man doch durch die ausgesprochen wild eingeschnittene Rofenschlucht. Die Tour zur Weißkugel (3738 m) bildet zudem einen einsamen Rekord für Normalwege. Die Daten: Entfernung 11 km, Höhenunterschied 1350 m, Gehzeit mindestens 5 Std. Eine ungünstige Aufteilung kommt dazu; da wandert man stundenlang allzu flach durch das Tal und über den Hintereisferner einwärts, gewinnt nur schleppend an Höhe, und ist man allmählich müde und abgekämpft, dann muß man sich noch mit zwei Steilstufen abmühen. Wer bei dieser Marathonstrecke die Geduld verliert, sollte besser in 2850 m Höhe nach Westen aus der Spur ausscheren und ein anderes, ganz elegantes Ziel ansteuern. Von der Langtaufererspitze (3528 m, 4 1/2 Std.) zieht genau nach Osten eine Art Privatgletscher herab, steil und zügig, mit einigen Spaltenzonen gewürzt, also genau das Gegenteil von einem »Hatscher«. Diese spritzige Strecke über 700 Hm wird jedem Spaß machen!

Doch nochmals zur Weißkugel. Das Schnalstal mit seiner Gletscher-Seilbahn bietet eine wirklich einzigartige Möglichkeit. Man übernachtet in dem Berggasthaus Schöne Aussicht (2842 m), wandert dann unter und auf dem Kamm zum Steinschlagjoch und trifft unter dem Hintereisjoch auf die zuerst beschriebene Spur. Später kurvt man dann über den Steinschlagferner und durchs Hinterbergtal direkt nach Kurzras hinab. Das sind volle 1700 Hm Abfahrt, schönstes Gelände, nur von einer sehr steilen Stufe unter dem Steinschlagjoch und einem kurzen, aber scharf eingeschnittenen V-Tal unterbrochen.

Seikogel (3355 m), Sennkogel (3398 m) und Kreuzkogel (3338 m, jeweils ca. 3 Std.) heißen drei Gipfel im trennenden Kamm zwischen Hoch- und Niederjochtal. Diese von Osten unauffälligen Köpfe sind auf der Nordwestseite jeweils mit einem kleinen, zerschründeten Steilgletscher geschmückt und laden alle Spezialisten ein, die prickelnde Aufgaben lieben. Da die Hänge auch zur Rofenache und zum Hochjochbach immer steiler und steiler werden, findet man hier wirklich aufregende 1000-m-Abfahrten ohne flache Böden und Täler.

Im Vergleich dazu gehört sogar die elegante Fineilspitze (3514 m, 4 1/2 Std.) zu den leichteren, besser gesagt, zu den weniger anspruchsvollen Zielen, vorausgesetzt, der hohe, exponierte Gipfelgrat ist nicht vereist. Die nordseitige Abfahrt über den Hochjochferner und die anschließenden Moränenhänge zählen zu den schönen Strecken, wie sie für die zentralen Ötztaler Alpen typisch sind. Trotzdem wird die Fineilspitze mehr von »drüben«, also von der *Martin-Busch-Hütte* (2501 m) aus, bestiegen.

Mit gut zwanzig Dreitausendern rundum ist dieser Stützpunkt der unangefochtene Spitzenreiter. Etwa die Hälfte der Gipfel kann man mit bestem Gewissen zu den Skibergen zählen, wobei der Similaun (3599 m, 3 1/2 Std.) als Modeziel alles andere aussticht. Wesentlich höhere Ansprüche stellt der zweite ganz große Gipfel des Hüttengebietes, die Hintere Schwärze (3624 m, 4 1/2 Std.). Aufregend sind bei dieser großen Tour vor allem die tückischen Spalten und Eisbrüche auf dem mittleren Marzellferner zwischen 2800 und 3100 m Höhe und der am Schluß sehr steile, etwas ausgesetzte Gipfelaufbau.

Wer ein westalpenähnliches Skiabenteuer sucht, der kombiniert die beiden »Stargipfel« miteinander. Diese Tour der Kontraste beginnt man am besten mit einer Nacht auf der Similaunhütte, überquert den gleichnamigen Gipfel, wobei die Abfahrt über die extrem steile Ostseite nur bei bestem Firn möglich ist. Dann bummelt man über die weiten, anfangs ganz flachen Böden des Grafferners zur Mittleren Marzellspitze (3532 m) empor, trägt die Skier über den scharfen Grat ins Marzelljoch hinab, fährt nach Nordwesten bis in 3300 m Höhe ab und erreicht so die Spur zur Hinteren Schwärze. Zu 1600 Hm Abfahrt addieren sich die einzelnen Teilstücke.

Natürlich gehört der Schalfkogel (3537 m, 4 1/2 Std.) zum Standardprogramm. Das fast 5 km breite Becken des Schalfferners wird hingegen von den Tiefschneefreunden recht stiefmütterlich behandelt. Zumindest bei der Karlesspitze (3462 m, 4 1/2 Std.) ist das verständlich, bietet sie doch eine Art Gletscher-Langlauf; zwischen 3100 und 3300 m Höhe muß man nämlich gut 2 km weit wandern, um ganze 200 m an Höhe zu gewinnen. Anders die Rötenspitze (3393 m, 4 Std.)! Dieser formschöne Dreikant mit seiner makellosen Eiswand bietet nach flachem Beginn noch einen spannenden Aufstieg zwischen großen Gletscherspalten und eine längere Blockkletterei über den 100 m hohen, steil ansteigenden Südwestgrat.

Nauderer Hennesiglspitze – von Süden
Von Hinterkirch 3 1/2 Std. Ausgesprochen schöne, rassige Südabfahrt über 1130 Hm, nahezu waldfrei.

Weißkugel – ab Kurzras
Von der Schönen Aussicht 4 1/2 Std. Großabfahrt über 1700 Hm, Eisgrat, zwei Gletscher, Karböden und ein scharf eingeschnittenes Tal. Ausgesetzter Gipfelgrat zu Fuß.

Similaun – über Niederjochferner
Von der Martin-Busch-Hütte 3 1/2 Std. Sehr schöne, teilweise steile Gletscherabfahrt über 1050 Hm. Ausgesetzter Gipfelgrat zu Fuß.

Skifahrer auf dem Marzellferner beim Aufstieg zur Hinteren Schwärze.

Abfahrt vom Wurmtalerkopf im Kaunergrat, im Hintergrund die Hapmesköpfe.

Noch zu einem besonderen Leckerbissen. Früher hatte man den Hauslabkogel (3402 m, knapp 3 Std.) kaum beachtet, erst die neue Skifahrer-Generation, die das Steilgelände liebt, hat Geschmack an unserer Spezialroute gefunden. Sie folgt dem Seibach zum gleichnamigen Ferner und mogelt sich dann am westlichen Rand des Gletschers, später auch neben und auf dem Nordgrat zum abgerundeten Gipfel hinauf.

Schalfkogel – von Osten
Vom Hochwildehaus 3 Std. Sehr steile, ostseitige Gletscherabfahrt über 600 Hm, dann ebene Querung. Langer Gipfelgrat weitgehend aus Firn.

Gurgler Bergwelt

In der stolzen Höhe von 2866 m steht das *Hochwildehaus*, gewissermaßen die Hütte der Extreme. Das Klettern über eine Eisenleiter beim Zugang zum Stützpunkt gehört ebenso zum Programm wie das Wandern über die schier endlosen Weiten des ungewöhnlich flachen Gurglerferners. Aus ihm wächst dann – wieder als krasser Gegensatz – der Nordgipfel der Hochwilde (3458 m, 3 Std.) als atemberaubend schlanke Spitze empor, auch eine Art Rekord im Skitourenbereich der Ötztaler Alpen. Der oberste Grat mit seinen drei dunklen Felsköpfchen hat schon manchem das Fürchten gelernt.

Ganz anders in der Art, doch nicht weniger anspruchsvoll ist auch der Ostanstieg zum Schalfkogel (3537 m, 3 Std.). Die äußerst steile Stufe unter dem Kleinleitenferner und der sehr lange Südgrat sorgen für die Merkmale bei dieser Tour, die reine Ostlage läßt zudem den Firn im Frühjahr rasch aufweichen.

Im gleichen Gebiet, aber eine Stufe tiefer, wartet die gemütliche *Langtaleregghütte* (2430 m) auf die Gäste. Sie kann mit einer 700-m-Idealabfahrt von der Scharte am Eiskögele (3233 m, gut 2 Std.) aufwarten, während der Mittlere und der Hintere Seelenkogel (3424 und 3470 m, bis 4 Std.) schon sehr viel höhere Ansprüche stellen. Die Hänge zwischen dem Langtal und den Hochkaren sind hier besonders steil und glatt. Am hinteren Kogel erlaubt ein ungewöhnlich breiter Gletscherrücken einen Skiaufstieg bis zum Gipfelkreuz. Ganz anders der Mittlere Seelenkogel: hier führt das letzte Wegstück über den Nordgrat, eine elegante Firnkante über Eis- und Felswände.

Das nächste Tourengebiet ist das Rotmoostal mit der kleinen, privaten *Schönwieshütte* (2266 m). Nach dem Marsch über einen ganz flachen Talboden kommt man zum gleichnamigen Ferner und kann nun – stets genau nach Osten – auf den ideal geneigten Gletscherhängen bis in 3200 m Höhe ansteigen. Dort wird das Gelände immer steiler und steiler, schließlich stapft man zu Fuß zum Westgipfel der Liebenerspitze (3395 m) hinauf. Ein besonders lohnendes Ziel dank der 1300-Hm-Abfahrt!
Wer die Gletscherspalten nicht fürchtet, steigt vielleicht zum Rotmoosjoch hinauf, um über den Blockgrat auf den Scheiberkogel (3133 m, knapp 3 Std. ab Schönwieshütte) zu stapfen. Kann man die weiteren Möglichkeiten mit gutem Gewissen empfehlen? Etwa den Wasserfallferner, den auffallendsten Gletscher der Region, der mit 400 m hoher und 1000 m breiter Front über eine äußerst steile Stufe herabwallt. Skiabenteuer paßt bei diesem Eisstrom bestimmt besser als Skiabfahrt; und die Charakterisierung »prächtig«, mit der ein Skiführer aufwartet, trifft die Situation so gut, als würde man ein Krokodil mit »lieblich« taxieren.
Der Interessierte entdeckt natürlich immer neue Tummelfelder in dem so weiträumigen Gurgler Berggebiet, keine makellosen Idealtouren allerdings. Oft sperrt eine unangenehme Stufe den Zugang zum begehrten Land. So paßt zum Königstal, vulgär ausgedrückt, oben hui und unten pfui. Das sind wirklich schönste Skihänge dort oben am Königskogel (3050 m) und an den Schwenzerspitzen, während es am Talbeginn auf der Karte »Schoße« heißt, die freundliche Umschreibung eines deftigen Wortes. Und westlich über dem Gurglertal beherrschen die Steilhänge das Bild. Wer wirklich einmal im Extremen schwelgen will, der sollte sich gleich den König in dieser Disziplin aussuchen, den Manigenbachkogel (3314 m, 4 1/2 Std.). Anfangs schlängelt man sich mit etwas Auf und Ab über der tollen Schlucht der Gurgler Ache entlang, dann geht es vom Beilstein 1200 Hm immer gerade empor, steil, sehr steil, äußerst steil, zwischendurch zur Erholung ein kleiner Karboden, später ein Absatz des Manigenbachferners. Besten Firn und ein Aufbruch im ersten Dämmerlicht vorausgesetzt kann das eine grandiose Abfahrt geben.

Nordkämme und Nauderer Berge

Sehr steile und gleichzeitig ungewöhnlich hohe Stufen über den Tälern, das Fehlen von Stützpunkten (nur zwei bewirtschafte Hütten in dem riesigen Gebiet), wilde Felsgipfel – hier gibt es für den Skitourenfreund, wenn er nicht gerade zu den wilden Zeitgenossen und zu den hochalpinen Marathonläufern zählt, recht wenig zu holen.
Im gesamten Geigenkamm sind allenfalls zwei Gebiete erwähnenswert. Da findet man ganz im Süden das Pollestal, die Großabfahrt für die (scheinbar) Faulen. Mit 40 Minuten Aufstieg erreicht man den Beginn der sehr, sehr langen, aber nur im oberen Teil makellosen Strecke. Ein scharf eingeschnittenes Lawinengelände und eine bereits hoch über dem Zielort Huben endende Schneegrenze setzen auch wenig reizvolle Akzente. Wer eine »saubere Sache« vorzieht und viel Kraft mitbringt, wartet bis zur Öffnung der Straße von Sölden ins Rettenbachtal und steuert dann den Wassertalkogel (3252 m) mit seinen zwei Idealstrecken an. In 2400 m Höhe beginnt im Pollestal der Anstieg über Hänge, herrliche Karböden und einen breiten Gratrücken zum Gipfel (2 1/2 Std.).
Vom nördliche Pitztal aus kann man noch das Gebiet des Lehnerjochs besuchen. Hin und wieder ist die gleichnamige Hütte (1935 m) bewirtschaftet, der dazugehörige Winterraum hat eine besondere Spezialität: Dort findet man – ganze zwei Lager. Der Fundusfeiler (3079 m, gut 3 1/2 Std. ab Hütte) gilt als das Standardziel. In Wirklichkeit bietet der dreigipfelige Lehner Grieskogel die besseren Möglichkeiten. Reizvoll ist vor allem der nordwestseitige 500-m-Steilhang an dessen Westgipfel (3032 m, 3 Std. ab Hütte).
Drüben im Kaunergrat gibt es mit der *Rifflseehütte* (2289 m) den einzigen richtigen Skitourenstützpunkt der Region. Zwei Ziele sind ebenso bekannt wie beliebt, der harmlose Wurmtalerkopf (3225 m, 3 1/2 Std.) und der ungleich anspruchsvollere Rostizkogel (3394 m, gut 3 1/2 Std.), ein mächtiger, runder Gipfel mit Firnhaube. Vier weitere Gipfel und Gratköpfe werden gerne im Frühjahr angesteuert, darunter der Löcherkogel (3324 m), ein schöner Dreikant mit langen Graten, die man zu Fuß begehen muß.
Wie bei der Lehnerjochhütte sollte man sich auch bei der *Verpeilhütte* nach der Bewirtschaftungszeit erkundigen. In dem schmalen, von wilden Felsbergen eingerahmten Tal findet man eine wirklich makellose Abfahrt: Die Strecke vom Madatschjoch (3020 m), das direkt am Nordfuß der Watzespitz-Wände liegt. Von dort wird man wegen der schöneren Aussicht nach Norden noch auf den von mir so benannten Schartenkopf (3050 m, insgesamt gut 3 Std.) steigen. Wegen der Steilstufe über dem Roßkarl eignet sich die zweite eindrucksvolle Tour über dem Verpeiltal nur bei zuverlässigem Firn. Bei guten Bedingungen kann man dem Mittleren Sonnenkogel (3135 m, knapp 3 1/2 Std.) mit

Hinterer Seelenkogel – von Westen
Von der Langtalereckhütte 4 1/4 Std. Interessanter Gipfelgrat mit Ski, dann schöne Gletscherabfahrt, sehr steile Stufe über dem Tal, 1100 Hm Abfahrt.

Liebenerspitze – durchs Rotmoostal
Von der Schönwieshütte 3 Std. Sehr steiler Gipfelhang, schöne Gletscherflächen, flaches Tal, 1100 Hm Abfahrt. Westgipfel sehr steil zu Fuß.

Wassertalkogel – aus dem Pollestal
Aus dem Rettenbachtal (Mautstraße) 3 1/2 Std., Gegenanstieg beim Rückweg 1 3/4 Std. Herrliche, teilweise jedoch steile Abfahrten meist durch Kare, insgesamt1600 Hm.

Rostizkogel – Ostroute
Ab Rifflseehütte 3 1/2 Std. Spannende Ostabfahrt über ca.1100 Hm mit zwei Steilstufen, evtl. mit Ski bis auf den Gipfel.

Madatschjoch – aus dem Verpeil
Von der Verpeilhütte 3 Std. Hindernislose Idealabfahrt, 1000 Hm durch Karmulden und über Hänge.

Bewußt erscheint hier ein Sommerbild des Langtaufererferners (mit der Weißkugel im Hintergrund, rechts der Nordgrat des Inneren Bärenbartkogels). Der Skifahrer sollte nämlich nie vergessen, wie gefährlich die Gletscher sind!

den Skiern bis auf den runden Gipfel steigen. Direkt vor dem Betrachter wächst dann die Rofelewand (3353 m) hoch in den Himmel. Ihre Eisrinne schaut – von vis-à-vis – besonders steil und abschreckend aus. Trotzdem stapft im Frühjahr mancher dort hinauf, um einem der ganz großen Gipfel des Kaunergrates aufs Haupt zu steigen.

In den *Nauderer Bergen*, einst ein beliebtes Tiefschneedorado, sind die Tourenmöglichkeiten durch den Liftbau stark geschrumpft. So steht man schon nach 40 Min. Gratwanderung auf dem Schartlkopf (2808 m) und kann dann zwischen drei Abfahrten wählen. Eine bescheidene Anstrengung für 1500 Hm in schönstem, teilweise allerdings steilem und lawinengefährlichem Gelände! Etwas mehr muß man sich am Mataunkopf (2892 m, gut 2 Std.) plagen, die Skier sogar ein Stückchen über den Südwestgrat tragen. Der Lohn für die Mühe: oben 600 Hm Idealhänge, dann das scharf eingeschnittene und von Lawinen bestrichene Saletztal, das ins Pistengebiet zurückführt.

Nur zwei der Nauderer Ziele, die beide ihre kleinen Makel haben, blieben von der Erschließung ganz unberührt. Ein kurzes, scharf eingeschnittenes Bachtal (Valerietal) und ein felsiger Gipfelaufbau, so lauten die Probleme am markanten Gaispleiskopf (2718 m, gut 3 1/2 Std.). In dem Raum dazwischen wird man dort jedoch mit 800 m hohen, ganz freien Südhängen verwöhnt. Hier ist also Firn die richtige Schneeart. Das gleiche gilt für den Gipfel ganz im Norden, den Schmalzkopf (2724 m, gut 4 Std.). Auch seine fast waldfreie Abfahrt zeigt einen kleinen Schönheitsfehler: Es gibt einen 15-Minuten-Gegenanstieg am Sadererjoch.

Gaispleiskopf – von Südwesten
Von Nauders 3 1/2 Std. Bergrücken, dann sehr schöne, teilweise südseitige Hänge, dann enges Lawinental, 1220 Hm Abfahrt. Hoher Blockgrat zum Hauptgipfel.

Upikopf – durchs Upital
Von den Glieshöfen 4 Std. Aufregend steiler Gipfelhang, dann ideale Karmulden und Almhänge, schließlich kurze, etwas unangenehme Waldstufe, 1350 Hm Abfahrt.

Schwemserspitze – durch die Langgrube
Von Kurzras 4 1/2 Std. Sehr interessante, hochalpine Tour mit einigen steilen Passagen; 1350 Hm Abfahrt. Längerer Blockgrat zum Südgipfel, Kletterei bis II zum Hauptgipfel.

Kolbenspitze – über die Ulfasalm
Von Ulfas bei Platt 4 Std. Hänge und schöne Almböden, dann Waldweg, 1400 Hm Abfahrt.

Die südlichen Kämme

Der wohl interessanteste Teil der winterlichen Bergwelt in Südtirol, die Gipfel über dem Langtaufers, wurde schon beschrieben. Im Süden schließt das Bergrevier um das langgestreckte *Matschertal* an, in dem das gemütliche Gasthaus Glieshof (1824 m) schon manchen Tiefschneefreund beherbergt hat. Man sollte jedoch nur im Frühjahr hierherkommen, denn alle Möglichkeiten sind reichlich steil und anspruchsvoll. Da gibt es zum Beispiel die Südabfahrten von den beiden Portlesspitzen (3168 m bzw. 3074 m, 4 1/2 Std.) mit steilem Gipfelaufbau und einer Stufe im Almbereich. Die meisten Sterne verdient der Upikopf (3175 m, 4 Std.) mit seinem sehr rassigen Gipfelhang und einem etwas lästigen Walddurchschlupf kurz vor Ende der 1350-m-Abfahrt. Und natürlich darf man den Ramudelkopf (3330 m, 4 1/2 Std.) nicht vergessen, den Extremsten unter den Extremen, eine »senkrechte« Strecke über volle 1500 Hm.

Machen wir nun noch einen Abstecher hinüber ins *Schnalstal*, dieses eigenartige Gebilde mit seinem noch recht ursprünglichen Leib und dem unnatürlich dicken Kopf. Damit ist Kurzras (2004 m) gemeint, dieser Retortenskiort à la France.

Zweimal wird trotzdem jeder Skitourenbegeisterte hierher kommen. Die Weißkugel-Abfahrt haben wir schon erwähnt. Das zweite Galaziel, das allerdings ganz ehrlich zu Fuß erobert werden muß, heißt Schwemserspitze (3459 m, 4 1/2 Std.). Sie zählt aber nicht zu den harmlosen Bergspaziergängen, sondern bietet eine ernste, hochalpine Skitour für guten und sicheren Firn. Mehrere Steilstufen sorgen für die Würze bei der sonst hindernislosen Großabfahrt.

Im Gebiet rund um die Mastaunspitze südlich des Schnalstals bestimmen langgestreckte Täler und hohe, behäbige, aber deshalb keineswegs flache Berge die Landschaft. Natürlich kann man bei lawinensicheren Verhältnissen so manchen dieser mächtigen Köpfe besteigen, findet auch viele schöne Hochkare. Doch die Anmarschwege sind weit. So braucht man etwa durchs Penaudtal zur Vermoispitze (2929 m) knappe fünf Stunden. Selbst zur Hohen Wiegenspitze (2978 m), die noch den kürzesten Zugang und damit auch die spritzigste Abfahrt bietet, ist man gute vier Stunden unterwegs.

Jetzt fehlt in unserer langen Skirundreise durch die Ötztaler Alpen nur noch die Texelgruppe. Die Westseite, die besonders hohen Abhänge nach Süden und auch das Tal mit der im Frühjahr unbewirtschafteten Lodnerhütte eröffnen allenfalls dem Extremen ein paar Möglichkeiten. So bleibt als Skiland nur der Nordostflügel der Gruppe. Alle fünf Gipfel dort locken mit langen Abfahrten, sie zählen aber auch durchweg zum Anspruchsvollen. Scharf eingeschnittene V-Täler mit den entsprechenden Lawinenstrichen und die sehr steilen Hänge in Grat- und Gipfelnähe setzen die Vorgaben. Ganz kurz die Steckbriefe zu diesem Quintett: Erenspitze (2756 m, 3 1/2 Std.) von Pfelders durch die Nordmulde und über den Nordostrücken; Schieferspitze (2815 m, 4 Std.) von Pfelders durchs schmale Faltschnaltal und über freie Nordhänge; Sefiarspitze (2846 m, 2 1/2 Std.) von Pfelders mit dem Lift, dann über die teilweise äußerst steile Nordflanke; Rötenspitze (2873 m, gut 4 Std.) von Krößbichl durchs scharf eingeschnittene Faltmartal, dann über steile und sanfte Hänge bis zum Gipfel; Kolbenspitze (2868 m, gut 4 Std.) von Kratzegg oberhalb von Ulfas/Platt über Weideböden, Kare und steile Hänge.

Franz Senn – und die alten Zeiten

In den Ötztaler Alpen verlief die Ersteigungsgeschichte eher still und unauffällig. Es fehlten die spektakulären Eroberungen, dazu bieten Berge dieser Art wenig Möglichkeiten. Bei den Erstbegehungen ereigneten sich auch keine Katastrophen, die für sensationelles Aufsehen gesorgt hätten. Man trifft hier jedoch auf eine wirklich bemerkenswerte, aus Längenfeld im Ötztal stammende Persönlichkeit. Franz Senn, bekannt als der Gletscherpfarrer, wurde zu einem außergewöhnlichen Wegbereiter – nicht nur für seine Heimat. Er konzentrierte sich nicht ausschließlich auf die Eroberung noch unberührter Berge, er engagierte sich auch für weitere und letztendlich bedeutendere Aufgaben.

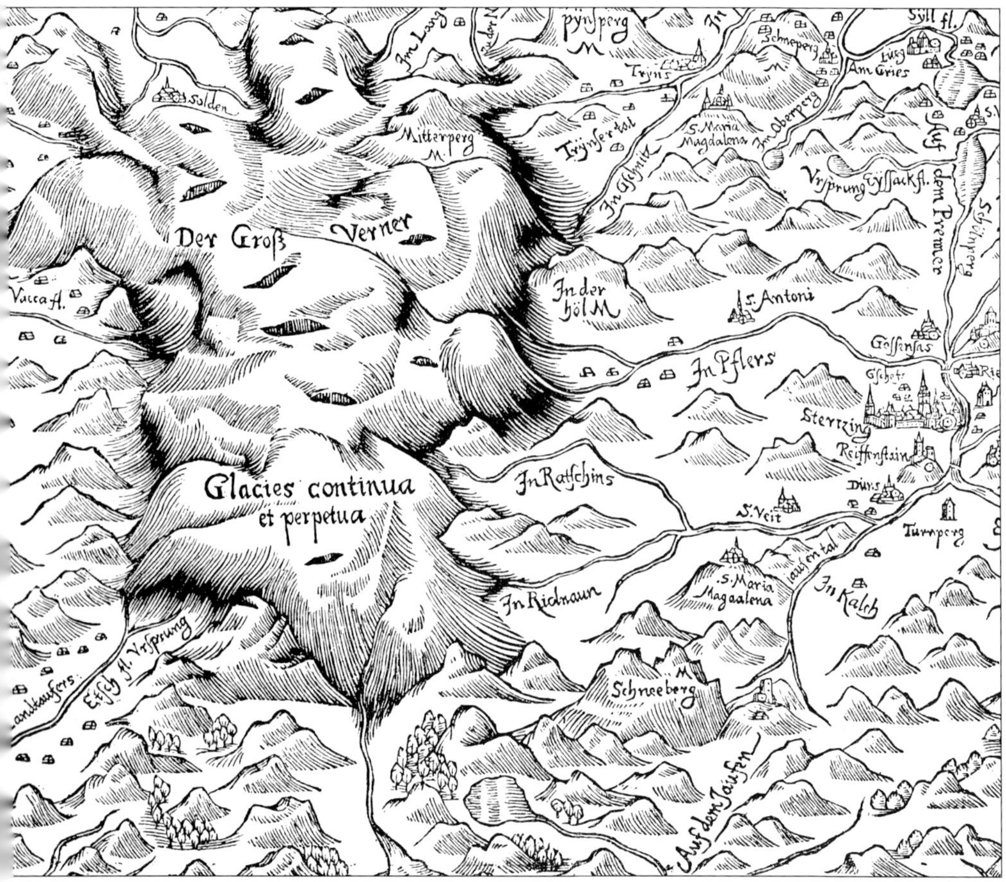

Es ist bemerkenswert, wie genau in die Ygl-Karte von 1604 die Täler eingetragern sind, wie vage hingegen die Gletscher dargestellt werden.

Studiert man das Leben von Franz Senn, einem der Begründer des Deutschen Alpenvereins, dann drängt sich so mancher philosophisch-psychologische Gedanke auf. Wie engstirnig und egozentrisch ist doch das Denken und oft auch das Verhalten vieler Menschen einst und heute! Die Scheuklappen der vorgefaßten Meinungen, die Schablonen, nach denen sich die Überlegungen zu richten haben, verstellen den Weg zu einem freien und objektiven Urteil. Einmal aufgestellte Richtlinien schleppen sich ewig fort! Dazu gehörte und gehört auch eine Art von Heldenverehrung für jene Alpinisten, die besonders schwierige Unternehmen bewältigt haben, während mancher wirkliche Pionier völlig vergessen wurde. Nichts gegen den Beifall für einen auffallend geschickten Kletterer; doch viele eignen sich dennoch keineswegs zum Vorbild. Schon die immer wieder verwendete Formulierung, der xy hätte diese und jene »Tat vollbracht«, zeigt den falschen Zungenschlag.

Welche Erstbesteiger »gelten«?

Die Sucht nach Anerkennung war wohl schon vor 130 Jahren eine starke Motivation. Anders läßt sich manches Ungereimte in der »goldenen Epoche der Alpenerschließung« nicht erklären. Schon beim Schreiben dieser Zeilen höre ich das Grollen der Heldenverehrer, die mich als Nestbeschmutzer in die tiefste aller Höllen schicken möchten. Sei's drum! Schmökert man mit offenen Augen in alten Beiträgen, dann springt so mancher Lack ab. Ein Erfindungsreicher hat zum Beispiel den Begriff »erste touristische Besteigung« in die Welt gesetzt. Aber – Erstbesteigung bleibt Erstbesteigung, da ist es doch ganz gleich, ob sie nun ein Hirte, ein einheimischer Jäger, ein Landvermesser, ein Bergführer oder eben ein »Herr«, womöglich mit Doktortitel, durchgeführt hat!

Im Jahr 1848 stieg Leander Klotz auf den Südgipfel der Wildspitze. Er war ein Bauer, einer von vier Brüdern, die in Rofen etwas talein von Vent, genau am Fuß des Ötztaler Hauptgipfels, lebten. Erst neun Jahre später kam der Wiener Josef Anton Specht, und doch wird er in vielen Veröffentlichungen als Erstbesteiger aufgeführt. Bezeichnend ist auch die Formulierung im aktuellen Alpenvereinsführer. Dort heißt es: »...die erste touristische Besteigung fällt J.A. Specht zu, der den Südgipfel mit N., L. und H. Klotz erstieg.« Die Bergführer werden stets an zweiter Stelle genannt, meist nur als eine Art Anhängsel, auch dann, wenn sie unterwegs die Führenden waren.

Um diese Zeit bevölkerte nur ein kleiner elitärer Kreis von Alpinisten die hohen Berge. Man trifft in den Zentralalpen immer wieder auf die gleichen Namen, wie Weilenmann, Specht, Petersen, von Ruthner, Stüdl, die Engländer Freshfield und Tuckett, um nur einige zu nennen. Man kannte sich zumindest teilweise, beäugte sich neugierig, beobachtete mit einer gewissen Eifersucht die Erfolge der anderen. Ohne viel Systematik bestieg man da und dort einen Berg, wie es eben die Umstände ermöglichten. Natürlich hatte man es in erster Linie auf die großen auffallenden Gipfelgestalten mit einem bekannten Namen abgesehen, war aber oft froh, wenn es wenigstens zu einem der kleinen Fische gereicht hatte.

In den Ötztaler Alpen lagen die Probleme oft weniger in den rein technischen Schwierigkeiten. Auch damals war es kaum anspruchsvoller, etwa von Vent auf die Talleitspitze zu steigen. Doch während wir heutzutage mühelos einen Blitzbesuch mit dem Auto oder Bus ins innerste Ötztal unternehmen können, und die Wildspitze zu einer Wochenendtour ohne alle Anstrengung geworden ist, so dauerte seinerzeit sogar die Wanderung von Zwieselstein nach Vent wenigstens fünf Stunden und erforderte auf dem miserablen, teilweise abgerutschten Steiglein sogar eine Portion Trittsicherheit. Statt gemütlicher Hütten gab es im günstigen Fall ein Strohlager in einer Alm, sonst eine Übernachtung unter freiem Himmel, statt alle Informationen aus Karten und Routenbeschreibungen zu lesen, mußte man mühsam nach Auskünften bei den Einheimischen forschen, von denen man aber nie wußte, ob sie nun wirklich zutreffen oder nicht. Die gleiche Unsicherheit herrschte beim Anwerben eines Hirten oder Bauern zur Begleitung. Es gab ebenso tatkräftige, geschickte und mutige Einheimische wie andere, die bei der ersten ungewohnten Situation störrisch wie Esel wurden und dann von den Plänen der »spinnerten« Stadtleute nichts mehr wissen wollten.

Die Bergbauern hatten ohnedies nur ein Kopfschütteln für das Treiben der Fremden. Deren Motive waren ihnen völlig unverständlich. Trotzdem tippte man sich allenfalls dann ans Hirn, wenn weit und breit kein Gast zu sehen war. Wo es ein paar zusätzliche Münzen zu verdienen gab, fiel diese Art von Zurückhaltung leicht. Die Bergbauern gerade in den inneren Tälern mit ihrem so herben Klima führten im 19. Jahrhundert ein ungemein karges Leben, ja, sie fürchteten eine völlig trostlose Zukunft. Es drohte eine starke Abwanderung.

DIE WICHTIGSTEN ERSTBESTEIGUNGEN

1811 ?	Talleitspitze	F. von Hauslab
1819	Hauslabkogel	F. von Hauslab
1834	Similaun	Th. Kaserer, J. Raffeiner
1839	Schalfkogel	F. Mercey
1848	Wildspitze	L. Klotz und ein Bauer
1853	Glockturm	Pöltinger (Landesvermessung)
1853	Hohe Geige	Ganahl (Landesvermessung)
1853	Salurnspitze	Pöltinger (Landesvermessung)
1858	Hinterer Brochkogel	A. Wachtler, L. Klotz
1858	Hochwilde	Ganahl (Landesvermessung)
1861	Weißkugel	J.A.Specht, J. Raffeiner, L. Klotz
1864 ?	Großer Ramolkogel	F. Senn
1865	Fineilspitze	F. Senn, C. Granbichler, J. Gstrein
1865	Hochvernagtspitze	F. Senn, E. Neurauter, C. Granbichler
1865	Kreuzspitze	F. Senn, C. Granbichler
1865	Langtaufererspitze	Freshfield, Fox, Tuckett und Führer
1867	Hintere Schwärze	E. Pfeiffer, B. Klotz, J. Scheiber
1869	Fluchtkogel	F. Senn, V. Kaltdorff und Genossen
1869	Wazespitze	A. Ennemoser
1870	Hoher First	Dr. J. Scholz, C.J. Gräber und Führer
1871	Hinterer Seelenkogel	Dr. K. von Bibra und Gefährten
1871	Hohe Weiße	Dr. V. Hecht, R. Raffeiner
1871	Texelspitze	Dr. Th. Petersen, L. Ennemoser, Hellriegl
1872	Liebnerspitze	Dr. von Hecht, Pinggera
1872	Roteck	Dr. Th. Petersen, R. Raffeiner, I. Kobler
1873	Rofelewand	Dr. Th. Petersen, zahlreiche Begleiter
1875	Schwemserspitze	J. Hoffmann, J. Spechtenhauser
1876	Vordere Ölgrubenspitze	J. Praxmarer, I. Schöpf
1886	Verpeilspitze	Dr. Th. Petersen, A. Voigt, 3 Führer
1892	Schwabenkopf	Dr. Th. Petersen , J. Praxmarer, J. Penz
1894	Gsallkopf	M. Peer, L. Prochaska
1894	Puitkogel	Dr. F. Lantschner, F. Gstrein
1899	Seekogel	Dr. F. Hörtnagel, H. Margreitner
1909	Hinterer Bärenbartkogel	F. Hohenleitner, J. Plattner
1921	Nasse Wand	Dr. G. Künne, J. März

Der Gletscherpfarrer

Vor diesem Hintergrund muß man die Situation um 1850 betrachten, erst dann wird einem die Klugheit und der Weitblick eines Franz Senn so richtig deutlich. Ihn trieb kein kleinliches Geltungsbedürfnis, keine engstirnigen Rivalitäten. Wenn er trotzdem als verbitterter Mann starb, dann wirft das allenfalls ein beschämendes Licht auf seine Zeitgenossen.

Franz Senn wurde 1831 in Längenfeld auf einem Bauernhof geboren. Der Geistliche des Ortes, Christian Falkner, förderte schon früh den sehr aufgeweckten Buben. So konnte er das Jesuitengymnasium in Innsbruck besuchen, später sogar Philosophie in Innsbruck und München studieren. In diesem echten, »kernigen« Tiroler steckte jedoch eine so tiefverwurzelte Frömmigkeit, daß er ab 1853 das theologische Seminar in Brixen vorzog. 1856 erhielt er die Priesterweihe, und nach seiner Zeit als Kooperator, unter anderem in Zams bei Landeck, kam er 1860 als Kurat nach Vent.

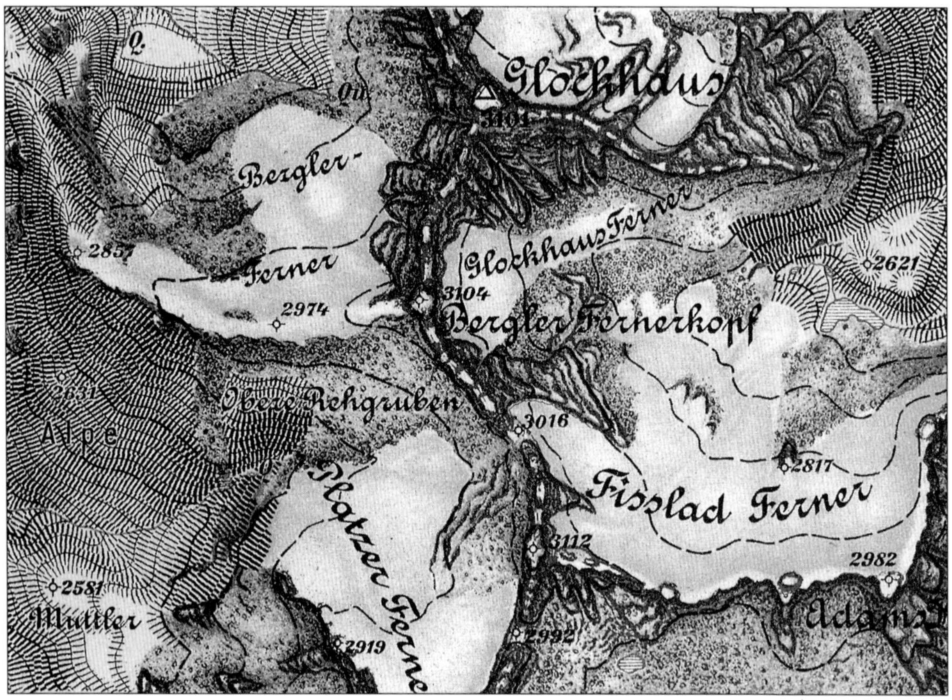

1872 erschien diese Karte, die das Glockhaus im mittleren Glockturmkamm darstellt. Es waren die ersten Karten, die für den Bergsteiger wirklich hilfreich waren.

Etwa 50 Personen lebten zu dieser Zeit im Dorf. Es war ein verschlossener, wortkarger Menschenschlag, der, wie gesagt, hier oben in 1900 m Höhe ein ärmliches und sehr mühevolles Leben führte. Der Pfarrer wurde bald zur tragenden Persönlichkeit. Er mußte die Messe lesen und die Kinder unterrichten, die Dorfangelegenheiten regeln und die Streitigkeiten schlichten. Und durch das Fehlen eines Gasthofes wurde das Widum (Pfarrgut) auch zur Wirtsstube, der Kurat zum Gastwirt mit Bettenvermietung.

Es gab für Franz Senn also wahrlich keinen Mangel an Beschäftigung. Trotzdem beherrschten große Pläne sein Denken, die er auch bald mit Tatkraft und Umsicht in Angriff nahm. Den Anschluß an das Leben der Zukunft konnte das innere Ötztal und das Dorf Vent nur durch eine Verbindung mit der Welt draußen gewinnen. Erstmals blühte zu jener Zeit in den Alpen der Tourismus auf, und mancher Bergbewohner fand dadurch eine neue Einnahmequelle. Warum nicht auch in Vent? Seine Lage im Herz der Ötztaler Alpen mit dem einzigartigen Kranz von Eis- und Gletscherbergen bot dazu die allerbesten Voraussetzungen.

Doch von allein kamen die Fremden nicht. Ganz klar erkannte Franz Senn die verschiedenen Aufgaben, die es anzupacken galt. Man brauchte einen ordentlichen Zugangsweg von Zwiesenstein und auch weiter talein führende Steige, eine ausreichende Herberge in Vent, man mußte geschickte und zuverlässige Führer ausbilden und durch entsprechende Schriften die Aufmerksamkeit auf die Ötztaler Alpen lenken.

1802 hatte eine Lawine das alte Venter Kirchlein eingerissen, nur der Turm blieb stehen. Unter der Regie von Senn wurde 1862 endlich der Neubau fertiggestellt. Der Kurat nützte die Anwesenheit der Bauleute und ließ gleich sein Widum recht stattlich ausbauen. Nun konnten 18 Fremdenbetten aufgestellt werden. Auch seine zweite Aufgabe erledigte Senn hervorragend, und das machte ihn im Tal, in Tirol und in den damaligen Bergsteigerkreisen weitum bekannt und verhalf ihm zu großem Ansehen. Statt der bisherigen miserablen Geißwege gab es ab 1866 einen durchgehenden Saumpfad von Zwieselstein bis zum Hochjochferner. Noch heute sind südlich der Rofenache Teile des »Sennwegs« zu erkennen.

Auch die selbstgestellten Aufgaben Nummer drei und vier packte der Kurat mit dem für ihn typischen Schwung und der entsprechenden Gründlichkeit an. Als begeisterter Alpinist begann er die höheren Abschnitte der Ötztaler Alpen systematisch zu erforschen. Er entdeckte zahllose neue Übergänge und Aufstiege, stand als erster auf vielen der großen Gipfel wie der Fineilspitze und dem Großen Ramolkogel, Fluchtkogel und Hochvernagtspitze, und verstand es zudem, durch seine fesselnden Schilderungen und Berichte die beste Werbung zu betreiben.

Zu jener Zeit waren fast ausschließlich die Fremden als Erschließer und Erstbesteiger im Bereich der Gletscherberge unterwegs und erfolgreich. Da fiel es natürlich doppelt auf, daß hier nicht nur ein Tiroler, sondern sogar ein echter Ötztaler die Initiative ergriffen hatte. Er kümmerte sich auch vorbildlich darum, aus den

Venter Bauern und Hirten verantwortungsbewußte Führer zu formen. Sein besonderes Ziehkind hieß Zyprian Granbichler, ein Herkules von Gestalt und Kraft, gleichzeitig aber ein Führer von größter Zähigkeit und Zuverlässigkeit. Er war bald im ganzen Ostalpenraum bekannt, bekam verlockende Angebote, blieb aber stets den Ötztalern und seinem Wohltäter treu.
Franz Senn hatte es geschafft, in wenigen Jahren ein verschlafenes Nest in den Bergen in einen Touristenort von Weltruf zu verwandeln. Die Zahl der Besucher nahm sprunghaft zu, es strömte mehr Geld ins Tal als je zuvor. Also – nichts wie eitel Sonnenschein?
Bei aller Freude über seine echten Erfolge und die weite Anerkennung wurde doch Franz Senn stets rasch von den Alltagssorgen wieder eingeholt. Der Ausbau des Pfarrhauses und die so aufwendige Anlage des »Sennwegs« hatten nicht nur seine eigenen, durchaus stattlichen Mittel bis zum letzten Gulden aufgezehrt, er war auch gezwungen, zusätzlich ein hohes Darlehen aufzunehmen. Er sah darin kein Risiko, denn es war ihm ja nicht nur von den verschiedenen Seiten eine richtige Woge der Begeisterung und des Lobs zuteil geworden, man hatte ihm auch reiche finanzielle Hilfe versprochen. Aber wie so viele echte Pioniere traf den Gletscherpfarrer die häßliche und scheinbar unvermeidbare Ernüchterung: Der Schritt von Lippenbekenntnissen hin zur wirklich aktiven Hilfe wird nur selten getan.
Kurzes Fazit: Viele profitierten von Senns rast- und selbstlosen Bemühungen, doch der Wohltäter blieb zeitlebens auf seinen drückenden Schulden sitzen. Von 1866 bis zu seinem Tod im Jahr 1884 führte er einen ebenso verzweifelten wie erfolglosen Kampf ums Geld. Als Pfarrer und Idealist fehlte ihm zudem die Kaltschnäuzigkeit eines erfolgreichen Geschäftsmannes. Treu und Glaube war für ihn ein ehernes Gebot, das er auch bei allen anderen voraussetzte. Doch die immer und immer wiederkehrenden Enttäuschungen ließen den Kuraten schließlich verbittern!

Der Hintere Spiegelkogel (hier vom Mittleren gesehen) gehört zu den zahlreichen Gipfeln rund um Vent, die Franz Senn als erster bestiegen hat.

Die Chance zum Überleben

Pfarrer Franz Senn dürfte auch die treibende Kraft bei der Gründung des Deutschen Alpenvereins im Jahre 1869 gewesen sein. Zumindest für ihn stand auch bei dieser Initiative die Erschließung des Alpenraums im Vordergrund, und die dann folgende Entwicklung gab ihm vollständig recht. Im späteren 19. Jahrhundert brauchten weite Regionen in den abgelegenen inneralpinen Tälern zum Überleben neue Einnahmequellen. Es gab nicht Dutzende von Möglichkeiten, zwischen denen die Bedrängten nach Belieben hätten wählen können. Im Gegenteil, ihnen stand nur ein Entweder-Oder offen: sich mit sehr viel Arbeit und Mühe durch ein reichlich karges Bauernleben zu schlagen oder die Heimat zu verlassen. Der Beginn und das rasche Aufblühen des Tourismus, vor allem der Bergsteigerei,

zeigte sich als *der* Rettungsanker zum richtigen Zeitpunkt.
Wohin der Weg sonst führte, zeigt so manches Bergnest in abgelegenen Gebieten Italiens. Man findet viele ausgestorbene Dörfer, in denen die Steinhäuser vor sich hinbröckeln; die Einwohnerschaft besteht vielleicht noch aus einem Hirten, einer Herde von Geißen, ein paar verwilderten Katzen und zahlreichen Eidechsen und Schlangen.
In unseren Tagen laut gewordene Kritik, der Alpenverein hätte eine unheilvolle Entwicklung (Übererschließung) eingeleitet und sie damit verschuldet, ist oberflächlich, ja geradezu dumm. Zu Lebzeiten von Franz Senn gab es ebenso wie heute Menschen, deren ganzer Beitrag im lauten Tönen bestand, und die ein Problem nur wie mit Scheuklappen aus einem einzigen Blickwinkel betrachteten. Die Entwicklung nach 1870 war vollkommen logisch und – vielleicht von ein paar Details abgesehen – auch durchaus sinnvoll; dafür gab es seinerzeit überhaupt keine Alternative.
Die Leistungen der Alpenvereinssektionen im Hütten- und Wegebau bis hin zum Ersten Weltkrieg kann man nur bewundern. Was da geschuftet und geschaffen wurde, verdient in meinen Augen ungleich mehr Anerkennung als manche spektakuläre Erstbegehung, nach der sich die Akteure wie Helden feiern ließen. Wenn jetzt, 120 Jahre später, andere Bedingungen in weiten Teilen der Alpen herrschen, dann muß man das heutige Vorgehen überdenken und neue Wege einschlagen, aber nicht an Franz Senn und seinen Zeitgenossen herumkritisieren!

Aus dem Bergbauernleben um 1900. »Mittagessen« von Albert Egger-Lienz.

Wie schon erwähnt, war Zyprian Granbichler das besondere »Ziehkind« Franz Senns. Er nahm sich des vaterlosen und bettelarmen Buben an und gab ihm in seinem Widum Arbeit und ein Zuhause. Durch seine Unterrichtung und Fürsorge entwickelte sich hier ein hervorragender Führer, auf den man sich ebenso im alpinen wie im menschlichen Bereich verlassen konnte. Der Zyper belohnte seinen Wohltäter mit größter Treue und Dankbarkeit. Bis 1868 begleitete und umsorgte er den Kuraten auf allen wichtigen Bergfahrten. Da kann man verstehen, wie tief Franz Senn die Ereignisse vom 7.11.1868 trafen, die im folgenden Beitrag geschildert werden. Die totale Erschöpfung und Unterkühlung untergrub aber auch die Gesundheit des Kuraten selbst. In dem herben Klima von Vent kehrten seine Kräfte niemehr voll zurück. So nahm er 1872 Abschied von seinem Bergdorf, wirkte anschließend in Nauders und schließlich noch für kurze Zeit in Neustift im Stubaital. Auch in seinen letzten Jahren bis hin zu seinem recht frühen Tod 1884 führte er noch einmal einen völlig verzweifelten Kampf um seine Finanzen. Umsonst! Doch er bekam eine »würdige« Leichenfeier. Dabei pries man in überschwenglichen Worten den Mann, der das Ötztal aus der Armut erlöst hatte.

E. F. Hofmann
Der Tod des Zyprian Granbichler

Franz Senn suchte einige Tage Erholung in Meran. Den braven Zyper hatte er mitgenommen. Am 6. November brachen die beiden wieder auf. Klar und mild war die Luft. Die aufgehende Sonne versprach einen schönen Wandertag, der sie bis nach Schnals bringen sollte. Georg Klotz aus Vent begegnete ihnen. Er versicherte, daß der Hochjochferner sehr gut zu überschreiten und jenseits alles schneefrei wäre.
Nachdem sie in »Unsere Frau« übernachtet hatten, gingen sie am Samstag über Kurzras hochjochwärts. Ein kalter Westwind pfiff ihnen entgegen, je weiter sie aufwärts stiegen. Beim Gehöft des Schnalser Tals war der Boden verschneit. Je näher sie der Paßhöhe kamen, desto tiefer wurde der Schnee. Immer schneller schritten beide aus, dem Hochjoch zu, das sie um 1/2 2 Uhr erreichten. Oft und oft hatten Senn und Zyper den anschließenden Ferner in zwei Stunden überschritten. Jenseits begann der neue, schöne Saumpfad, Senns Weg, von dem er und Zyper jede Wendung, fast jeden Stein kannten.
Nach kurzer Rast betraten sie dreiviertel Zwei den frisch verschneiten Gletscher. Sie brachen sofort knietief ein. Trotzdem wateten sie Schritt für Schritt weiter,

eineinhalb Stunden lang – und hatten noch kein Drittel des Weges hinter sich. Zyprian fror in seinen leichten Kleidern und wollte umkehren, aber Senn wagte das nicht mehr; denn der Westwind mußte ihre Spuren längst verweht haben. Er hoffte jenseits des Latschenbühels auf eine Besserung des Wetters. Zudem rief ihn die Pflicht nach Hause.

Schweigend fügte sich Granbichler und schritt als Führer voran. Heftigerer Wind, dichteres Flockentreiben setzten ein und beschleunigten die Dämmerung, die jede Orientierung erschwerte. Der Nebel sank bis zum Boden herab, die Nacht brach an, und die zwei waren abgemattet und allein inmitten des Ferners. Der Sturm heulte und peitschte ihnen körnigen Schnee ins Gesicht. Sie verirrten sich in der Dunkelheit. Um nicht ein Opfer der Randspalten zu werden, kletterten sie den oberen Berg entlang und hofften so die Steinerne Stiege zu erreichen. Gegen zehn Uhr abends fanden sie diese trotz der undurchdringlichen Schwärze der Nacht. Eisiger Nordwind durchschauerte ihre Glieder. Tiefer und tiefer wurde der Schnee.

Auf Händen und Füßen krochen sie über Platten und wilde Gehänge abwärts, dem Arzbödele zu. Oberhalb desselben überquerten sie den Hochjochferner, um vielleicht auf diese Weise ins Rofental zu gelangen. Das Eis war glatt und steil, der Abstieg mühselig, ging aber doch verhältnismäßig leicht vor sich. Plötzlich glitt Zyprian aus, fiel zu Boden und wurde abwärts geschleudert. Im Fallen riß es ihn über eine Kluft und warf ihn auf Moränenschutt. Erschrocken, halb betäubt blieb er liegen, zitternd im Schüttelfrost. So fand ihn Senn vor, versuchte den erstarrten Körper zu erwärmen und Zyper zu beruhigen.

Es mochte gegen ein Uhr in der Nacht sein. Beide waren müde zum Umsinken; sie mußten weiter. Aber wo in dieser Finsternis, umtost von Sturm, umwirbelt von Schneeflocken, den Weg finden? Wieder und wieder verirrten sie sich, suchten ab- und aufwärts in dem zerklüfteten Gelände. Oft sanken sie erschöpft und verzweifelt zu Boden. Nur mit äußerster Willensanstrengung schleppten sie sich dennoch weiter.

Endlich kam die Dämmerung. Zypers Körper schlotterte vor Kälte. Als sie den Vernagtferner unter unsäglichen Qualen erreichten, überquerten sie ihn gegen die Zwerchwand zu. Um sechs Uhr früh endlich fanden sie den neuen Weg. Kaum hatten sie ihn betreten, ging eine Staublawine neben ihnen nieder. Zyprian warf sich zu Boden, um nicht fortgerissen zu werden. Senns Kräfte drohten dieser neuen Gefahr nicht mehr standzuhalten. So schritt, getreu der Führerpflicht, Granbichler voran, den Weg zu bahnen. Bis zur Achsel türmte sich bei jedem Schritt der Schnee; es war ein gräßlicher Kampf ums Leben.

Mehrmals versuchte Senn, Zyper zu entlasten; doch nach kurzer Zeit sank er jedes Mal vor Schwäche zusammen. Wortlos nahm dann Zyprian wieder den alten Platz ein und trieb die wuchtige Gestalt von neuem durch den Schnee. Doch schon bis ins Mark durchkältet, gab der treue Mensch seine letzte Kraft her, um den geliebten Herrn zu retten. Für sich hoffte er nichts mehr. Er wurde schwächer und schwächer und fühlte, wie ihn tödliche Erschöpfung überkam. Kurz vor dem Roten Bach lehnte er sich an den Schnee und stöhnte: »Ich kann nicht mehr!« Taumelnd, halb ohnmächtig sank er zu Boden. Senn versuchte ihn mitzuschleppen – unmöglich, den riesigen Mann nur in die Höhe zu bringen! So versuchte er Hilfe aus Rofen herüberzuholen. Mühsam wühlte er sich zu einer freien Stelle durch, wo er von Ferne die Höfe liegen sah. Der Bauer Ferdinand Klotz kam ihm entgegen. Er schickte ihn zu Granbichler und setzte wankend seinen Weg nach Rofen fort.

Dem erfahrenen Nikodem Klotz gab er dann Anweisung, wie Zyprian möglichst schonend unter Dach und Fach gebracht werden könnte. Der Kurat war durch die furchtbaren Anstrengungen in einen Fieberzustand geraten, der ihm den klaren Blick nahm und ihn nicht erkennen ließ, daß der treue Weggenosse als ein Sterbender zu Boden gesunken war. Nur eine einzige Vorstellung hatte noch Raum in dem überreizten Hirn des Geistlichen: »Die Pflicht ruft, ich muß nach Vent!« Um vier Uhr nachmittags langte er dort an, nach einer grausigen Wanderung von dreißig Stunden. Den Zyper glaubte er wohlgeborgen. Doch die Hilfe war zu spät gekommen. Unter dem kalten Himmel seiner Berge war Granbichler in den Armen des Klotz verschieden. Ernst und stumm trugen die Führer ihren Besten nach Vent und brachten die traurige Last ins Widum. Mit 33, in der Blüte seines Mannesalters, mußte er ins Grab gesenkt werden.

Am Querkogeljoch zwischen Gurgler- und Schalfferner um 1890.

Franz Senn, Kurat in Vent, Bergsteiger, Wohltäter für das Innerötztal und Mitbegründer des Deutschen Alpenvereins.

Die Bevölkerung betrachtete Senns Rettung als ein Wunder Gottes. Er aber machte sich bittere Vorwürfe, daß er am Hochjochferner nicht umgekehrt war. Tagelang war der Priester unansprechbar, stumpf. Seine Glieder waren aufgeschwollen, der ganze Kopf tobte und brannte noch von dem Nordsturm.
Nach und nach wurde er ruhiger. Sein Beruf zwang ihm Selbstbeherrschung auf, die ihn bewahrte, dem Irrsinn zu verfallen, wie man befürchtete, als er, vom frischen Grab kommend, am Betpult zusammenbrach. Von allen Seiten wurde dem Tiefgebeugten Mitgefühl und Teilnahme bezeugt. Dies war ihm ein kleiner Trost und half, ihn wieder aufzurichten. Sein erstes klares Denken galt Zyprians mitteloser Mutter, die nun ganz verlassen in der Welt stand. Sobald die alte Frau sich dazu entschließen konnte, gab er ihr im Widum eine Heimat und suchte der Siebzigjährigen durch Liebe und Güte den Verlust des Sohnes erträglicher zu machen.

Ötzi – der Mann aus dem Eis

Inzwischen ist ein anderer Mensch aus den Ötztaler Alpen ungleich bekannter als Franz Senn: der sogenannte Ötzi. Die in 3200 m Höhe gefundene, bestens konservierte männliche Leiche bietet den Wissenschaftlern ein ganz hervorragendes Studienobjekt. Sie trug Kleidung aus Leder und einen Wärmeschutz aus Gras, man fand zudem eine Axt mit Holzstiel und Kupferklinge, ferner einen Köcher aus Leder mit 14 Pfeilen von etwa 75 cm Länge, alles in ungewöhnlich gutem Zustand. Es war nicht schwer, das Alter des Fundes mit rund 4600 Jahren festzulegen.
Die sensationell aufgemachte Berichterstattung in der Tagespresse mag die Ursache einer eher verworrenen Vorstellung sein. Der »Ötzi« lebte nämlich nicht in grauen Urzeiten, sondern in der späten Steinzeit, einer Epoche, über die man aus vielen Funden recht gut Bescheid weiß. Es waren Ackerbauern und Viehzüchter mit einer schon erstaunlich hohen Kultur, man ritt bereits auf Pferden, kannte von Ochsen gezogene Wagen und trieb Handel quer durch Europa.
Der Bezeichnung »Similaunmann« ist unzutreffend. Man fand die Mumie 300 m südlich des Hauslabjochs, also am Ostfuß der Fineilspitze. Die flache Senke im Grenzkamm, auch Tisenjoch genannt, aperte in den letzten zehn Jahren immer stärker aus, bis der »Ötzi« an der Oberfläche erschien. Er kam vermutlich dort oben in einem herbstlichen Schneesturm ums Leben und wurde dann gewissermaßen gefriergetrocknet. Offensichtlich blieb er seitdem unter Eis - selbst in den Wärmeperioden wie im Mittelalter.

Zur Unrast unserer Zeit zählt auch die Angewohnheit, eilig mit dem Auto durch die Bergtäler zu kurven, die Augen ausschließlich auf die Straße und den Vorherfahrenden gerichtet, um die immer gleichen, berühmten Ziele anzusteuern. Die oft ganz ausgeprägten Eigenheiten einer Landschaft und so manche Schönheit im Detail, vor allem die vielen »Wasserspiele«, werden dabei völlig übersehen.
Aussteigen und Bummeln – es gibt kein besseres Rezept, um die Täler in den Ötztaler Alpen kennenzulernen. Wer erst einmal die Augen geöffnet hat, der wird immer Neues finden, das ihm viel Freude bereitet und zu weiteren Entdeckungen anregt. Er spürt plötzlich die ganz individuelle Eigenart eines Gebietes. Der Vorbeieilende kapiert zum Beispiel ganz sicher nicht, welch typische und durchaus unterschiedliche Atmosphäre die Talkessel von Oetz, von Umhausen und von Längenfeld bei näherem Kennenlernen verströmen. Wenn man sich dabei die Plätze aussucht, die sich eine gewisse Ursprünglichkeit bewahrt haben (und nicht etwa ein Neo-Hotel-und-Asphalt-Dorf wie Mandarfen, wo es keinen Laden, sondern einen Shop gibt), dann wird man bei seiner Atmosphäre-Suche erfolgreicher und zufriedener sein.
Im Bereich der »größten Massenerhebung der Ostalpen« findet man selbstverständlich auch Dörfer und Höfe in ungewöhnlich hoher Lage. Auf allen Seiten reicht die Besiedlung in den Tälern ungewöhnlich weit hinauf. Unsere kleine Aufstellung bringt Zahlen, die wohl für den gesamten Alpenraum einzigartig sind.

Rofen	Ötztal	2011 m
Kurzras	Schnalstal	2004 m
Fineil	Schnalstal	1952 m
Melag	Langtaufers	1919 m
Obergurgl	Ötztal	1907 m
Vent	Ötztal	1895 m
Tanai	Matschertal	1824 m
Lazins	Pfeldererttal	1772 m
Gerstgras	Schnalstal	1767 m
Mittelberg	Pitztal	1736 m
St. Martin	Vinschgau	1736 m
Plawenn	Vinschgau	1725 m

Auf die technische Erschließung mit Straßen und Bergbahnen wollen wir nicht detailliert eingehen, auch wenn sie in den Ötztaler Alpen sehr in die Augen fällt.

Die Täler in Nord- und Südtirol

Dieses Kapitel soll keinen Fremdenverkehrsprospekt ersetzen, und es bringt keinen Führer für Spaziergänge im Tal. Auch hier geht es in erster Linie um das Ungewöhnliche und um das Reizvolle in der Landschaft – doch diesmal im Zusammenhang mit den Menschen, die dort wohnen. Man findet in diesen Tälern unerwartet viel zum Schauen und zum Staunen. Mancher wird zudem in diesem Abschnitt vielleicht nach einem Vortrag über die Probleme der alpinen Erschließung suchen. Eine Monographie kann jedoch kein Öko-Buch ersetzen; diese Materie ist viel zu komplex, um sie hier auf wenigen Seiten abzuhandeln.

Ärmlicher, inzwischen verlassener Hof im innersten Passeiertal (Schönau).

Es gibt nicht weniger als vier Gletscherskigebiete – naheliegend, bei den großen Höhen und den relativ sanften Formen. Pistenregionen der Spitzenklasse findet man zudem im Gurglertal und in Sölden. Aber damit ist schon der Großteil der Erschließung genannt. Außer ein paar bescheideneren Liften wie in Vent, Langtaufers oder Pfelders gibt es nur noch drei größere Anlagen: eine Seilbahn in der Nähe von Landeck am Venetberg, Lifte am Hochzeiger bei Jerzens und einen größeren Pistenzirkus oberhalb von Nauders. Doch auch in

Oetz, 812 m
Verkehrsamt, A-6433,
Tel. 05252/6669,
2100 Einwohner,
2800 Gästebetten.

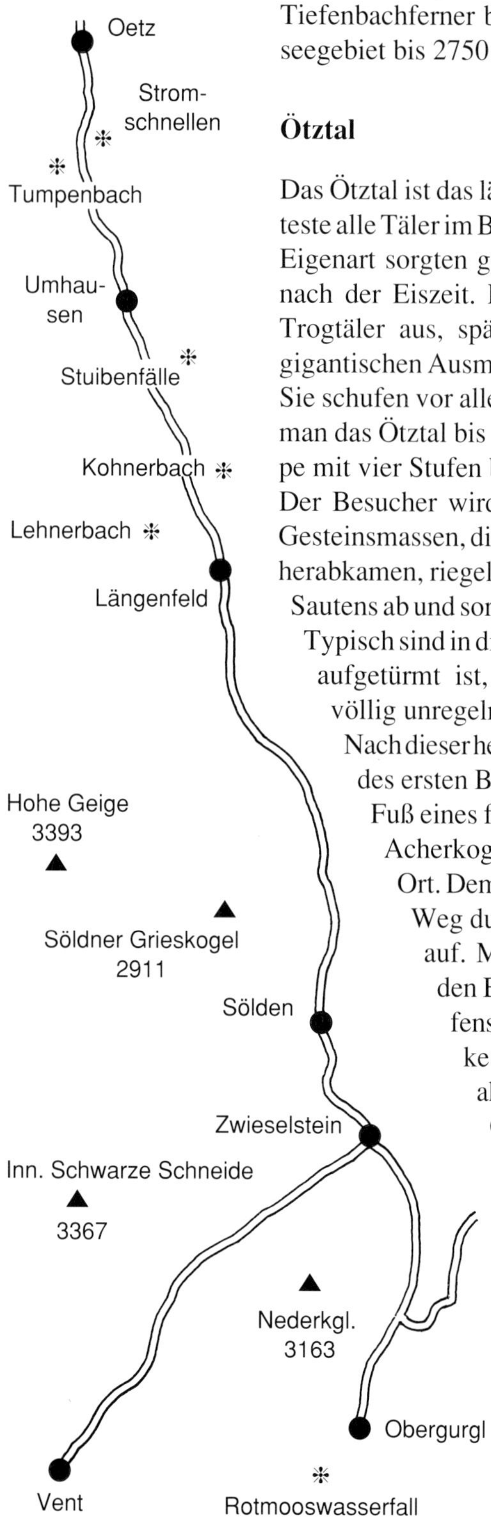

dieser Beziehung bleiben sich die Ötztaler Alpen »treu«: Ganz auffallend ist das Nebeneinander von lebhaftem Betrieb und Einsamkeit.
Mit dem Timmelsjoch (2474 m) trennt der zweithöchste Straßenpaß Österreichs die Ötztaler von den Stubaier Alpen. Im Bereich der Sommerskigebiete führen die Straßen sogar in Rekordhöhen, am Rettenbach- und Tiefenbachferner bis knapp 2800 m Höhe, im Weißseegebiet bis 2750 m.

Ötztal

Das Ötztal ist das längste, das berühmteste und beliebteste alle Täler im Bereich der Ötztaler Alpen. Für seine Eigenart sorgten gewaltige Naturkräfte während und nach der Eiszeit. Erst hobelten die Gletscher breite Trogtäler aus, später sorgten dann Bergstürze von gigantischen Ausmaßen für die heutige Talgliederung. Sie schufen vor allem die einzelnen Kessel. So könnte man das Ötztal bis hinauf nach Sölden als Riesentreppe mit vier Stufen bezeichnen.
Der Besucher wird gleich entsprechend empfangen: Gesteinsmassen, die von Norden, also vom Tschirgant, herabkamen, riegeln das Ötztal zwischen dem Inn und Sautens ab und sorgten damit für den ersten Talboden. Typisch sind in diesem Gelände, das aus Kalkgestein aufgetürmt ist, die von Kiefern überwucherten, völlig unregelmäßigen Hügel.
Nach dieser herben Welt fallen die saftigen Wiesen des ersten Bodens besonders auf. Hier liegt am Fuß eines fein zugespitzten Felsdreikants, des Acherkogels (3007 m), gleich der wichtigste Ort. Dem Autofahrer fällt bei seinem kurzen Weg durch *Oetz* vor allem das rege Leben auf. Menschen stehen und flanieren auf den Bürgersteigen, studieren die Schaufenster, sitzen im Wirtsgarten. Eindrücke eines modernen Ferienortes! Man ahnt dort nichts von jenen engen Gassen, die sich unmittelbar dahinter verbergen, vom alten Kern des Ortes mit seinen stattlichen, teilweise historischen Häusern wie in einem südländischen Städtchen, die sich jedoch sehr sauber und adrett präsentieren. Eine schöne, ungewöhnlich reich verzierte Fassade von 1573 zeigt der Gasthof Stern, dessen Geschichte bis ins 12. Jahrhundert zurückreicht. Und steil über allem thront die Pfarrkirche auf einem Felsen; an ihr fallen besonders die gotischen Portale ins Auge.
Im Talkessel von Oetz reifen Aprikosen, Pfirsiche und Edelkastanien. Die geschützte Lage sorgt für ein so mildes Klima, als sei man auf der Alpensüdseite. Deshalb haben auch die Badenixen und ihre männlichen Pendants längst den *Piburgersee* als Tummelplatz entdeckt. Diese immerhin 800 m lange Wasserfläche versteckt sich in 914 m Höhe am Fuß der Karkopf-Steilhänge. Wieder war es ein Bergsturz, der diese Märchenwelt schuf. Bei der kurzen Wanderung vom Gasthaus Waldhof bei Habichen zum See bekommt man den vollen Reiz dieser Landschaft serviert: Vorspeise ist ein lichter Wald mit Lärchen, Moos und gewaltigen Felstrümmern, die Ötztaler Ache bildet das kräftig gewürzte Hauptgericht – bei den sogenannten Achstürzen schäumen die Wassermassen durch eine wilde Blocklandschaft –, und oben am See läßt man's dann gemütlich ausklingen.

⇛ Stromschnellen der Ötztaler Ache
Südlich von Habichen bei Oetz schiebt sich von links die Habicherwand, von der anderen Seite die Armelenwand gegen das Tal vor. Sie bilden zusammen ein riesiges Tor aus Felswänden, eine Art Pforte zum inneren Ötztal. Ungewöhnlich feste Gneise, die auch den gewaltigen Acherkogel aufbauen, haben hier der Verwitterung und den Gletschern besser widerstanden als die anderen Gesteinsarten rundum. So blieben diese Wandstreifen als auffallendes Bollwerk zurück. Mit 150 m hohem plattigem Steilfels fußt die äußerste Ecke der Habicherwand auf der Ebene.
Zwischen den letzten Wiesen von Habichen und den ersten von Tumpen liegt ein Höhenunterschied von 60 m. Rasch strömt hier die sehr wasserreiche Ache bergab, ein besonders malerisches Bild bietend, denn das Flußbett ist mit Blöcken jeder Größe gespickt und bildet dadurch eine lange Reihe wilder Stromschnellen. Das sieht nicht nur reizvoll aus, hier haben wir auch eine ganz natürliche Form von »Flußverbauung«: Die Blöcke bremsen das Wasser bestimmt so gut wie künstlich errichtete Stufen.
Zu den Stromschnellen der Ötztaler Ache: Von Habichen auf der Hauptstraße etwa 1 km Richtung Umhausen bis zur ersten Serpentine; kleiner Parkplatz links der Straße. Von hier ganz kurz hinab an den Fluß.

Die zweite Stufe unserer Ötztal-Treppe, das Gebiet der Gemeinde *Umhausen*, beginnt mit dem schmalen Boden bei Tumpen. Das ist unverkennbar die Fläche eines

einstigen Sees. Besonders steil steigen hier die seitlichen Berglehnen empor, überall fallen die großen Felsabbrüche auf, Mauern bis zu 500 m Höhe wie die Engelswand. Besonders imposant zeigt sich das Achertal; hier geht es in einem Schuß von 3000 auf 900 m herab, also 2100 m Höhenunterschied auf eine Distanz von 3,5 km!
Die südliche Hälfte des Talkessels ist viel weiter und sonniger, der flache Boden wird von schrägen oder hügeligen Wiesenhängen abgelöst. Muhre und Östermuhre heißen zwei Ortsteile von Umhausen, Namen die das Entstehen dieser für das Ötztal eher untypischen Tallandschaft erklären. An der Ausmündung der drei ostseitigen Nebentäler wurden bis zu 150 m hohe Schwemm- und Murkegel aufgeschüttet, und sie schufen das so abwechslungsreiche Gelände.
Drüben, auf der Seite der Stubaier Alpen, wartet Umhausen noch mit »seinem Rekord« auf. Die zweiteiligen *Stubenfälle* werden gerne als die größten Wasserfälle Tirols bezeichnet. Diese Katarakte aus gewaltigen Wassermassen sind allemal einen Ausflug von einer Stunde wert! Übrigens: das in den Namen von Wasserfällen immer wieder auftauchende »Stuiben« leitet sich von nichts anderem als »stauben« her.

⇛ Tumpenbach-Wasserfälle
Am Bergfuß drängen sich die Häuser von Tumpen zusammen, als würden sie dort Schutz suchen. 900 m hoch steigen dahinter die dicht bewaldeten Steilhänge auf. Hier blitzen zwischen den Bäumen lange, silberne Streifen auf. Ihre obere Stufe ist weit über 100 m hoch; dieser Wasserfall gehört also zu den größten überhaupt. Zu seinem kleineren »Bruder« knapp über dem Tal führt ein eigener kurzer Wanderweg. Hier stürzt das Wasser gut 20 m über eine Felswand herab.
Zum Tumpenbach: Von der Hauptstraße nach Westen zu den Häusern am Bergfuß. Auf der Forststraße Richtung Armelenhütte zur ersten Kehre. Hier Abzweigung des Fußwegs zum unteren Wasserfall. Man erreicht durch Fichtenwald einen Vorsprung mit sehr schönem Ausblick. Eventuell Weiterweg: Kurz zurück, dann den Markierungen folgend zum Forstweg. Auf ihm über eine langgezogene Schleife empor, bis man wieder zum Tumpenbach kommt (25 Min. zusätzlich).

Gleich hinter Umhausen biegt man in die Schlucht von Maurach ein, in eine wahrhaft wüste Welt aus Sand und Geröll. Natürlich war es wieder ein Bergsturz, der hier seine Visitenkarte hinterließ, einer der gigantischsten überhaupt. Von Westen kommend hat er nicht nur das Ötztal auf fast 3 km Breite abgeriegelt, er fuhr auch am Gegenhang wieder empor und verlegte beim heutigen Niederthai die Ausmündung des Horlachtals.
Oberhalb dieser Schlucht erreicht man urplötzlich die dritte Ötztal-Stufe. Ein brettebener, von Wiesen überzogener Boden breitet sich weit nach Süden aus. Das ganze Becken füllte einst ein See, dessen Spiegel in einer Höhe von 1195 m lag. Das läßt sich ganz leicht ausrechnen: Der einstige Abfluß benützte nämlich den Einschnitt nordwestlich oberhalb von Winklen. Erst im 12. Jahrhundert schaffte sich das Wasser den Durchbruch an der heutigen Stelle, grub sich dort rasch in das weiche Material des Bergsturzes ein, und so lief dann der See aus.
Der Seegrund liefert das Siedlungsgebiet für die Gemeinde *Längenfeld*, die sich mit zahllosen Dörfchen und Weilern über 7 km hinzieht. Ganze 35 m Höhenunterschied liegen zwischen Beginn und Ende dieser langen Fläche. Oberhalb von fast senkrechten Felswänden verstecken sich die Bergbauernwiesen von Burgstein (1424 m). Bei der Kirche von Oberlängenfeld beginnt ein abwechslungsreicher Wanderweg, der in reichlich einer Stunde über Brand zu diesem aussichtsreichen Ziel führt.

⇛ Lehner Wasserfall und Klettersteig
Die erst sanft, dann kräftig steigenden, schließlich in Felsen übergehenden Hänge hinter den Häusern von Lehn, einem Dorf der Gemeinde Längenfeld ganz am Westrand des Talbodens, zeigen eine Urgesteinsland-

In allen Tälern, die in die Ötztaler Alpen führen, lebtdie Bevölkerung mit den Lawinen gewissermaßen auf du und du. Riesige Steilhänge bis über 1000 m Höhe – wie hier bei Astlehn im mittleren Ötztal – sorgen für entsprechend gewaltige Schneemassen.

Umhausen, 1031 m
Verkehrsamt, A-6441,
Tel. 05255/209,
2000 Einwohner,
2100 Gästebetten.

Längenfeld, 1180 m
Verkehrsamt, A-6444,
Tel. 05253/5207,
3700 Einwohner,
3800 Gästebetten.

Stromschnellen der Ötztaler Ache
Malerischer Durchbruch mit vielen Blöcken im Flußbett zwischen Habichen und Tumpen. Zugang in 5 Min. von der Straße.

Tumpenbach-Wasserfälle
Mehrere, hohe Wasserfälle des Tumpenbachs. Zugang von Tumpen zum unteren Fall 20 Min, zum oberen 1 Std.

Stuibenfälle
Zwei gewaltige Katerakte des sehr wasserreichen Horlachbachs in der Felssturzlandschaft bei Niederthai. Zugang von Umhausen knapp 1 Std.

Der Lehner Wasserfall oberhalb des Ötztals bei Längenfeld.

schaft wie aus dem Bilderbuch. Mächtige Lärchen bilden einen ganz lichten Wald, von Moos überwucherte Blöcke jeder Größe und auffallend kantige Felsabbrüche zaubern eine märchenhafte Stimmung. Im Frühsommer leuchtet zudem mitten im senkrechten Fels das Violett der Primeln. In seinem steilen, mit Blöcken gefüllten Bett springt und schäumt der Lehnbach rasch in die Tiefe, und 200 m oberhalb der Häuser stürzt er in einem vielleicht 30 m hohen Wasserfall über eine Wand herab.

Lehner Wasserfall
Hohe Wasserfallstufe des Lehnbachs. Guter Zugangsweg von Lehn bei Längenfeld, 40 Min. Parallel zum Bach spannender, gut gesicherter, aber auch anspruchsvoller Klettersteig.

Kohnerbach-Wasserfall
Kleiner Wasserfall über einem urwüchsigen Bachbett. Zugang von Dorf bei Längenfeld in 20 Min.; teilweise weglos.

In vorbildlicher Weise haben die Längenfelder dieses kleine Paradies für den Besucher erschlossen. Da gibt es ein Freilichtmuseum in sehr hübscher Lage mit so manchem historischen, ganz aus Balken gezimmerten Gebäude, wie einem Seitenflurhaus, Säge und Mühle, einer Schwinghütte zur Flachsbearbeitung usw. Ein guter Steig führt von dort durch den Wald empor und erreicht schließlich eine Kanzel im Gelände, die auf der Bachseite mit senkrechten Felsen abbricht und die einen begeisternden Blick auf die stürzenden und staubenden Wassermassen erlaubt. Bei der Frage nach einem idealen Ausflug für Kinder würde ich den Lehner Wasserfall empfehlen.

Der Durchbruch der Ötztaler Ache unterhalb der Habicherwand (zwischen Habichen und Tumpen).

Aber auch »gstandene Weibs- und Mannsbilder« finden hier einen Leckerbissen, ein pikant und kräftig gewürztes Schmankerl. Der Lehnerfall-Klettersteig wurde mit Liebe und Geschick in der etwa 180 m hohen Felsstufe rechts des Baches erbaut. Neben dem guten Drahtseil helfen Klammern und Trittplatten. Geschicklichkeit und absolute Schwindelfreiheit sind bei einer Begehung dennoch unerläßlich, führt der Steig doch durch senkrechtes, manchmal sogar überhängendes Gelände! Wer an die Eisenwege im Kalk gewöhnt ist, der wird sich hier vor allem über den auffallend festen und kompakten Fels freuen.

Zu Wasserfall und Klettersteig: Wegbeginn beim hintersten Haus auf der linken, also südlichen Seite von Lehn. An ein paar Holzhäusern des Museums vorbei, dann auf dem Kreuzweg zu einer kleinen Kapelle. Weiter in dem Lärchenwald empor zur Wegverzweigung. Links des Baches bleibend über eine Reihe von Treppen empor, schließlich nach rechts hinaus zur Aussichtskanzel vis-à-vis des Wasserfalls (40 Min.). Oder rechts über die Hängebrücke und rasch empor zum Beginn der Felswände mit dem Klettersteig.

⇛ Kohnerbach-Wasserfall

Espan und Dorf heißen zwei Ortsteile im nördlichen Abschnitt des Längenfelder Talbeckens. Östlich davon mündet der Kohnerbach in die Ebene. Man sieht schon von der Straße aus den Wasserfall, mit dem er über die letzte Felsstufe herabstürzt. Er soll hier als Beispiel für die zahllosen Wasserläufe und Bacheinschnitte dienen, die von keinem Weg erschlossen und deshalb auch nicht beachtet werden, obwohl sie zu den wirklich lohnenden Ausflugszielen gehören (würden).

In wenigen Minuten läßt sich der Bach erreichen. Man wandert dann zwischen den Lärchen talein, durch einen dieser so lichten, freundlich-grünen Wälder, wie sie nur diese Art von Nadelbäumen schaffen kann. Dahinter betritt man dann das Flußbett. Für die »chaotische Unordnung« gibt es einen guten Grund: Direkt oberhalb stehen in einem weiten Halbrund die bis zu 700 m hohen Steilhänge von Hörndle und Hemerkogel. Das ist ein unerschöpfliches Reservoire für allergrößte Lawinen, die durch die gesamte Rinne herabdonnern, um dann hier im flachen Bachbett auszulaufen. Nach hinten schließt ein niederes Felsrondell das unterste Becken ab, über das der Wasserfall herabstürzt. Bei großen Wassermengen im Frühsommer bildet er eine Fontäne, die zuerst viele Meter waagrecht in die Luft hinausschießt, bevor sie sich allmählich nach unten senkt.

Zugang: Etwa in der Mitte der Ansiedlung Espan-Dorf auf einem Feldweg unter der Umgehungsstraße hindurch und am Fußballplatz vorbei zur Weggabelung. Hier links bis vor den Bach. Nun pfadlos durch den Lärchenwald und im Flußbett zum Wasserfall. 20 Min.

Hinter Huben verliert das Ötztal seinen bisher fast lieblichen Charakter, wandelt sich schlagartig in eine

In Sölden und im Gurglertal prägten vor allem die Skifahrer die Entwicklung und sie bestimmen heute das Bild. Unsere Aufnahmen stammen allerdings aus den zwanziger Jahren, in denen die Orte noch einen fast ungestörten Winterschlaf gehalten haben.

viel strengere Hochgebirgswelt. Ein scharf eingeschnittenes V-Tal führt hinauf nach *Sölden* in einem langen, schmalen Talboden. Immer vollständiger hat der Fremdenverkehr von diesem Ort Besitz ergriffen. Die Gletscherskigebiete am Rettenbach- und Tiefenbachferner ermöglichen eine ungewöhnlich lange Saison; und das brachte dem Tal einen großen Aufschwung. Bis in knapp 2800 m Höhe kann man hier mit dem Auto, bis auf 3240 m mit dem Lift fahren.
Ski – das war auch das Zauberwort für *Obergurgl*, das mit 1907 m als das höchstgelegene Kirchdorf Österreichs gehandelt wird. Ja, mit Hochgurgl (2157 m) gibt es sogar eine Art Retortenort nach französischem Muster – allerdings in einer eher »zurückhaltenden Ausgabe«. Im Winter überschlagen sich im Gurglertal die Superlative: 23 Lifte mit einer Förderkapazität von 22000 Schneebegeisterten pro Stunde, 110 km Abfahrten, 100 Skilehrer, 3500 Gästebetten (bei nur 400 Einwohnern). Die besondere Attraktion: Man kann – um ein bißchen zu übertreiben – mit den Skiern bis in sein

Zirbenwald und Rotmooswasserfall
Rundtour bei Obergurgl von gut 1 1/2 Std. durch eine sehr vielgestaltige Urgesteinslandschaft mit Zirben, Klammen, Gletscherbächen usw.

Sölden, 1368 m mit den Ortsteilen Obergurgl, Vent und Zwieselstein. Verkehrsamt, A-6450, Tel. 05254/22120, 2800 Einwohner, 9000 Gästebetten.

Wenns, 982 m Verkehrsamt, A-6473, Tel. 05414/263, 2000 Einwohner, 1500 Gästebetten.

Hotelzimmer fahren, so nahe an den beiden Ortszentren liegen die Pisten. Hotel – das ist hier überhaupt das Dominierende; interessiert man sich jedoch für einen Bergbauern, dann muß man sich schon auf die Suche machen.
Im Sommer geht's ungleich ruhiger zu, obwohl erst zu dieser Zeit die schöne Bergkulisse voll zur Wirkung kommt. Die Gletscher auf den vielen Dreitausendern rundum fallen nämlich erst als Kontrast zum braunen Fels so richtig ins Auge.

⇛ Zirbenwald und Rotmooswasserfall
Die Kombination von wild eingeschnittenen Gletscherflüssen, reicher Vegetation und Eisbergkulisse verschafft diesem Ausflug eine ungewöhnliche Note. Von Obergurgl führt der Weg zu einer Geländeecke vis-à-vis der Nasenwand, unter der sich die so wasserreiche Gurglerache durch eine Klamm zwängt. Von dort steigt man durch Zirbenwald mit alten knorrigen Bäumen empor, der sogar zum Naturdenkmal erhoben wurde. Hält man sich rechts, dann kommt man zum tief in einer Schlucht versteckten Rotmoosbach, der auch einen hohen Wasserfall bildet. Bei gemütlichem Gehen ist man etwa 2 Std. unterwegs.

Als Bergsteigerort übertrifft *Vent* (1895 m) noch das Gebiet von Gurgl. Es dient als Ausgangspunkt für unzählige der ganz großen Ötztaler Gipfel, und man kann von dort nicht weniger als sieben Hütten ansteuern. Über Vent als armes Bergbauerndorf und den ersten, zarten Beginn eines Fremdenverkehrs haben wir im Zusammenhang mit Franz Senn schon gesprochen. Wie das gesamte innerste Ötztal wurde auch dieser Ort aus dem Süden, also aus dem Vinschgau und dem Passeiertal über die Pässe wie Hochjoch, Niederjoch, Königsjoch, Timmelsjoch usw. besiedelt, ja, die Versorgung erfolgte noch für Jahrhunderte über die teilweise vergletscherten Höhen! So heißt es in einer Urkunde von 1342: »Vent in Vallis Schnals«, und erst 1849 gliederte man das Dörfchen in die Gemeinde Sölden ein. Trotz der Abtrennung Südtirols hielten sich jedoch uralte Gesetze. So treibt man noch heute Hunderte von Schafen

über die verschneiten Pässe, um sie dann auf Nordtiroler Boden zu weiden.
Vent, man mag es kaum glauben, lockte schon Mitte des 19. Jahrhunderts Schaulustige in Scharen an. Schon damals wurden also die Menschen zu Hunderten von Sensationen und Katastrophen angezogen. Das Ziel der Besucher lag allerdings noch zwei Stunden weiter talein. Hier schob sich die Zunge des Vernagtferners bis ins Haupttal vor und staute dadurch die Schmelzwasser von Hochjoch- und Hintereisferner zu einem großen See auf. Aber das Eis war ein unzuverlässiger Staudamm. So kam es 1599, 1677, 1773, 1845, 1848 zu Ausbrüchen, und dann fegte eine verheerende Flutwelle aus Wasser, Eis, Schlamm und Geröll talaus. Bis ins Inntal reichten die Verwüstungen, ein großes Unglück für die ohnedies schon arme Bevölkerung. Mit Gebeten und Bittgängen zum Gletscher suchte man die Gefahr einzudämmen.
Aber auch das Vent von 1992 verdient einige besondere Worte. Bei einem Ort in dieser großartigen Lage brauchte es sicher sehr viel Kraft und Selbstdisziplin, auf eine großzügige Erschließung für die Gäste – vor allem für jene auf Skiern – zu verzichten. Trotz seiner Pensionen und modern ausgebauten Gasthöfe blieb Vent relativ bescheiden; die Wanderer und Bergsteiger freuen sich darüber.
Doch über Ski und Flutkatastrophen wollen wir nicht die Landschaft im innersten Ötztal vergessen. So stellt man sich die typische Zentralalpenwelt vor: Viel Fels und Blockwerk, reißende Gletscherflüsse mit schön ausgeschliffenen Betten, Lärchen, Zirben, Alpenrosen usw. Reich sind die Möglichkeiten zum Schauen, Bummeln, Wandern. Man kann zum Beispiel mit dem Bus nach Obergurgl fahren und dann östlich des Flusses in einer herrlich urwüchsigen Landschaft talaus bis Sölden wandern. Der Wasserfall des Timmelsbachs und die Kühtreienschlucht sorgen für die Höhepunkte.

Pitztal

Bei der 37 km langen Fahrt durch das Pitztal wird der Gast drei ganz unterschiedliche Eindrücke bekommen. Im ersten Abschnitt ist trotz der teilweise steilen Hänge das Land weit und sonnig. Hoch über der Pitze an den Berglehnen liegen zwischen ausgedehnten Wiesen drei stattliche Orte mit Wenns (982 m) als Mittelpunkt. Das ist kein hochalpines Land, eher ein Dorado für Spaziergänge und Wanderungen, von denen eine besonders lohnend ist: Von der Straßenbrücke zwischen Arzl und Wald führt der neu erbaute Luis-Trenker-Steig durch die malerische Pitzeklamm bis hinaus zum Inn.

Unterhalb von Jerzens beginnt das mittlere Pitztal mit einer Schlucht. Dichter Wald und Buschwerk überziehen hier die sehr hohen und steilen Berghänge, Wasserfälle stürzen über die Felsen herab. So kann man von Jerzens aus auf einem am Schluß anspruchsvolleren Steig die Kaskaden des Stuibenbachs besuchen (40 Min. ab Straße). Zaghaft beginnt dann die Besiedlung, hier hat man dem unwirtlichen Gelände erste kleine Oasen abgetrotzt. So stehen nur wenige Häuser in Wiesle und Ritzenried. Nebenbei: diese so bildlichen Namen für Orte und Weiler sind eine Spezialität des Pitztals. Ich zähle sie gleich an dieser Stelle auf; dann können Sie jetzt in Ruhe darüber schmunzeln und brauchen sich beim folgenden Text nicht mehr ablenken zu lassen. Da gibt es also in geographischer Reihenfolge: Wiesle, Ritzenried, Schußlehn, Wiese, Zaunhof, Rehwald, Burg, Wald, Eggenstall, Froschputzen, Scheibe, Stillebach, Weixmannstall, Trenkwald, Tieflehn und Mittelberg.
Doch zurück zu unserer Reise durch das Pitztal. Zaunhof heißt der erste etwas größere Ort. Weiter talein gibt es dann stets wenigstens die Andeutung eines Bodens, auf dem die erwähnten Dörfchen und Weiler als lange Kette hintereinander liegen. *St. Leonhard* bildet den Mittelpunkt, nach ihm heißt die Gemeinde, die das gesamte Tal innerhalb von Jerzens umfaßt, in dem aber lediglich 1500 Menschen leben. Überall bleiben die seitlichen Hänge ungemein steil, und sie sind oft weit über 1000 m hoch. Fährt man im Spätfrühjahr durch das Tal, dann kommt man an einem Lawinenkegel nach

Pitzeklamm
Durchbruch der Pitze zum Inn. Neu angelegter Wanderweg durch die gut 100 m tiefe, felsige Schlucht; ab Brücke 30 Min.

Jerzens, 1107 m
Verkehrsamt, A-6460, Tel. 05414/300, 920 Einwohner, 1800 Gästebetten.

Der bis ins Rofental vorstoßende Vernagtferner staute immer wieder das Wasser zu einem See und verursachte damit Überschwemmungen bis hinab ins Inntal. Lithographie von Mohrherr.

dem anderen vorbei. Man mußte also die Plätze für Kirche, Hof und Stall schon mit großer Sorgfalt auswählen – und Unglücke gab es trotzdem! Wollen Sie ein wenig von der typischen Atmosphäre schnuppern, dann sollten Sie den folgenden, ganz kleinen Ausflug unternehmen.

Das ist die typische Landschaft in den hochgelegenen Tälern, etwa bei Vent und im innersten Pitztal.

⇛ Wasser und Bauernlandschaft am Bichlbach

Mitte oder Ende Mai, je nach Witterung, kann man auf den Wiesenflächen oberhalb von Bichl und Enger interessante Studien treiben. Da gibt es die wohlgepflegten und gut gedüngten Mähwiesen, die schon dicht und spannenhoch mit saftigem Pflanzenwuchs überzogen sind, während die reinen Weideflächen noch das winterliche Gelbbraun zeigen und es dort kaum einen grünen Halm gibt. Steigt man über den Schwemmkegel, den der Bichlbach hier im Laufe der Jahrhunderte aufgeschüttet hat, ganz empor, dann kommt man zu einem reizvollen zweiteiligen Wasserfall. Hier ändert sich die Vegetation erneut. Jetzt gibt es nur noch Schafweiden inmitten einer Pflanzenwelt, die für besonders trockenen Boden typisch ist mit Kiefern, Wacholder, Heckenrosen, Mauerpfeffer, Hauswurz, Thymian usw.

Zum Wasserfall: Zwischen den Häusern von Enger hindurch und gerade empor zur erwähnten Weidefläche. Oder hierher von Wiesle auf einem größeren Weg quer durch die Hänge. Nun immer den Markierungen folgend über die freie Fläche aufwärts zum Wasserfall, 20 Min. Schöner Blick auf die Rofelewand, die jenseits des Tals im Süden ganz gewaltig emporragt. Eventuell den Bach überqueren und auf dem kleinen, steilen Fußweg noch 20 Min. weiter hinauf, bis man nochmals an den Rand der Bichlbach-Schlucht kommt.

St. Leonhard, 1366 m mit den Ortsteilen Plangeroß, Mandarfen, Mittelberg; Verkehrsamt, A-6481, Tel. 05413/8216, 1500 Einwohner, 2700 Gästebetten.

Bichlbach-Wasserfall
Kleiner Wasserfall oberhalb von Bichl. Zugang von Enger im Pitztal in 20 Min.

Pfitschebach-Wasserfall
Interessanter Wasserfall in einem Felskessel. Zugang von Eggenstall bei St. Leonhard auf Fußweg in 25 Min.

⇛ Pfitschebach-Wasserfall

Von Eggenstall bei St. Leonhard sieht man diesen Wasserfall auf der anderen Talseite, eine der so zahlreichen Kaskaden in einem eher unauffälligen Gelände. Durch Fichtenwald und am Rand der sehr steilen Wiesen kann man gemütlich dorthin wandern. Erst im allerletzten Moment wird der Blick auf den Bach frei, und so ist die Überraschung doppelt groß. Nichts ist hier unauffällig oder gar harmlos geblieben. Man steht an einer mit einem Geländer gesicherten Kante, von der das Gelände senkrecht zum Bach abfällt, und man schaut von dort in einen richtigen Felskessel. Er ist auf drei Seiten von hohen Wänden eingeschlossen, über die der Bach mit einem etwa 30 m hohen Wasserfall herabstürzt.

Die erwähnten Wiesen sind zudem wie ein Symbol für die Entwicklung einer hochalpinen Bergbauernregion. Man wandert am oberen Rand der äußerst steilen Matten entlang, einer glatten, makellos sauberen Fläche. Stellt man sich vor, wie ein Urwald in dieser Region ausschaut, dann kann man die unendliche Mühe und die Handarbeit ermessen, die unsere Vorfahren in eine Kultivierung derartiger Hänge steckten. Und heute? Ein Teil der Fläche wird noch von Schafen beweidet, ein Teil wuchert mit Fichten wieder zu.

Von Eggenstall zum Wasserfall: Im südlichen Teil des Dörfchens über den Fluß. Hier nach rechts und auf dem oberen von zwei kleinen Fahrwegen ein paar Minuten aufwärts zur Abzweigung des Fußwegs. Auf ihm immer schräg nach links durch die Hänge (meist Wald) bis zum Wasserfall. 25 Min.

Im Jahr 1705 schwärmte man noch nicht vom inneren Pitztal: »...die Luft, weil von so vielen Bergen eingeschlossen, kaum gesund genannt werden könnte und immer dumpf und feucht wäre.« Auch eine spätere Äußerung klingt nicht viel freundlicher: »Was findet man im Pitztal? Links Felsen, rechts Felsen und in der Mitte drin ist – nichts.« Heute steht auf dem Talgrund mit seiner eher kargen Vegetation manches Hotel, darunter zwei viereckige Kästen, die so gut in diese Landschaft passen wie eine Lederhose zur Waterkant. Offensichtlich steht man hier zudem mit den Lawinen auf sehr vertrautem Fuß. Im Frühjahr 1992 reichte ein Lawinenkegel unmittelbar bis an den Zaun des Tennisplatzes vor dem Hotel!

Pitzexpreß wird die Tunnel-Bergbahn genannt, die den Besucher in einer Blitzfahrt von Mittelberg zur 2860 m hohen Bergstation befördert. Dort oben gibt es dann vier Gletscherlifte und -bahnen. Bis in 3440 m Höhe kann man sich tragen lassen – Österreich-Rekord! Diese Bahnen waren es fast allein, die den Pitztal-Bauboom auslösten und neues Leben in die Region brachten. Der Fremdenverkehr bietet wirklich die einzige Chance, das Pitztal vor der Verarmung und Entsiedelung zu bewahren. Deshalb ist es nicht nur unrealistisch, sondern sogar unredlich, jede Erschließung als Teufelswerk zu verdammen. Es geht hier nicht um das Ob, man könnte jedoch in so manchem Fall über das Wie diskutieren.

Kaunertal, Oberinntal, Nauders

Falls Sie viel Zeit haben, dann sollten Sie das Kaunertal durch »die Hintertüre erobern«. Von Wenns im Pitztal führt eine kleine, aber ordentliche Straße über den Sattel der Pillerhöhe (1559 m) und vorbei am Gachen Blick – von dort schaut man 700 m tief zum Inn hinab – nach *Kaunerberg*. Wer das Bergbauernland liebt, der findet hier ein weites Land zum herumstreunen und um

In allen Nordtiroler Orten unseres Gebirges bestimmen heute die Pensionen, manchmal auch die Hotels das Bild. Hier, in Nauders, umrahmen sie den historischen Ortskern.

Die Burg von Naudersberg war ein wichtiges Bollwerk zwischen Reschenpaß, Finstermünz und Engadin.

auf Entdeckungsfahrt zu gehen. Den weiten, sonnseitigen Hängen unter Aifnerspitzen und Ölgrubenkopf hat man – teilweise im steilen Gelände – jedes nur irgend geeignete Fleckchen für die Nutzung abgerungen. Der Hof von Oberfalpetan liegt in stolzen 1635 m Höhe und bietet zudem eine ganz großartige Aussicht. Die fast schwarzen und auffallend wilden Felszinnen des Kaunergrates sorgen sowieso in der ganzen Region für ein ungewöhnliches Panorama. Das milde Klima half und hilft den Bauern dort oben, die Wasserarmut bereitete ihnen hingegen so manchen Kummer. Deshalb baute man einen 8 km langen Kanal, der auf 1200 m sogar durch einen Tunnel fließt, um die Gebiete von Kaunerberg und Kauns mit dem Gletscherwasser des Gallruttbaches zu versorgen.

Feichten, 1287 m
Verkehrsamt, A-6524,
Tel. 05475/308,
580 Einwohner,
1500 Gästebetten.

Nauders, 1394 m
Verkehrsamt, A-6543,
Tel. 05473/220,
1500 Einwohner,
3600 Gästebetten.

Von diesen weiten Höhen muß man dann hinab ins schluchtartig eingeschnittene Kaunertal, das man natürlich auch direkt aus dem Inntal von Prutz erreichen kann. Ein paar Kilometer talein kommt man dann auf einen ganz schmalen, aber langgestreckten Boden, einen bescheidenen Lebensraum für die Menschen von *Feichten* und einigen Weilern. Einst gab es weiter talein noch dreizehn Höfe an verschiedenen Stellen. Sie alle sind verschwunden, zu hart waren hier die Bedingungen, zu sehr mußten die Menschen sich mit Lawinen, Muren und Hochwasser herumschlagen.

Heute gibt es im inneren Kaunertal noch: den 5,6 km langen Stausee von Gepatsch, Almwirtschaft, sehr viel unberührte Natur und eine ungewöhnliche Ausflugsregion. Die »Gletscher-Panorama-Straße« – diese 22 km lange Strecke führt bis in die stolze Höhe von 2750 m – erschließt das Sommerskigebiet am Fuß der eisüberwallten Weißseespitze.

Das Inntal zwischen Landeck und Pfunds begrenzt die Ötztaler Alpen im Nordwesten. Die Gipfel sind jedoch »unendlich« weit entfernt. So startet hier wohl kaum einer zu seinen Touren, und ich werde deshalb die Region nicht genauer vorstellen. Wer sich dafür interessiert, findet so manches Detail in meinem Buch »Silvretta und Samnaun«.

Ein kurzer Abstecher soll uns jedoch noch nach *Nauders* führen, dem letzten Ort auf österreichischem Boden vor dem Reschenpaß. Weideflächen überziehen diesen 1504 m hohen Übergang, ein sanftes, hindernisloses Gelände, während auf der Nordseite ja das wilde Schlucht- und Felsgelände von Finstermünz eine ernste Hürde bildet. So kann man gut verstehen, daß der Ort einst ganz zum Vinschgau gehörte. Ihm und der Burg Naudersberg kamen dadurch natürlich auch die Aufgabe eines Bollwerks vor allem gegen das Engadin zu. Man mag gar nicht in der Geschichte von Nauders wühlen; zu häßlich kommt dabei das menschliche Wesen zum Vorschein: Immer wieder Mord und Totschlag, totale Verwüstungen und Brandschatzung, heute ich dich, morgen du mich… Die Bewohner vor Ort wurden bedenkenlos den Interessen der großen Herren etwa aus Meran und Chur geopfert – Engadiner Kriege, Franzosenkriege, der Mensch war nur noch eine strategische Ziffer.

Nauders liegt an einem freien, sonnenreichen Hang, und quer über das ferne Inntal sieht man die Felszacken des Piz Mundin (3146 m) in den Samnaunbergen. Noch gibt es einen alten, verschachtelten Ortskern mit kräftig steigenden Gassen. Darüber thront die Pfarrkirche von 1512, ein nicht ungeschicktes Mischmasch verschiedener Baustile. Doch rundum entstand in den letzten zwanzig Jahren ein Kranz moderner Häuser. So bestimmen auch heute hier wieder die Fremden das Leben;

sie sind jedoch gerne gesehen, bringen sie den Einheimischen doch statt Tod und Verwüstung einen soliden Wohlstand.

Vinschgau und Meran

Vom Reschenpaß fließt das Wasser entweder nach Norden und dann durch Inn und Donau ins Schwarze Meer oder nach Süden in die nahe Etsch und damit ins Mittelmeer. Doch trotz der so wichtigen Wasserscheide und trotz der österreichisch-italienischen Grenzschranken breitet sich auf beiden Seiten echtes Tirolerland aus. Vor allem unter Mussolini strengte man sich zwar erheblich an, Südtirol zu italienisieren. So stand nun auf dem Ortsschild von Burgeis Burgusio, und aus dem simplen Dörfl wurde ein Monteplair. Alle Berg- und Flurnamen erfuhren ihre Übersetzung, mit manchem etwas groteskem Ergebnis, da wohl nicht immer nach dem ursprünglichen Sinn gefragt wurde. Die wörtliche Übersetzung formte aus dem Äußeren Bärenbartkogel eine Cima Barba d'Orso di Fuori, die Kirchbachspitze hingegen wurde zu einem Monte della Chiesa, das Langtauferertal zu einer Vallelunga verstümmelt, und aus einem scheinbar so undefinierbaren Wort wie Falschunggspitze (in der Nähe der Hohen Wilde, die ihrerseits zu L'Altissima wurde) machte man eine Mischung aus Übersetzung und Lautmalerei; das Ergebnis: Monte Valsun. Besondere Schwierigkeiten bereiteten offensichtlich die rätoromanischen Namen. So bedeutet in Wirklichkeit Munt pitschen nichts anderes als »kleiner Berg«, und damit gehört die neue Bezeichnung Mompiccio in den Bereich der Märchen.
Nicht ohne Grund wurden diese Beispiele angeführt. Hier überschneiden sich nämlich logische, gewachsene Sprachvermischungen mit einer widersinnigen, »gewaltsamen« Überlagerung, einem Versuch, der von Anfang an zum Scheitern verurteilt war. Im Vinschgau lebte vor der Zeitenwende ein illyrischer Stamm, die Venosten. 15 vor Christus eroberten dann die Römer das Gebiet und nannten es Vallis Venusta, eine Bezeichnung, aus der unser heutiges Wort hervorgegangen ist. Aus diesen beiden Kulturkreisen entwickelten sich die Rätoromanen, deren Sprache noch jetzt zum Beispiel im Engadin lebendig ist. Im Vinschgau erinnern unzählige Bezeichnungen daran, ja, fast alle Ortsnamen sind rätoromanischen Ursprungs wie Mals, Glurns, Schluderns, Laas, Naturns. Das ist ein Beweis dafür, daß sich die ab dem 6. Jahrhundert eindringenden Bajuwaren (Tiroler) – in den Obervinschgau kamen auch Alemannen – die Ansässigen nicht brutal vertrieben. Man arrangierte sich, und erst ganz allmählich setzte sich die deutsche Sprache durch. Bemerkenswert ist die Tatsache, daß selbst heute noch die Betonung der Rätoromanen verwendet wird. Man sagt nicht Méran sondern Merán, nicht Náturns sondern Natúrns, nicht Lágaun- sondern Lagáunspitze usw.
Ganz anders die Versuche zur Italienisierung, deren Beginn nun auch schon gut 70 Jahre zurückliegt! Da konnte im Vinschgau nichts Neues entstehen, und deshalb blieb es hier ein so ureigenes Tirolerland wie eh und je. Die auffallenden Unterschiede zu Nordtirol, etwa zum Oberinntal, haben völlig andere Gründe. Vor allem formt das Klima eine Landschaft ganz anderer Prägung. Sehr hohe Berge schirmen das Tal ab, extrem geringe Niederschläge und milde Temperaturen sind die Folgen.
Für den Vinschgau gilt noch mehr als für jedes andere Tal im Bereich der Ötztaler Alpen: Mit dem genaueren Kennenlernen wird das Gebiet nicht langweiliger und langweiliger; im Gegenteil, das Bild nimmt beim näheren Erforschen stets an Farbigkeit zu, man sammelt immer neue Eindrücke, weitere Wünsche tauchen auf, was man noch unternehmen, herausfinden, kennenlernen will.
Außer der Natur laden hier auch die Dörfer zum Bummeln ein, die teilweise mit wertvollen historischen Gebäuden aufwarten, oft aber auch durch das Malerische begeistern, mit den holperigen, engen Gassen, den alten, aber häufig doch schmucken Häusern, die fast ertrinken zwischen Bäumen, Spalier, Fenster- und Balkonblumen. Die romanischen Kirchlein mit ihren schlichten, viereckigen Türmen sind fast allgegenwärtig; alte Herrensitze, Schlösser, Burgen und Ruinen

Diese Holzzäune, bei denen keine Nägel verwendet werden, sind gerade in Südtirol eine Art Symbol für jenes Bergbauernleben, das mehr und mehr verschwindet.

lassen die große geschichtliche Bedeutung der Region erkennen.
Beginnen wir unseren kleinen Vinschgau-Streifzug oben am Rechenpaß. Drei bescheidene Quellen 100 m über dem Dorf Reschen werden als Etsch-Ursprung angenommen, obwohl aus dem nahen Langtaufers der um 15 km längere Karlinbach kommt, der noch dazu ein Vielfaches an Wasser mitbringt. Was zudem die wenigsten wissen werden: Mit 415 km ist die Etsch, später Adige genannt, der zweitlängste Fluß Italiens. Außerdem mündet sie zwar bei Verona in die Poebene, fließt jedoch selbständig bis in die Adria, ist also kein Nebenfluß des Po.
Im 1949 gestauten Reschensee sind Teile des Ortes Reschen und fast das gesamte Dorf Graun versunken. Nur der romanische Kirchturm ragt ein gutes Stück aus dem Wasser; er wird so viel bestaunt und fotografiert, als sei er eines der sieben Weltwunder. An klaren Tagen schaut über die immerhin gut 6 km lange Wasserfläche auch der Ortler; in seinem makellosen Eismantel hält ihn mancher im ersten Moment für eine Schönwetterwolke.
Malser Heide wird die ganz eigenartige schräge, 6 km lange und 2 km breite Fläche genannt, eine Art schiefes Pult, über die man vom Haidersee in weiten Kehren nach Mals hinabfährt. Nur ein riesiger Bergsturz konnte eine Fläche dieser Art schaffen. Oberhalb von Plawenn erkennt man deutlich das Halbrund, aus dem die Gesteinsmassen herabgeflossen sind. Am Straßenrand stehen zudem seltsam gebeugte Bäume in der Haltung

Das Zentrum des oberen Vinschgaus: die Stadtmauer von Glurns, dahinter Mals.

uralter Menschen, Windflüchter, wie man sie in Norddeutschland, doch nicht in den Alpen erwarten würde. In den Talboden am Fuß der Malser Heide, schon 500 m tiefer als der Haidersee, mündet von Westen das weitgehend zu Graubünden gehörende Münstertal ein. Hier stoßen also die Strecken von Meran, über den Reschen-, den Umbrail- und den Ofenpaß zusammen. An dieser strategisch so bedeutenden Stelle blühten im Mittelalter die Orte rund um das Becken auf. Später verloren sie viel von ihrer Bedeutung, auch aus dem meist eher kargen Boden ließen sich keine goldenen Schätze gewinnen. Wir verdanken also gewissermaßen der Armut diese eng verschachtelten Orte mit ihren vielen historischen Gebäuden, die die Gäste heute so bezaubern.

Das Zentrum bildet *Mals*, ein stattlicher Ort mit seinem unverkennbaren Fünf-Türme-Profil, seinen engen Gassen, mit seinem regen, am Markttag schon turbulenten Leben, der alten St.-Benedikt-Kirche mit ihren karolingischen Fresken...

Am Bergfuß, in 1237 m Höhe, versteckt sich *Burgeis*. Zu beiden Seiten eines schäumenden Wildbachs – wer vermutet darin die Etsch, der man allerdings viel Wasser für das Kraftwerk genommen hat? – steigen die Häuser, eng übereinander gebaut, am Hang an, eine Komposition voller Charme aus den Zutaten mittelalterlich, sauber-adrett, aber doch eher lässig als pedantisch, und reichem Pflanzenschmuck. Zudem gibt es hier auch »Handfestes« zu sehen, etwa die Pfarrkirche mit dem stattlichen Turm aus dem 14. Jahrhundert und Fresken von 1520, die hervorragend erhaltene Fürstenburg und natürlich das Kloster Marienberg. Dieses ausgedehnte, barockisierte Gebäude thront in 1333 m Höhe am Hang – angeblich ist es das höchstgelegene Benediktinerkloster der Welt –, leuchtet zudem in strahlendem Weiß und fällt dadurch von überall ins Auge. Die Innenausstattung der Stiftskirche, ein Kreuzgang und die uralten Fresken in der Krypta locken viele Besucher an.

Glurns erbaute man ganz gezielt als Festung zwischen den verfehdeten Tirolern und den Graubündenern in Chur. Dem Naturell der Menschen entsprechend, diesem Ebenbild Gottes, wurde das Städtchen zweimal gebrandschatzt, also vollkommen zerstört, um es dann – wie bei den Ameisen – mit Eifer und Fleiß aus den Trümmern neu entstehen zu lassen. Heute ist es ein einzigartiges Dokument. Noch umschließt die Stadtmauer mit ihren pittoresken Toren und den Wehrtürmen vollständig das 400 m lange und 150 m breite Geviert. Darin drängen sich vier Kirchen und die alten Bürgerhäuser mit Lauben, Zinnen, Erkern, Gittern usw. zusammen. Weiter talaus steht am Hang, über den Häusern von Schluderns, die Churburg, ein Schloß wie aus dem Bilderbuch mit Mauern, Zinnen und einem viereckigen Turm. Reizvoll ist der Arkadenhof aus der Renaissance, während Spezialisten sich an der ungewöhnlich reich ausgestatteten Rüstkammer nicht satt sehen können.

Aber neben all den alten Orten darf man den Hintergrund nicht vergessen, liefert er doch ebenfalls ein ganz wichtiges Element in der Landschaft um Mals: 2500 m über der Etsch

Burgeis im oberen Vinschgau, vorne Schloß Fürstenburg, dahinter das Kloster Marienberg.

Graun, 1505 m
Verkehrsamt, I-39020,
Tel. 0473/84603,
2330 Einwohner,
2440 Gästebetten.

Mals, 1050 m
Verkehrsamt, I-39024,
Tel. 0473/81190,
4500 Einwohner,
2350 Gästebetten.

Glurns, 1107 m
Verkehrsamt, I-39020,
Tel. 0473/81097,
800 Einwohner,
150 Gästebetten.

Schluderns, 919 m
Verkehrsamt, I-39020,
Tel. 0473/615258,
1650 Einwohner,
500 Gästebetten.

Mit Hilfe dieses Holzschiebers, Waalschwert genannt, wird das Wasser der Waale auf den Feldern verteilt.

steht zum Beispiel als dunkle Felsmauer die Tschenglser Hochwand, während der Ortler mit seiner leuchtenden Eiskalotte imponiert.

Fresko an St. Prokulus bei Naturns, das noch aus karolingischer Zeit stammt.

Ab Laas bekommt der Vinschgau ein neues Gesicht. Immer stärker verdrängen die Obstbäume die Wiesen und Maisfelder. Schließlich überziehen die Apfel- und Aprikosenplantagen fast lückenlos den Talboden. Hier rechnet man das Obst nicht mehr per Stück oder Kilo, sondern per Lkw oder Lastzug. Die zahlreichen Dörfer mit ihren engen Ortskernen erinnern an südliche Städtchen; dazu paßt auch das schon mediterrane Klima. Uralte Kirchen, viele historische Häuser, Burgen und Ruinen wie Schlandersberg, Goldrain, Annaberg, Kastelbell, Juval, Hochnaturns, Tarantsberg bestimmen das Bild. Immer wieder findet man auch erlesene Kunstwerke wie den spätgotischen Schnitzaltar von Jörg Lederer in der Heiliggeistkirche von Latsch. Und ein ganz besonderes, liebenswertes Kleinod ist das Kirchlein St. Prokulus etwas außerhalb von Naturns im unteren Teil des Tales. Die Fresken im Innenraum, die wie Kinderzeichnungen wirken, stammen aus vorkarolingischer Zeit und gelten als die ältesten im deutschsprachigen Raum.

In der Landschaft des mittleren und unteren Vinschgaus herrscht eine Art Dreiklassengesellschaft. Den Talboden bedecken die erwähnten Obstbaumplantagen, die Schattenhänge im Süden des Tales überzieht der Bergwald, und dann gibt es noch die sonnseitigen Flanken, die zu den auffallendsten Trockenzonen im gesamten Alpenraum zählen. Diese Landschaft, die schon an Steppe und Macchia erinnert, birgt doch ein reiches Leben mit dichtem, oft stacheligem Buschwerk wie Berberitzen, Sanddorn, Wacholder, hier Kranebitten genannt, usw. und einer reichen, farbkräftigen Blütenwelt, deren typische Vertreter Hauswurz und Mauerpfeffer sind. Das ist natürlich ein Schlaraffenland für Eidechsen, in Mengen schwirren hier die verschiedenartigsten Insekten umher.

Schlanders, 738 m
Verkehrsamt, I-39028,
Tel. 0473/70155,
5400 Einwohner,
1550 Gästebetten.

Am Sonnenberg
Wanderung quer am Hang und recht langer Abstieg in der typischen Landschaft des Sonnenbergs bei Latsch. Meist Fußwege; Gesamtgehzeit ca. 3 1/2 Std.

Weit oben am Sonnenberg, vor allem zwischen 1600 und 1800 m Höhe, also gut 1000 m über dem Tal, zieht sich das Bauernland wie ein Band quer durch diese Hänge. Wer von unten über das jähe Gelände und durch die fast immer vom Dunst verschleierte Luft hinaufschaut, der mag die Behauptung vom Bauernleben dort oben ebenso für eine spöttische Witzelei halten wie den Spruch von den Hühnern, die dort Steigeisen tragen. Noch vor fünfzig Jahren waren die Bauern in St. Martin am Kofel, auf Greit, Pardatsch, Egg, Vorra und wie die Stellen alle heißen, echte Selbstversorger, kleine Herren in ihrem Reich, unendlich weit entfernt vom alltäglichen Leben. Malerisch sind die Höfe mit ihrem vom Alter dunkel gebeizten Holz, den von Steinen beschwerten Schindeldächern, den wahllos angebauten Schuppen und Stadeln, wie's die Notwendigkeit eben erforderte. Man pflanzte noch Roggen hier oben, Kühe, Schafe, Geißen, Hühner, Katzen usw. sorgten für ein reges Leben. Und unermüdlich war der Mensch zu Fuß unterwegs, teilweise in steilstem Gelände.

Wasser – das ist ein unendliches Thema, hier oben wie überall im Vinschgau. Auf den Regen ist kein Verlaß, aber die großen Bäche, vor allem natürlich die Abflüsse der Gletscher, versiegen auch im trockenen Sommer nicht. Man muß sich also das Wasser nur holen, für Mensch, Vieh und die Felder. Der Bau von Bewässerungsanlagen zählt in der Region zu den uralten Künsten. Überall trifft man auf die Waale, manche sind viele Kilometer lang. Bei günstigem Boden grub man schmale Kanäle, sonst wurden Kandln gebaut, oben offene Holzrinnen. Der Waaler war und ist eine wichtige Person, zu der man Vertrauen haben muß. Er dirigiert nach einem ausgeklügelten System das Wasser in die Verästelungen des Waals und schließlich auf die Felder.

Natürlich hat der Fortschritt auch den Vinschgau erfaßt. So ersetzen unten im Tal fast überall die Druckleitungen und Berieselungsanlagen die Waale. Oben am Sonnenberg gibt es heute schmale Fahrstraßen, da und dort tuckert ein Motor, manches Schindeldach ist dem billigen Blech gewichen. Weltfremde Romantiker mögen darüber jammern, die Wirklichkeit läßt jedoch keinen anderen Weg zu, will man einen Rest von natürlichem Bauernleben auch in den extremen Lagen erhalten.

⇛ Am Sonnenberg

Von Latsch bringt eine kleine Seilbahn den Neugierigen hinauf nach St. Martin am Kofel (1736 m). Startet er dort oben zu einem Ausflug, dann kann er das beschriebene Land am Sonnenberg aus nächster Nähe selbst bestaunen. Für ein Gelände zwischen halber Berghöhe und dem Tal werden die Erlebnisse erstaunlich eindrucksvoll und vielseitig sein.

Auf Fahr- und Fußwegen geht es quer durch die Hänge nach Oberhaus und Egg, das auf einem steilen Geländerücken zwischen scharf eingeschnittenen Tobeln liegt. Weiterhin quert man durch die steilen Hänge nach Vorra und zum einstigen Hof von Lagar mit besonders schönem Ausblick. Nun steigt man auf dem Weg

Nr. 14 a weit hinab zum Schloß Annaberg. Noch tiefer, am Wasserfall des Tißbachs vorbei, wandert man dann in dem felsdurchsetzten Gelände nach Osten und gelangt schließlich auf einem Waalweg zurück zur Talstation der Seilbahn.

⇛ Schnalswaalweg
Stets wurde längs der Waale ein Weg angelegt, um die so wichtige Wartung zu ermöglichen. Inzwischen dienen viele dieser Waalwege dem Wanderer für schöne Ausflüge ohne nennenswerte Steigungen. So wird zum Beispiel das Wasser des Schnalserbachs bei Altrateis im Schnalstal abgezapft und um den Rücken bei Juval – der mit einem Wassertunnel durchbohrt ist! – in den Vinschgau geleitet, wo es noch talein bis Galsaun bei Kastelbell fließt.
Man kann mit dem Omnibus nach Altrateis im äußeren Schnalstal fahren und den gesamten Schnalswaalweg in etwa 3 1/2 Std. begehen. Spritziger wäre eine Tour im zentralen Bereich. Man steigt dann von Bad Kochenmoos bei Staben zu den herrlichen Flächen von Ortl und Juval (900 m, mit Schloß) hinauf, benützt für etwa 1 Std. den Schnalswaalweg und steigt über Falzrohr wieder ab (insgesamt 3 Std.).

Zum Schluß noch ganz kurz zu einer Welt, die – im Vergleich zum Sonnenberg – nicht gegensätzlicher sein könnte. Nehmen im unteren Vinschgau die Weinberge zu, dann weiß man: Es ist nicht mehr weit bis nach *Meran*, der einstigen Hauptstadt Tirols. Hier thront auch gut 300 m über dem Tal das namengebende Schloß Tirol aus dem 12. Jahrhundert. Man kann dieser Stadt in einem Buch unserer Art nicht gerecht werden. Bestimmen in den Ötztaler Alpen Eis und Gletscherhahnenfuß das Bild, so wachsen hier, im gar nicht so weit entfernten Meraner Becken, das nur noch etwa 300 m hoch ist, Palmen und Mimosen (einer der schärfsten Kontraste in den Alpen). Auf den gepflegten Kurpromenaden mit einer Überfülle südlicher Vegetation und in der eng verschachtelten Altstadt mit ihren Geschäften, der die Laubengänge ihren eigenen Charme verleihen, herrscht lebhaftes Gewoge sommerlich duftig gekleideter Menschen.
Doch – fahren Sie selbst dorthin, bummeln Sie durch die Gassen, flanieren Sie über die Promenade längs der Passer, wie der zentrale Fluß Merans heißt (die Etsch fließt westlich vorbei), lassen Sie sich's gut gehen auf einer der vielen Terrassen, genießen Sie den Wein oder auch den Kurtraubensaft…

Das Wappen von Tirol

Torggl (von Torkel); Weinpresse aus Südtirol vor gut hundert Jahren.

Die Seitentäler in Südtirol

Noch umfängt den Besucher in den südseitigen Tälern eine ganz eigene Stimmung. Noch dominieren die Landschaft, die Bergwelt und die Bergbauern, noch hat der Fremdenverkehr erst einen einzigen Platz so ganz für sich erobert: Kurzras im Schnalstal. Aber die Entwicklung schreitet mit großen Schritten voran, deshalb war dieses dreimalige »noch« unverzichtbar. Das Schild »Zimmer frei« dringt inzwischen auch in den letzten Winkel vor. Wer kannte schon etwa die Glieshöfe, den Vorderkaser im Pfossental oder Rabenstein! Man hat an den Straßen gebaut, die uralten Höfe modernisiert oder gar durch neue ersetzt, Wanderwege markiert und den Prospekten ein modernes Styling gegeben, wie es auf gut tirolerisch heißt. Und die Einheimischen etwa aus Matsch gewöhnen sich so allmählich an die neugierigen Augen, die gaffen, als hätten sie Exoten im Reservat zu bestaunen.
Im *Langtauferertal*, auch kurz Langtaufers genannt, blieb das gewohnte Bild weitgehend erhalten. Wiesen beherrschen das vollkommen freie Tal, steigen am Sonnenhang empor bis zum Beginn der Steilstufen, die locker von Lärchen bestanden sind. Meist drängen sich die wenigen Häuser in den Weilern zusammen wie Herden ängstlicher Schafe, nur die neuen Gebäude sind oft ein wenig abgerückt. Rasch geht es bergauf zum letzten Dörfchen Melag (1919 m); die Gletscher am

Rundtour bei Juval
Ausflug mit drei verschiedenen Komponenten: Trockenhänge, Bergbauernlandschaft und (Schnals-)Waalweg. Rundtour ab Kochenmoos (westlich von Naturns) knapp 3 Std.

Naturns, 529 m
Verkehrsamt, I-39025,
Tel. 0473/87287,
4500 Einwohner,
3300 Gästebetten.

Meran, 324 m
Kurverwaltung, I-39012,
Tel. 0473/35223,
33600 Einwohner,
7700 Gästebetten.

Dorf Tirol, 594 m
Verkehrsamt, I-39019,
Tel. 0473/93314,
2200 Einwohner,
5150 Gästebetten.

Schnalstal
mit den Ortschaften Katharinaberg, Karthaus, Unser Frau, und Vernagt. Verkehrsverband, I-39020, Tel. 0473/89148, 1380 Einwohner, 2300 Gästebetten.

Bärenbartkogel schaffen einen leuchtenden Talschluß, einen der schönsten in den Ostalpen überhaupt.

Von Matsch (1576 m) war schon kurz die Rede. Noch vor zehn Jahren lag dieses Dorf im Dornröschenschlaf. Das Bergnest südalpiner Prägung wurde so eng gebaut, daß die einzelnen Gebäude manchmal verschachtelt, ja sogar ineinander verzahnt sind, und sich dazwischen nur geheimnisvolle Nischen und düstere Durchgänge auftun. Außer auf dem weiterführenden Sträßchen eignet sich das Wirrwarr eher für Esel als für Motorfahrzeuge, zumal es hier kein ebenes Fleckchen gibt. Das Dorf hockt nämlich gut 200 m über dem Talboden mit dem Saldurbach am steilen, sonnseitigen Hang. Doch heute scheint es urplötzlich zum »Fremdenverkehr erwacht« zu sein, man baut und modernisiert.

Noch etwa 7 km führt der Fahrweg einwärts zum großen Talknick bei Tanai (1824 m) und den Glieshöfen mit ihrem schmucken Gasthaus. Überall kommt man durch sauberes, gepflegtes Bauernland, durch üppig blühende Wiesen, fährt an ein paar einsamen Höfen vorbei. Erst danach übernimmt die hochalpine Bergwelt mit den großen Felsgipfeln endgültig die Herrschaft.

Rücken wir noch ein Tal weiter nach Südosten vor! Die Begrüßung dort ist symbolträchtig: Wer zwischen Staben und Naturns aus dem Vinschgau ins *Schnalstal* abbiegt, der fährt zuerst durch eine imponierende Schlucht mit fast schwarzen Felswänden, hat dabei jedoch keine Probleme mit der gut ausgebauten Straße. Eine gewaltige, (fast) alles bestimmende Natur und das dazu passende Bergbauernleben werden durchsetzt von wenigen, aber um so auffallenderen Bauwerken neuer Prägung wie dem Stausee von Vernagt und vor allem von Kurzras, diesem Ferienzentrum in 2000 m Höhe mit seiner ganz eigenen Mischung aus Bauernhof, historischem Gasthaus und modernsten Riesenretortenhotels. Die große Seilbahn trägt die Nimmersatten von dort hinauf bis 3200 m Höhe zum Gletscherskigebiet an der Grawand.

Doch im Schnalstal ist's wie auf der Ameisenstraße: Der große Strom fließt auf der Hauptstrecke nach Kurzras, und nur hin und wieder schert einer seitwärts aus, um sich ein wenig in dieser sonst recht urwüchsigen Bergwelt umzusehen. Schon beim ersten Fahrtabschnitt im hier noch engen, waldreichen Tal lockt den Neugierigen ein frappierendes Bild vom geraden Weg fort: Auf der äußersten Nase, die mit hohen Wänden ins Tal abbricht, thront das Kircherl von Katharinaberg (1245 m). Auf der Höhe angekommen, verblüffen dann jedoch die relativ sanften Matten und manche Fremdenpension im modernen alpenländischen Stil. Von dort wird man dann noch seine guten zwei Stunden zu Fuß emporsteigen zur Obermairalm (2095 m) und die niedrigen Blockhäuser dort mit ihren axtbehauenen Balken bestaunen. So baute man im Mittelalter die Bergbauernhöfe! Das ist kein Alpinlatein, eher ein Thema für das Buch der Rekorde. Erst die deutliche Klimaverschlechterung Ende des 16. Jahrhunderts vertrieb die Bauern von dort oben, und die Höfe wurden nur noch als Almen genutzt; sie blieben aber in ihrer alten, sehenswerten Bausubstanz erhalten.

Pfossental – dieser Schnalstal-Abstecher lockt den Abenteuerlustigen noch stärker als ein Ausflug nach Katharinaberg. Wilde Schluchten, gewaltige Dreitausender und uraltes Bauernland setzen sich zu einer eindrucksvollen Melodie zusammen. Bei

Alte, malerische Höfe – wie hier in Unser Frau im Schnalstal – sind ein wichtiges Element in den Hochtälern. Es wäre sehr bedauerlich, wenn sie in Südtirol ebenso selten würden wie etwa im Ötztal.

einem Ausflug am Beginn des Sommers kann man sich am besten in das Leben der ehemaligen Pfossentalbauern hineindenken. Selbst heute wird mancher das Sträßchen bis Vorderkaser (an dem 1992 gebaut wurde) als abenteuerlich empfinden; einst gab es hier nur einen Saumweg, dem noch dazu die fast allgegenwärtigen Lawinen, die manchmal reißenden Bäche und die Muren den Kampf angesagt hatten. Beim Mitterkaser am Fuß der Hinteren Schwärze (3624 m) öffnet sich das Tal erstmals zu etwas, was man großzügig als Böden bezeichnen könnte. Weitere 2 km talein steht der Eishof in 2071 m Höhe, der nach einem Brand 1973 neu errichtet wurde und heute ein gern besuchtes Ausflugsziel (1 1/2 Std. ab Vorderkaser) ist. Von den Bänken vor der Tür kann man den malerischen Talschluß bestaunen, den die Hohe Weiße (3279 m) mit ihren Gletscherresten nochmals um 1000 m überragt. Man stelle sich jedoch statt der Ausflügler-Idylle hier oben ein Ganzjahresleben als Bauer vor! Noch zur Jahrhundertwende war der Hof voll bewirtschaftet.

Man könnte von weiteren Superlativen aus dem Bauernleben berichten. So behauptet man, der Fineilhof (1952 m) sei die höchste Stelle in Europa, an der noch Getreide angebaut wird. Beim Gfallhof (1840 m), der

Rabenstein im obersten Passeiertal ist das beste Beispiel für die allerjüngste Entwicklung. Erst seit 1969 gibt es hier eine Zufahrtsstraße. Bis vor kurzem war der Ort noch ein weltabgeschiedenes Bergnest, doch inzwischen wird auch hier eifrig gebaut.

Der Eishof im Pfossental, hinten die Hohe Weiße.

400 m über dem Tal in der Nähe von Unser Frau an den Hängen klebt, verblüfft die Wasserversorgung. In 2500 m Höhe wird der aus dem Grafferner kommende Gletscherbach angezapft, man führt dann das Wasser quer durch die Hänge und um den Gratrücken zwischen Schröfwand und Atzboden, bevor es schräg abwärts zum Gfallhof gelangt – ein Waal von 4 km Länge!

St. Leonhard, 688 m
Verkehrsamt, I-39015,
Tel. 0473/86188,
3300 Einwohner,
1900 Gästebetten.

Moos, 1012 m
mit den Fraktionen
Stuls, Platt, Pfelders,
Rabenstein,
Verkehrsamt, I-39013,
Tel. 0473/643558,
2250 Einwohner,
900 Gästebetten.

Ausflug nach Christl
Kombination von
Autorundfahrt und
Wanderung zu Fuß in
der Bergbauernland-
schaft über Moos
und St. Leonhard.

✻

Auf Andreas Hofer sind die Passeier besonders stolz. Der Tiroler Freiheitskämpfer und Nationalheld zur Zeit Napoleons war Sandwirt unterhalb von St. Leonhard (688 m), dem Zentrum des *Passeiertals*. Diesen historischen Ort am Fuß des Jaufenpasses füllt heute ein sehr reges Leben, die Gäste lieben ihn, mögen das eng zusammengedrängte Dorf, das rasch an den Hängen ansteigt, in dem aber die schmucken, modernen Pensionen das Bild beherrschen. Noch spürt man das mediterrane Klima, jene laue Luft, die ja auch Meran den Wein und die exotische Pflanzenwelt beschert.

Man braucht jedoch nur durch die folgende kurze Talenge zu schlüpfen, und schon läßt man die südliche Üppigkeit zurück; die Vegetation wird alpin, die Luft kühlt deutlich ab. Bei Moos verzweigt sich das Tal. Richtung Südwesten kommt man rasch nach *Pfelders* (1628 m). Die große Bergkulisse mag der Zauberer gewesen sein, der die wundersame Wandlung eines armen, eng zusammengebauten Bergdörfchens zu einem kleinen Ferienparadies bewirkt hat. Aber es mag auch die Größe und Wucht der Natur sein – der mächtige Hintere Seelenkogel (3470 m) mit seinen kilometerbreiten, zerfurchten Felsflanken überragt den Pfeldererbach um 1900 m! – die dem Ort die sympathisch-ruhige Art bewahrt hat. Hier kann der Fremdenverkehr zwar das Dorf, aber nie die Landschaftbeherrschen, man fügt sich ein, schaut (hin-)auf…

Das oberste Tal des Passer, wie der namengebende Fluß des Passeiertales heißt, ist den meisten allenfalls als Autofahrstrecke voller Überraschungen in Erinnerung. Die Timmelsjochstraße braucht so manchen Tunnel, um sich durch dieses felsdurchsetzte Steilgelände zu schlängeln. Sie führt an ein paar einsamen Bergbauernhöfen vorbei. Doch unten im Tal, jenseits des Flusses, steht die Kirche von Rabenstein mit ihrem spitzen Turm. Nur wenige Häuser scharen sich um sie, und erst seit 1969 ist das Dörfchen mit einer Straße an die übrige Welt angebunden. Unglaublich – und trotzdem wahr.

⇛ Ausflug nach Christl

Bei einem Kombi-Ausflug mit dem Auto und zu Fuß von St. Leonhard nach Christl, Platt und Ulfas wird dem Besucher eindrucksvoll die typische Bauernwelt – einst und heute – hoch über dem Passeiertal gezeigt. Eine ganz schmale, aber gute Straße führt durch einen sehr steilen Märchenwald mit Fels und viel Moos direkt hinauf nach Breiteben mit seinen sanften und saftig grünen Flächen. Von dort sollte man zu Fuß durch die Wiesen und vorbei an einigen Höfen – von uralt und malerisch bis modern – nach Christl wandern (1129 m, 40 Minunten, Fuß- und Fahrwege). Die Häuser liegen ganz außen an der Geländekante; gut 500 m tiefer, scheinbar senkrecht zu Füßen, fließt die Passer vorbei, gegenüber ragen die felsigen Sarntaler Berge auf. Bei der anschließenden Fahrt von Breiteben quert man die romantische

Andreas Hofer, der Tiroler Freiheitskämpfer, stammt aus dem Passeiertal.

Blockschlucht des Salderenbachs und kommt dann nach Platt, dessen Kirche auf einer Felsnase thront. Fährt oder wandert man noch weiter bergauf nach Ulfas (1371 m), eventuell sogar bis Kratzegg, dann kann man studieren, wie eine Berglandschaft aussieht, die noch heute von den Bauern bewirtschaftet und gestaltet wird. Es ginge der Zauber dieser Region verloren, wenn man alles zuwuchern ließe.

❊

Übersicht zu allen Wanderungen

Hier folgt noch eine Übersichtsskizze, auf der unsere verschiedenen Vorschläge für Ausflüge und Wanderungen eingetragen wurden. Sie sind ja, zu den jeweiligen Themen passend, weit im Buch verstreut. Mit Hilfe dieser Skizze lassen sie sich jedoch rasch finden.

Folgende Seiten: Lazins, ein noch heute recht ursprünglicher Weiler im obersten Pfelderertal (Passeier, Südtirol).

LAZINS

Stichwortverzeichnis

gerade Ziffer = Text
kursive Ziffer = Abbildung

Aifnerspitze 67
Alpenmannsschild 24
Arzleralm 18

Bärenbartkogel, Äußerer 94
Bärenbartkogel, Innerer 75
Bergkastlspitze 64
Bergseen - Aufstellung 19
Bliggspitze 84
Brandenburger Haus 52
Braunschweiger Hütte 52, 91
Breslauer Hütte 52
Brochkogel, Hinterer 71, 92
Brochkogel, Vorderer 71
Burgeis 119

Chemnitzer Hütte 52, 85

Diemkogel, Vorderer 90

Eishof 123, *124*
Eisjöchlhütte 52
Eiskastenkopf, Vorderer 40
Eiskastenspitze 41, *41*
Eiswände 90
Erlanger Hütte *49*, 52
Erstbesteigungen 101
Etsch 118

Falwanaierspitze 44
Feichten 116
Fernerkogel, Linker 92
Festkogel 66
Fineilspitze 79, *79*
Fluchtkogel 72, *73*, 92
Frischmannhütte 52
Frudigerkopf 27
Fuldaer Höhenweg 55
Fundusfeiler 55, 63, 97

Gaispleiskopf 98
Gampleskogel 37
Geige, Hohe 66, 83
Gepatschferner 10, 13, 92
Gepatschhaus 52
Gletscherfloh 26
Gletscherweide 25
Glockturm 87, 92
Glurns *118*, 119
Goldseen 23
Granatenkogel *35*
Granbichler, Zyprian 104
Guslarspitzen 92

Hahlkogel, Äußerer 66
Hangerer 63
Hauslabkogel 90, 96
Hauswurz 25
Haute Route 57
Hennesiglspitze, Nauderer 67, 94
Himmelsherold 24
Hintere Schwärze *5*, *36*, 76, 95
Hinteres Eis 60
Hintergrasleck 66
Hochalt 45
Hochganghaus 52
Hochjochhospiz 52, 94
Hochvernagtspitze 73, 92, *93*
Hochvernagtwand 90
Hochwilde *56*, 61, 81, 96
Hochwildehaus 50, 96
Hohe Geige 66, 83
Hohenzollernhaus 52
Hoher First *35*, *61*, 82
Hohe Weiße *45*, 46
Höhlenspitze 92

Jerzens 113

Katharinaberg 122
Kaunerberg 115
Kaunergrathütte 51
Kesselwandferner 14
Kirchbachspitze 67
Kolbenspitze 67
Kreuzspitze 60

Lagaunspitze 76
Längenfeld 109
Langsee 23
Langtalereckhütte 50, 96
Langtaufererspitze 57, 74, 95
Langtauferertal 121
Lehner Wasserfall 109
Lehnerjochhütte 52
Liebnerspitze *61*, 97
Lodnerhütte 51
Luibiskogel 66

Madatsch-Eissee 18
Madatschkopf 67
Mainzer Höhenweg 56
Mals 119
Manigenbachkogel 97
Martin-Busch-Hütte 50, 95
Marzellkamm 66, 76
Marzellspitzen *21*, 76, 95
Mataunkopf 64
Matschertal 122
Melag 121
Meran 121
Mittagskogel 66
Mittelbergferner 24
Mitterlochspitze 94

Moalandlsee 22
Moos 124
Mutmalspitze *20*, *36*, 78
Mutspitze 46

Nauders *115*, 116
Nederkogel 66
Nockspitze 67

Oberetteshütte 52
Obergurgl 112
Oetz 108
Ölgrubenspitze, Vordere 84
Ötzi (Steinzeitmensch) 106

Partschinser Wasserfall *46*
Passeiertal 124
Petersenspitze 57, 71
Pfelderer Höhenweg 56
Pfelders 124
Pfossental 122
Pfundser Tschey 27
Piburgersee 108
Pitzeklamm 113
Plamorderspitze *44*, 64
Planfernerhütte 52, 62

Rabenkopf 45
Rabenstein 123, 124
Ramolhaus 34, 50
Ramolkogel, Großer 80
Ramolkogel, Nördlicher 36
Ramudelkopf 98
Rappenkopf 18
Rheinland-Pfalz-Biwak *55*, 56
Riegekopf 29
Rifflseehütte 52, 97
Rofelewand 86, 98
Rostizkogel 97
Roteck 88
Rötelspitze, Lazinser 67
Rötelspitze, Spronser 67
Roter Schrofen 67
Rotkogel 66
Rotmooswasserfall 112

Saldurseen 23
Saldurspitze *43*, 76
Samoarsee *29*
Schafkopf, Großer 64
Schalfkogel 79, *81*, 95, 96
Schartlkopf 67, 98
Scheiberkogel 97
Schlanders 120
Schmalzkopf 67
Schnalstal *47*, 122
Schöne Aussicht 52
Schönwieshütte 97
Schröfwand 66
Schwarzkogel 66

Schwarzsee 22
Schwemserspitze 75
Seekogel 41
Seelenkogel, Hinterer 61, 82, 96
Seelenkogel, Mittlerer 83, 96
Sefiarspitze 67
Seikogel 66, 95
Senn, Franz 102, *105*
Sennkogel 90, 95
Sexegertenferner 73, *74*
Similaun *66*, 76, *76*, 95
Similaunhütte 50
Skiführer 92
Sölden 112
Söldner Grieskogel 66
Sonnenkogel, Mittlerer 97
Spiegelkogel, Hinterer 34, *81*, *103*
Spronser Seen 23
St. Leonhard (Passeiertal) 124
St. Leonhard (Pitztal) 113
Stabelealm 52
Steinbrech, Roter 25
Stettiner Hütte 52
Stuibenfälle 109

Talleitspitze *62*
Tannenhäher 27
Taschachferner 12, 13, 40, *51*
Taschachhaus 49, *51*
Taufkarkogel 30
Trinkerkogel *36*
Trumserspitze 67
Tschigat 67
Tumpenbach-Wasserfälle 109

Umhausen 108
Upikopf 98

Venet 67
Vent 102, 112
Vermoispitze 67
Vernagtferner 12, *12*
Vernagthütte 49, 92
Verpeilhütte 52, 97
Verpeilspitze *85*, 86

Wassertalkogel 56, 97
Watzespitze 84
Weißkugel *69*, 74, 94, 99
Weißkugelhütte 49
Weißseespitze 72
Wenns 113
Wildes Mannle 60
Wildgrat 55, *65*
Wildgrat *32*, 63
Wildspitze 30, 70, *91*, 92
Wölfeleskopf 64
Wurmtalerkopf 97

Zirbe 25